Anton Zingerle

Ovidius und sein Verhältnis zu den Vorgängern und gleichzeitigen Römischen Dichtern

Erstes Heft: Ovid, Catull, Tibull, Properz

Salzwasser

Anton Zingerle

Ovidius und sein Verhältnis zu den Vorgängern und gleichzeitigen Römischen Dichtern
Erstes Heft: Ovid, Catull, Tibull, Properz

1. Auflage | ISBN: 978-3-84605-066-8

Erscheinungsort: Frankfurt, Deutschland

Erscheinungsjahr: 2020

Salzwasser Verlag GmbH

Reprint of the original, first published in 1869.

OVIDIUS

UND SEIN

VERHÄLTNISS ZU DEN VORGÄNGERN

UND GLEICHZEITIGEN

RÖMISCHEN DICHTERN.

VON

ANTON ZINGERLE.

ERSTES HEFT:
OVID, CATULL, TIBULL, PROPERZ.

INNSBRUCK.
VERLAG DER WAGNER'SCHEN UNIVERSITÆTS-BUCHHANDLUNG.
1869.

Druck der Wagner'schen Buchdruckerei in Innsbruck.

Eine mehrjährige, zunächst durch andere Zwecke veranlasste Beschäftigung mit Ovid's Werken führte mich am Ende auch zu dieser Arbeit, deren erstes Heft ich hiemit der Oeffentlichkeit übergebe. Je mehr ich mich nämlich mit dem Dichter vertraut, machte, desto mehr drängte sich mir vorerst der Gedanke auf, dass die Wiederholungen von einzelnen Versen sowohl, als ganzen Situationen, die sich so häufig in Ovid's Schriften finden, noch nie stark genug betont worden seien. Natürlich konnten mir auch Anklänge an Vergil, Tibull und Properz nicht entgehen. Entscheidend für meinen schon im Stillen gehegten Plan, das Einschlägige zu sammeln, wirkten die Schlussworte der Abhandlung „Ovidius und Livius," die Prof. K. Schenkl in der österreich. Gymnasialzeitschrift [1] veröffentlichte: „Endlich sind diese Bemerkungen auch für die Beurtheilung der Darstellung und des Stiles des Ovidius nicht ohne Interesse. Man hat bisher in allzureichlichem Masse die schöpferische Originalität dieses Dichters bewundert. Eine genauere Untersuchung wird zeigen, dass auch er im Einzelnen vielfach von Vergilius, Lucretius, Tibullus

---

[1] Jahrg. 1860. 6. Heft. S. 401.

und Propertius abhängt. Freilich darf man bei ihm kein mühevolles Zusammensetzen und Einordnen des Entlehnten voraussetzen; seine Nachahmungen sind Früchte einer ungemeinen Belesenheit und eines sehr treuen Gedächtnisses; sie sind nicht ängstlich gesucht, sondern gewiss oft dem Dichter selbst unbewusst entstanden." Und so ging ich denn an die Arbeit. Ich war mir schon damals und bin mir jetzt noch mehr der Schwierigkeiten bewusst, die eine solche Arbeit mit sich bringt, bei der es einerseits so schwer ist, Mass zu halten, da die Subjectivität bei solchen Vergleichen zu grossen Spielraum hat und bei der andererseits die Masse des Stoffes kaum je etwas Vollkommenes erreichen lässt. Ich veröffentliche daher vorerst als Probe nur das erste Heft, welches nebst den vorzüglichsten ovidianischen Wiederholungen die Anklänge an Catullus, Tibullus und Propertius enthalten soll. Von der Aufnahme dieser Probe wird es abhängen, ob auch die Reminiscenzen aus Lucretius und Vergilius, zu denen das Material schon bereit liegt, folgen werden.

Soll ich hier auch ein Wort über die Hilfsmittel beifügen, die mir bei der Arbeit zu Gebote standen, so ist es wohl von vornherein klar, dass dieselben bei einer solchen Abhandlung nicht zu reichlich ausfallen konnten. Der bei weitem grösste Theil des Gebotenen wurde von mir selbst aus den Quellen gesammelt. Doch habe ich auch Alles, was mir von einschlägigen Werken, trotz meiner Entfernung von einer grösseren Bibliothek, zugänglich war, fleissig benutzt. Ich nenne für das vorliegende Heft ganz besonders die Arbeiten von Dissen, Gruppe, Gierig und Haupt.

Es erübrigt nun an dieser Stelle nur noch eine Erklärung über den Standpunkt, den ich in dieser Arbeit jenen Schriften gegenüber einnehme, deren Aechtheit von der Kritik entweder angezweifelt oder entschieden zurückgewiesen wurde. Ich bemerke in dieser Beziehung, dass ich die Heroide Ovid's: Sappho Phaoni ganz unbeachtet gelassen habe, was wohl keiner Rechtfertigung bedarf. Dagegen wird man die Halieutica, deren Aechtheit im Allgemeinen ich in meiner Dissertation „de Halieuticon fragmento Ovidio non abiudicando“ Verona 1865, nachzuweisen suchte, manchmal citirt finden. Von Tibull's angezweifelten Gedichten habe ich das 3. Buch und die Elegieen des vierten Buches stets berücksichtigt; jenes, nicht als ob ich es für ächt hielte, sondern aus dem Grunde, weil vielleicht gerade solche Vergleiche einmal für eine gründliche Untersuchung über den Verfasser nicht ganz ohne Nutzen sein könnten; diese, weil mir deren Aechtheit von 2—7 wirklich über jeden Zweifel erhaben scheint, und weil mir für die übrigen der nämliche Grund galt, wie für das 3. Buch.

Was endlich die Citate anbelangt, so citire ich Catull nach Rossbach (Leipzig 1860), Tibull ebenfalls nach der Rossbachischen Ausgabe (Leipzig 1858), Properz nach Keil (1850), Ovid nach Merkel (Leipzig 1864).

Die Abbreviaturen bei Bezeichnung der einzelnen Werke sind in der Regel die allgemein üblichen; nur die Abkürzung „lb.“ habe ich da, wo mehrere Stellen aus dem nämlichen

Werke eines Schriftstellers sich unmittelbar folgen, sorgfältig vermieden und lieber immer den Namen des Dichters und des Werkes wiederholt, um keine Verwechslungen mit den Citaten aus der ovidischen Dichtung Ibis entstehen zu lassen. Ferner habe ich dort, wo einzelne Worte eines Verses, als minder wichtig, ausgelassen wurden, der Einfachheit wegen immer den Punkt zur Bezeichnung eines ganzen Wortes, nicht einer Silbe angewendet.

Trient, 9. November 1868.

Ein oft citirtes Distichon aus jener poetischen Selbstbiographie Ovid's, in der uns der Dichter seine natürliche Anlage und entschiedene Hinneigung zur Poesie auf eine so anmuthige Weise schildert, ist für unsere Aufgabe von ganz besonderer Wichtigkeit und bildet gleichsam den Schlüssel zur richtigen Auffassung und naturgemässen Erklärung aller jener Erscheinungen, denen wir im Laufe dieser Untersuchung begegnen werden. Wir meinen die Verse: Trist. 4, 10, 25 und 26:

Sponte sua carmen numeros veniebat ad aptos,
Et quod temptabam dicere, versus erat.

Mit diesen eigenen Worten des Dichters können wir noch die Notiz bei Seneca Controv. II, 10, p. 172 zusammenstellen, die uns jene gewissermassen vervollständigt: Oratio eius iam tum nihil aliud poterat videri quam solutum carmen. Wir haben es also mit einem Dichter zu thun, bei dem der Trieb zur Poesie Grundzug seines Wesens, bei dem das Verseschreiben eine freiwillige Gabe der Natur ist. Solche Dichter werden dann natürlich, eben in Folge der raschen Leichtigkeit, in der Regel sehr produktiv, aber die Reflexion und die Feile treten dann sehr oft in gleichem Masse zurück. Jeder Gedanke gestaltet sich ihnen zum Verse und wird ohne langes, prosaisches Ueberlegen dem Papiere anvertraut. Ich erinnere hier im Vorbeigehen an unseren Rückert, dem ich übrigens durch diese Bemerkung eben so wenig ein Blatt von seinem reichen Dichterkranze antaste, als ich Ovid durch diese Untersuchung her-

abzudrücken gesonnen bin. Nein im Gegentheile, gerade
diese Frische ist es, die solche Dichter Allen ewig theuer
macht, die sie ewig jung erhält, die dem Römer Ovid —
hier hört natürlich die Analogie mit Rückert auf — trotz
der vielen Reminiscenzen den Ruf der Originalität einge-
tragen hat Dass nun, um wieder auf unser Thema zurück-
zukommen, bei Dichtern dieser Art auch manchmal Anklänge an eigene, frühere Dichtungen und Selbstwiederholungen mitunterlaufen können, ist wohl schon an sich
klar. Bei Ovid aber, bei dem sich solche Wiederholungen
denn wirklich in grosser Anzahl finden, wird die Sache noch
um so leichter erklärlich, wenn wir auch noch die Stoffe,
die seinen Gedichten zu Grunde liegen, seine Versmasse
und endlich seine Lebensumstände in Betracht ziehen. Wie
oft nämlich wurde der Dichter in den Fasti und Metamorphosen einerseits und in den verschiedenen Gattungen seiner
erotischen Poesieen andererseits durch den Gegenstand selbst
auf ähnliche Situationen zurückgeführt, wo es dann bei der
Aehnlichkeit des Metrum, da er ja immer den Hexameter
oder das Distichon gebrauchte, wirklich schwer wurde, ähnliche Verse oder Versausgänge zu vermeiden! Nehmen wir
noch den Umstand dazu, dass, als durch das traurige Loos
der plötzlichen Verbannung seine Kraft gebrochen wurde,
an die Metamorphosen noch nicht die letzte verbessernde
Hand gelegt war, die Fasti noch ihrer Vollendung harrten
und dass die Gedichte, die aus der Verbannung geschrieben
wurden, nicht dichterischen Ruhm, sondern nur die Zurück-
berufung aus dem Exil zum Zwecke hatten, so werden wir
uns über dergleichen Erscheinungen noch weniger verwundern.

Ich gehe nun nach diesen einleitenden Bemerkungen
im Folgenden gleich daran, eine kleine Sammlung dieser
Selbstwiederholungen, aber nur der allerauffallendsten,
vorzulegen; ebenso beschränke ich mich nur auf gleich-
lautende Verse und Versausgänge, Phrasen u. dgl., ohne
auf wiederholte Motive und Situationen, die ja ohnehin

jedem Leser des Ovid bekannt genug sind, einzugehen.
Ich bemerke nur noch, dass einiges Wenige von dem hier
Gegebenen schon in meiner obenerwähnten Programmab-
handlung veröffentlicht wurde. Bei der geringen Verbrei-
tung der Programme aber und der Vollständigkeit willen,
ziehe ich es vor, auch die wichtigsten der dort nur im
Vorbeigehen citirten Verse hier meinen Bemerkungen ein-
zuverleiben.

Wir müssen in diesem Theile unserer Untersuchung
von einer kleinen Betrachtung des ovidianischen Versbaues
ausgehen, da manche oft wiederholte Phrasen und Wendungen mit diesem im innigsten Zusammenhange zu stehen
scheinen. Dem Charakter des Dichters, wie wir ihn oben
geschildert, entsprechen auch seine Rhythmen: sie sind
leicht, flüssig und ebenmässig. Ovid verstand es, das was
er in dieser Beziehung von seinen Vorgängern gelernt, gehörig auszuscheiden, das ihm Bequeme beizubehalten und
sich auf diese Weise eine Manier zu bilden, die ganz dem
Meister leichter und anmuthiger Unterhaltungspoesie entspricht. So erklärt es sich denn, dass manche für einen
mühelosen, leichten Versbau bequeme Wortstellungen, die
bei früheren Dichtern nur vereinzelt sich finden, bei Ovid
oft in grosser Menge auftreten, wodurch dann natürlich
nicht selten eine Art von Wiederholung entstehen muss.
Ich rechne hieher vor Allem die Anwendung eines Participium fut. pass. in der zweiten Hälfte des Pentameter,
wie sie uns schon einige Male in den Gedichten Tibull's
begegnet. Interessant ist es übrigens, nebenbei bemerkt,
dass Properz in seinen kräftigen schwunghaften Rhythmen
diese Stellung sehr selten anwendet und sie beinahe sorgfältig zu vermeiden scheint. Bei Ovid aber ist diese Erscheinung nicht nur im Allgemeinen häufig, sondern er geht
noch weiter und setzt an jene Stelle sehr oft die Participien gewisser Lieblingswörter. Schon bei Tibull treffen wir
in jenem Verstheile dreimal conspiciendus (od. conspi-

cienda): 1, 2, 70. 2, 3, 52. 4, 6, 4. In Ovid's Gedichten wird dieser Gebrauch der Participien der Composita von specio häufig; ich notire die Beispiele, die mir zunächst aufgefallen:

aspicienda: Fast. 6, 788. Fast. 6, 254. Fast. 5, 610. Her. 9,124. A. A. 1, 400.

aspiciendus: A. A. 2, 56.

conspicienda: Fast 5, 552. Fast. 5, 28. Fast 2, 310. Am. 2, 4, 42. A. A. 3, 308. A. A. 3, 780. R. A. 680.

conspiciendus: Fast 5, 170. ex P. 4, 13, 16.

despiciendus: Fast. 5, 642.

inspicienda: Trist. 1, 5, 26. Trist. 2, 94.

Ein Paar der angeführten Stellen, vollständig hieher-gesetzt, werden uns die dadurch entstehende Aehnlichkeit deutlich erweisen:

Fast. 5, 28:

  Aurea, purpureo conspicienda sinu

Fast. 2, 310:

  Maeonis, aurato conspicienda sinu

R. A. 680:

  Nec toga sit laxo conspicienda sinu

In ganz gleicher Weise ferner sind die Participien der Composita von eo an jener Versstelle vorzüglich gerne von unserem Dichter gebraucht. Bei Tibull finden wir zweimal: -

- *non adeunda*: 1, 6, 22 und 3, 5, 2.

Nun einige Belege aus Ovid:

non adeunda: Ibis 476. Trist. 3, 10, 76. Fast. 4, 470. Fast. 6, 412. Fast. 6, 450. Fast. 4, 496. Fast. 5, 374.

vix adeunda: ex P. 1, 8, 12. Her. 17, 8.

non subeunda: Trist. 5, 6, 6.

non redeunda: Ibis 372.

praetereunda: Fast. 6, 418.

circueunda: A. A. 3, 396.

Der Gleichklang, von dem ich spreche, wird auch hier

noch klarer werden, wenn ich ein Paar der betreffenden Verse vollständig anfüge:

Tib. 1, 6, 22:

  Sacra Bonae maribus non adeunda deae

Ov. Fast. 6, 450:

  Sacra! vir intrabo non adeunda viro

Ov. Trist. 3, 10, 76:

  Heu loca felici non adeunda viro

Eine dritte hier zu besprechende Eigenthümlichkeit Ovid's ist der öftere Gebrauch des Participium „concitus" im fünften Fusse des Hexameter:

Met. 3, 711: insano concita cursu. Met. 4, 519: denique concita mater. Met. 4, 706: praefixo concita rostro. Met. 6, 243: tento concita nervo. Met. 6, 158: divino concita motu. Met. 7, 491: pleno concita velo. Met. 7, 829: crimine concita vano. Met. 8, 357: adducto concita nervo. Am. 1, 8, 7: torto concita rhombo. Her. 18, 21: odioso concita vento. Trist. 1, 10, 11: iniquis concita ventis. Met. 7, 413: rabida qui concitus ira. Met. 10, 690: numine concita nostro.

Aehnlich ist auch der Gebrauch des *Participium redimitus*, dem dann gewöhnlich das Substantiv capilli folgt:

Fast. 5, 79:

  Tunc sic, neglectos hedera redimita capillos

Fast 6, 483:

  Bacche, racemiferos hedera redimite capillos

Fast. 1, 711:

  Frondibus Actiacis comptos redimita capillos

Fast. 3, 669:

  Illa, levi mitra canos redimita capillos

Am. 3, 10, 3:

  Flava Ceres, tenues spicis redimita capillos

  Vgl. Fast. 3, 269. 6, 321.

  Auch *redimire:*

Her. 9, 63:

  Ausus es hirsutos mitra redimire capillos

Vgl. Am. 1, 11, 25.

Seltener an einer andern Versstelle: Met. 9, 3. 9, 238. 14, 654. [1]

Ebenso glaube ich die bei unserem Dichter öfters gerade an einer bestimmten Versstelle wiederkehrenden Participien von imitor am Besten hier berühren zu sollen:

Met. 10, 106:

metas imitata cupressus

Met. 8, 736:

faciem liquidarum imitatus aquarum

Met. 9, 340:

Tyrios imitata colores

Met. 9, 481:

nec abest imitata voluptas

Met. 9, 783:

imitataque lunam

Cornua

A. A. 1, 439:

imitataque amantum

Verba

Am. 2, 4, 15:

rigidasque imitata Sabinas

Met. 11, 613:

varias imitantia formas

Met. 13, 818:

novasque imitantia ceras

Met. 2, 2:

flammasque imitante pyropo [2]

Eine weitere derartige Erscheinung im Gebrauche gewisser Formen des Verbum an einer bestimmten Versstelle, die auch wieder in Ovid's Dichtungen ziemlich häufig be-

---

1) Das Wort begegnet schon zweimal in Tibull: 1, 7, 45 und 3, 4, 23. Der Gebrauch an der ersteren Stelle entspricht dem gewöhnlicheren bei Ovid: Sed varii flores et frons redimita corymbis. Die zweite Stelle: Hic iuvenis casta redimitus tempora lauro entspricht der vergilianischen Aen. 3, 81: Vittis et sacra redimitus tempora lauro.

2) Die Erscheinung findet sich auch einmal bei Tibull im 3. Buch 3, 15: Et nemora in domibus sacros imitantia lucos. In Properz traf ich die Stelle 4. 1, 58: Nec Jovis Elei caelum imitata domus.

gegnet, während sie Tibull nur manchmal, Properz aber verhältnissmässig sehr selten anwendet; ist der Imperativus Futuri am Ende des Hexameter. Ich gebe hier meine Sammlung bezüglicher Stellen aus allen drei Dichtern, da man daraus noch einen andern, wenn gleich vielleicht bloss zufälligen, Unterschied, der in diesem Gebrauche zwischen Properz einerseits und Tibull und Ovid andrerseits obzuwalten scheint, entnehmen kann.

I. Aus Tibull.

caveto: 1, 2, 87. 1, 6, 17. 4, 2, 3.

timeto: 1, 5, 69.

faveto: 4, 5, 9.

memento: 1, 8, 27.

II. Aus Properz.

negato: 3, 10, 3.

vocato: 4, 12, 45.

venito: 3, 16, 1.

memento: 3, 20, 33. 3, 5, 23. 3, 12, 27.

valeto: 3, 4, 13.

III. Aus Ovid.

caveto: Her. 13, 65. A. A 1, 591. A. A. 3, 237. R. A. 579. R. A. 689.

timeto: Am. 1, 8, 85. A. A. 2, 63. R. A 607. Met. 15, 333.

memento: Trist 3, 11, 29. Met. 14, 724.

videto: Trist, 1, 1, 101. Her. 19, 219. A. A. 1, 353.

iubeto: Am. 1, 4, 29. Her. 16, 255. R. A. 671.

habeto: Fast. 5, 259. Met. 12, 80.

sedeto: A. A. 1, 139.

redito: Met. 6, 503.

venito: R. A. 505.

vocato: Met. 3, 13. Met. 11, 287.

putato: Am. 2, 2, 19.

esto: A. A. 1, 737. Met. 15, 544. Fast. 2, 623. Fast. 6, 127. Met 2, 45. Met. 6, 138. Met. 10, 365. Met. 10, 543. Met. 10, 572.

Aus diesen Beispielen nun wäre man fast versucht zu schliessen, dass Properz auch in den seltenen Fällen, wo er sich diesen Gebrauch erlaubte, wenigstens die Verba der zweiten Conjugation, die wir bei Tibull und Ovid in diesem Falle am häufigsten finden, absichtlich habe vermeiden wollen.

Ueber den Infinitiv des Perfectum in der zweiten Hälfte des Pentameter hier zu sprechen, halte ich für überflüssig, da die Erscheinung zu bekannt und schon öfters besprochen ist.

Wir reihen an diese Bemerkungen über die Stellung gewisser Verbalformen im ovidischen Versbaue noch ein Paar Beobachtungen über einen ähnlichen Gebrauch einiger Adjective und Substantive. Was zunächst jene anbelangt, so ist die Anwendung der Adjective auf *bĭis* für die Bildung des fünften Fusses des Hexameter sehr bequem und darum bei Ovid oft wiederkehrend; ganz auffallend häufig aber begegnen uns an jener Stelle *miserabilis* und *spectabilis*. Hier einige Belege:

Met. 2, 329:
> luctu miserabilis aegro

Met. 6, 90:
> fatum miserabile matris

Met. 8, 783:
> nulli miserabilis actis

Met. 13, 422:
> miserabile visu

Met. 14, 751:
> miserabile funus

Met. 5, 118:
> miserabile carmen

Met. 6, 582:
> carmen miserabile legit

A. A. 1, 737:
> miserabilis esto

Met. 6, 166:
> spectabilis auro

Met. 7, 496:
> spectabilis heros

Met. 7, 705:

>> roseo spectabilis ore

Her. 6, 49:

>> villo spectabilis aureo

Her. 12, 201:

>> villo spectabilis aureo

Her. 13, 57:

>> multo spectabilis auro

Her. 9, 127:

>> lato spectabilis auro

Am. 1, 8, 59:

>> palla spectabilis aurea

Fast. 4, 223:

>> facie spectabilis Attis

Trist. 3, 8, 35:

>> spectabile corpus

ex P. 2, 2, 81:

>> placido spectabilis ore

Etwas Aehnliches ist es um den öftern Gebrauch des Adjectivum *sanguinulentus* [1]) in der zweiten Hälfte des Pentameter. Schon bei Tibull finden wir das Wort einmal an dieser Versstelle:

2, 6. 40:

>> Venit ad infernos sanguinolenta lacus

Aus Ovid notire ich die Stellen:

Fast. 3, 640:

>> Squalenti Dido sanguinulenta coma

Fast. 4, 844:

>> Ille premit duram sanguinulentus humum

Fast. 6, 602:

>> Concidit in dura sanguinulentus humo

A. A. 1, 336:

>> Et nece natorum sanguinolenta parens

A. A. 1, 414:

>> Vulneribus Latiis sanguinolenta fuit

---

1) Bei solchen Wörtern, wo die Schreibweise schwankt, wie hier zwischen *sanguinulentus* und *sanguinolentus*, habe ich mich streng an den mir vorliegenden Text gehalten.

A. A. 3. 242:

Plorat in invisas sanguinolenta comas

Her. 3, 50:

Pectora iactantem sanguinolenta virum

Her. 6, 46:

Praetulit infaustas sanguinolenta faces

Ibis 4:

Littera Nasonis sanguinolenta legi

Ibis 380:

Fecerunt dapibus sanguinolenta suis

Indem wir jetzt zu den Substantiven übergehen, müssen wir zuerst auf die allgemein bekannte Thatsache hinweisen, dass unser Dichter die Substantiva mit dem Ausgange auf *men* ungemein liebt, ja sogar manchmal neue Wortbildungen dieser Art sich erlaubt. Der Grund hiefür liegt auf der Hand, da auch sie sich so gut zu einem bequemen Versbaue eignen und ganz besonders wieder die Bildung des Daktylus im fünften Fusse des Hexameter erleichtern; aber gerade dadurch erklären sich wieder manche Anklänge. Ich wähle aus meiner Sammlung derartiger Nomina, die natürlich sehr reichlich ausfallen musste, hier nur zwei, um an ihnen diesen Gebrauch etwas näher zu betrachten: *velamen* und *crimen*.

Fast. 1, 431:

Gaudet, et, a pedibus tracto velamine, vota

Fast. 2, 379:

Fama manet facti., posito velamine currunt

Fast. 4, 147:

Accipit ille locus posito velamine cunctas

Am. 1, 5, 17:

Ut stetit ante oculos posito velamine nostros

Met. 3, 192:

Nunc tibi me posito visam velamine narres

A. A. 2, 613:

Ipsa Venus pubem, quotiens velamina ponit

Fast. 2, 303:

Sed cur praecipue fugiat velamina Faunus

Fast. 2, 343:

Inde tori, qui iunctus erat, velamina tangit

Her. 10, 41:

Candidaque inposui longae velamina virgae

A, A. 3, 267:

Quae nimium gracilis, pleno velamina filo

Met. 5, 594:

Molliaque inpono salici velamina curvae

Met. 6, 566:

Et lacrimae fecere fidem. Velamina Progne

Met. 11, 611:

Plumeus, unicolor, pullo velamine tectus

Andere Stellen, wo das Wort an einer andern Versstelle vorkommt, sind noch: Met. 4, 101. 4, 345. 9, 132. 11, 589. 14, 45. Fast. 6, 579.

Schon aus diesen Beispielen, die doch nur eines jener Substantive betreffen, wird man deutlich genug ersehen, wie durch diesen Gebrauch nicht nur ein gewisser Gleichklang der Verse im Allgemeinen entsteht, sondern manchmal durch öftere Hinzufügung des nämlichen Verbum (wie oben in den ersten Stellen *velamina ponere*) eine noch grössere Aehnlichkeit der betreffenden Verse unter sich hervorgerufen wird.

Bedenkt man nun noch, in welch' grosser Anzahl diese Substantive begegnen, so wird man sich einen Begriff machen können von dem Einfluss dieses Gebrauches auf den ovidischen Versbau und von der Masse der dadurch motivirten Anklänge.

Nun einige Belege für *crimen:*

Trist. 2, 95:

Res quoque privatas statui sine crimine iudex

Trist. 3, 2, 5:

Nec mihi quod lusi vero sine crimine, prodest

Trist. 4, 2, 13:

Et pariter matres et quae sine crimine castos

Her. 4, 31:

Si tamen ille prior, quo me sine crimine gessi

Her. 16, 17:

Fama tamen clara est, et adhuc sine crimine vixi

Her. 16, 95:

Altera vel potius felix sine crimine fiat

R. A. 37:

His lacrimis contentus eris sine crimine mortis

Met. 2, 433:

Impedit amplexu. nec se sine crimine prodit

Das Wort findet sich ausserdem noch an vielen anderen Stellen, die alle aufzuzählen zu weitläufig wäre; ich habe gerade diese notirt und ausgewählt, da sie uns einerseits die besprochene Sache so recht anschaulich machen und andrerseits die natürliche Brücke bilden zu einer andern Eigenthümlichkeit Ovid's, nämlich zum häufigen Gebrauche der Präposition *sine*; oft vertritt sie mit ihrem Nomen die Stelle eines adjectiv. Attributes.

Besonders auffallend ist hier vor Allem die häufige Verbindung *sinè fine*:

Trist. 2, 63:

Inspice maius opus, quod adhuc sine fine reliqui

Trist. 1, 2, 75:

Non ego divitias avidus sine fine parandi

Ibis 205:

Illae me lacrimae facient sine fine beatum

ex P. 1, 10, 23:

Sed vigilo, vigilantque mei sine fine dolores

Am. 2, 10, 11:

Quid geminas, Erycina, meos sine fine dolores

Met. 2, 502:

Inmotosque oculos in se sine fine tenentem

Met. 7, 306:

Jamque petunt, pretiumque iubent sine fine pacisci

Met. 11, 792:

Pronus abit, letique viam sine fine retemptat

Met. 12, 316:
> In tanto fremitu cunctis sine fine iacebat

Her. 19, 35:
> Si noceo, quod amo, fateor, sine fine nocebo

ex P. 2, 8, 63:
> Denique, quae mecum est et erit sine fine, cavete

Hal. 65:
> Et capto fugiens cervus sine fine timore

An anderen Versstellen: ex P. 3, 6, 22. Her. 3, 15. Her. 15, 191. Her. 8, 43. Met. 4, 334. u. ö.

Aber auch anderen Verbindungen begegnen wir oft. Ich gebe die hauptsächlichsten, die mir aufgefallen:

sine labe: Trist. 2, 110. ex P. 2, 7, 49. Fast. 4, 335. Her. 16, 14. Her. 16, 69. A. A. 1, 514. Met. 2, 537.

sine arte: Her. 4, 77. A. A 3, 258. R A. 350.

sine igne: Fast. 2, 564 R. A. 244.

sine veste: Trist. 2, 105.

sine crine: A. A. 3, 250.

sine lege: A. A. 3, 133. Met. 11, 489. Met. 2, 204. Met. 1, 477.

sine honore: Met. 2, 387.

sine arbore: Trist. 3, 10, 75.

sine gramine: A. A. 3, 249.

sine pectore: Her. 15, 305.

sine coniuge: Her. 16, 179.

sine ordine: Her. 17, 113. Met. 14, 266. ex P. 3, 9, 53.

sine vulnere: Met. 3, 62. Fast. 6, 747.

sine sanguine: Met. 5, 249. Met. 11, 736. Met. 8, 518.

sine flamine: Met. 7, 629.

sine acumine: Met. 2, 376.

sine murmure: Met. 5, 587.

sine fraude: Met. 15, 120.

sine pace: ex P. 3, 3, 40.

sine corpore: Met. 7, 830. Met. 11, 429. Met. 3, 417.

sine pondere: Met. 1, 26. Met. 1, 20.

sine nomine: Met. 7, 275. u. A.

Bei weitem am häufigsten finden wir alle diese Verbindungen in den zwei vorletzten Füssen des Hexameter oder Pentameter.

An der betreffenden Stelle des Pentameter begegnet man auch öfters noch einer andern, ganz interessanten Zusammenstellung: *causa* mit dem Genetiv eines Substantivum in *or*:

Trist. 3, 3, 24:
> Spesque tui nobis causa vigoris erit

Trist. 3, 4, 70:
> Adloquar, et nulli causa timoris ero

Fast. 5, 248:
> Ira Jovis magni causa timoris erat

Her. 16, 216:
> Is tibi solliciti causa timoris erit

Am. 1, 4, 42:
> Illa mihi caeci causa timoris erunt

Trist. 3, 8, 32:
> Et nunquam queruli causa doloris abest

Am. 1, 14, 14:
> Et tibi nullius causa doloris erant

Trist. 3, 7, 26:
> Aut, ubi cessaras, causa ruboris eram

Ex P. 1, 5, 60:
> Et nimis intenti causa laboris abest

Am. 2, 6, 10:
> Magna, sed antiqui causa doloris Itys

Fast. 6, 746:
> ,Nulla‘ Coronides ,causa doloris‘ ait

Fast. 4, 246:
> Reddita quaesiti causa furoris erat

Diess nun wäre das Wichtigste, was ich über die Wiederholungen, die hauptsächlich durch den Versbau veranlasst wurden, an dieser Stelle bemerken zu müssen glaubte. Ich lasse nun die auffallendsten der übrigen Aehnlichkeiten in ganzen Versen und Verstheilen ohne weitere Bemerkungen folgen:

A. A. 2, 79:

> Jam Samos a laeva, . . fuerant Naxosque relictae
> Et Paros et Clario Delos amata deo . . .
> Dextra Lebynthos erat silvisque umbrosa Calymne
>
> .   .   .   .
>
> Cum puer

93:

> At pater infelix, nec iam pater, ‚Icare‘! clamat
>
> .   .   .   .
>
> ‚Icare‘·clamabat, pinnas aspexit in undis

Met. 8, 220:

> .   .   .   Et iam Junonia laeva
> Parte Samos fuerat, Delosque Parosque relictae,
> Dextra Lebynthos erat foecundaque melle Calymne:
> Cum puer

231:

> At pater infelix, nec iam pater, ‚Icare‘, dixit,
>
> .   .   .   .
>
> ‚Icare‘ dicebat, pennas aspexit in undis

Met. 2, 460:

> .   .   Cunctae velamina ponunt:

464:

> ‚I procul hinc‘, dixit, ‚nec sacros pollue fontes‘

Fast. 2, 169:

> .   .   .   nymphae velamina ponunt

174:

> ‚Desere, nec castas pollue‘, dixit, ‚aquas‘

Fast. 1, 101:

> ‚Disce metu posito, vates operose dierum,
> Quod petis, et voces percipe mente meas‘

Fast. 3, 177:

> Disce, Latinorum vates operose dierum,
> Quod petis, et memori pectore dicta nota

Met. 4, 26:

> Quique senex ferula titubantes ebrius artus
> Sustinet, et pando non fortiter haeret asello

A. A. 1, 543:

> Ebrius, ecce, senex pando Silenus asello
> Vix sedet

Fast. 3, 549:

> Praebuit Aeneas et causam mortis et ensem,
> Ipsa sua Dido concidit usa manu

Her. 7, 159:

> Praebuit Aeneas et causam mortis et ensem,
> Ipsa sua Dido concidit usa manu

Met. 1. 150:

> Ultima caelestum, terras Astraea reliquit

Fast. 1, 250:

> Ultima de superis illa reliquit humum

Met. 5, 521:

> .   .   .   neque enim praedone marito
> Filia digna tua est

Fast. 4, 591:

> At neque Persephone digna est praedone marito

Trist. 2, 38:

> Jure capax mundus nil Jove maius habet

Fast. 5, 126:

> Sedit, et invicto nil Jove maius erat

Met. 11, 224:

> Ergo, ne quicquam mundus Jove maius haberet

Met. 3, 123:

> Marte cadunt subiti per mutua vulnera fratres

Met. 7, 141:

> Terrigenae pereunt per mutua vulnera fratres

Met. 2, 27:

> Verque novum stabat cinctum florente corona

ex P. 3, 1, 11:

> Tu neque ver sentis cinctum florente corona

ex P. 3, 1, 23:

   Tristia per vacuos horrent absinthia campos

ex P. 3, 8, 15:

   Tristia deformes pariunt absinthia campi

---

ex P. 3, 8, 13:

   Non hic pampineis amicitur vitibus ulmus

Her. 5, 47:

   Non sic adpositis vincitur vitibus ulmus

Met. 10, 100:

   Pampineae vites et amictae vitibus ulmi

Trist. 2, 143:

   Vidi ego pampineis oneratam vitibus ulmum

---

ex P. 4, 4, 32:

   Quos aluit campis herba Falisca suis ·

Fast. 1, 84:

   Quos aluit campis herba Falisca suis

Met. 6, 164:

   Turaque dant sanctis et verba precantia flammis

Met. 9, 159:

   Tura dabat primis et verba precantia flammis [1])

Met. 8, 787:

   Talibus agrestem compellat oreada dictis

Met. 12, 585:

   Talibus intonsum compellat Sminthea dictis

Met. 2, 418:

   Cum subit illa nemus, quod nulla ceciderat aetas

Met. 8, 329:

   Silva frequens trabibus, quam nulla ceciderat aetas

---

1) Die Zusammenstellung *verba precantia* finden wir an derselben Versstelle noch Met. 7, 590. Der Ausdruck begegnet schon einmal in Vergil: Aen. 7, 237. Vgl. noch ex P. 4, 9, 111.

Fast. 1, 152:

    Et nova de gravido palmite gemma tumet

Fast. 3, 238:

    Uvidaque in tenero palmite gemma tumet

cf. Fast. 4, 128.

Am. 3, 15, 1:

    Quaere novum vatem, tenerorum mater Amorum

Fast. 4, 1:

    ‚Alma, fave‘, dixi, ‚geminorum mater Amorum!‘

Met. 11, 16:

    Clamor et infracto Berecyntia tibia cornu

Fast. 4, 181:

    Protinus inflexo Berecyntia tibia cornu

Met. 3, 532:

    .   .   .   .   ‚aerane tantum

    Aere repulsa valent et adunco, tibia cornu

Fast. 4, 184:

    Aeraque tinnitus aere repulsa dabunt

Met. 4, 392:

    Obstrepuere sonis et adunco tibia cornu

Met. 3, 537:

    .   .   et inania tympana vincant

Fast. 4, 183:

    .   .   et inania tympana tundent

Am. 3, 6, 58:

    Pectoraque insana plangis aperta manu

Am. 3, 9, 10:

    Pectoraque infesta tundat aperta manu

Met. 2, 681:

    .   , onusque fuit baculum silvestre sinistrae

Met. 15, 655:

    .   .   baculumque tenens, agreste sinistra

A. A. 2, 561:

    Fabula narratur toto notissima caelo

Met. 4, 189:

Haec fuit in toto notissima fabula caelo

Fast. 2, 704:

Sectus humum rivo lene sonantis aquae

Fast. 6, 340:

Liquerat ad ripas lene sonantis aquae

Fast. 5, 163:

At simul inducent obscura crepuscula noctem

Met. 1, 219:

Ingredior, traherent cum sera crepuscula noctem

Her. 4, 160:

Purpureo tepidum qui movet axe diem

Am. 1, 13, 2:

Flava pruinoso quae vehit axe diem

Fast. 3, 518:

Purpureum rapido qui vehit axe diem

Met. 2, 115:

Lucifer, et caeli statione novissimus exit

Met. 11, 296:

Qui vocat auroram, caeloque novissimus exit

Met. 2, 453:

Orbe resurgebant lunaria cornua nono

Met. 8, 11:

Sexta resurgebant orientis cornua Lunae

Vgl. Fast. 2, 447.

Met. 1, 325:

Et superesse virum de tot modo milibus unum

Her. 14, 73:

,Surge age, Belide, de tot modo fratribus unus!'

cf. Her. 14, 1.

R. A. 203:

Aut pavidos terre varia formidine cervos

Fast. 5, 173

  • • • •   pavidos formidine cervos
Terret

Met. 2, 497:

Arcas adest, ter quinque fere natalibus actis

Met. 13, 753:

Pulcher et octonis iterum natalibus actis

Met. 8, 242:

  • • •   natalibus actis
Bis puerum senis

A. A. 2, 711:

Fecit et in capta Lyrneside magnus Achilles

Am. 1, 9, 33:

Ardet in abducta Briseïde magnus Achilles

Met. 7, 347:

  . . Cecidere illis animique manusque

Fast. 3, 225:

Tela viris animique cadunt

Her. 10, 48:

Qualis ab Ogygio concita Baccha deo

A. A. 1, 312:

Fertur, ut Aonio concita Baccha deo

Fast. 1, 1:

Tempora cum causis Latium digesta per annum
Lapsaque sub terras ortaque signa canam

Fast. 4, 11:

Tempora cum causis, annalibus eruta priscis,
Lapsaque sub terras ortaque signa cano

Met. 9, 89:

Dixerat. et nymphe ritu succincta Dianae

Met. 10, 536:

Fine genus vestem ritu succincta Dianae [1])

---

1) vgl. noch: succinctae sacra Dianae: Met. 3, 156.

Met. 1, 179:

> Terrificam capitis 'concussit terque quaterque
> Caesariem

Met. 2, 49:

> . . . qui terque quaterque
> Concutiens illustre caput

Fast. 2, 509:

> . , et in tenues oculis evanuit auras [1])

Met. 14, 432:

> . , inque leves paulatim evanuit auras

Her. 12, 85:

> Spiritus ante meus tenues vanescat in auras

Her. 1, 79:

> . , et hoc crimen tenues vanescat in auras

Am. 2, 14, 41:

> Ista sed aetherias vanescant dicta per auras

Vgl. ex P. 2, 11, 7. Ibis 139.

Fast. 2, 819:

> Illa diu reticet, pudibundaque celat amictu
> Ora

Met. 10, 421:

> Saepe tenet vocem, pudibundaque vestibus ora
> Texit

Fast. 1, 527:

> Jam pius Aeneas sacra et, sacra altera, patrem
> Adferet

Fast. 4, 3':

> Hinc satus Aeneas . . . .
> Sacra patremque humeris, altera sacra, tulit

Her. 12, 76:

> Sed tibi servatus gloria maior ero

---

1) Der Vers ist, um diess hier schon zu bemerken, ganz offenbare Nachahmung des vergilianischen, Aen. 9, 658: Et procul in tenuem
ex oculis evanuit auram.

Fast. 1, 714:

Tu ducibus bello gloria maior eris

Am. 2, 9, 6:

Gloria pugnantes vincere maior erat

Trist. 1, 4, 1:

Tinguitur oceano custos Erymanthidos ursae

Trist. 1, 11, 15:

Fuscabatque diem custos Erymanthidos ursae

Cf. Trist. 3, 4, 47.

Trist. 1, 5, 13:

Quam subeant animo meritorum oblivia nostro

Met. 7, 45:

Ut timeam fraudem meritique oblivia nostri [1])

Der Versausgang: *oblivia nostri* auch Trist. 1, 8 11 und 5, 7, 29.

Trist. 2, 171:

. ducem solitis circumvolet alis

Met. 14, 507:

. et remos plausis circumvolat alis

Met. 1, 264:

. . Madidis Notus evolat alis

A. A. 2, 19:

. . . et habet geminas, quibus avolet, alas

Trist. 3, 7, 34:

Rugaque in antiqua fronte senilis erit

ex P. 1, 4, 2:

Jamque meos vultus ruga senilis arat

cf. Met. 14, 96. 15, 232.

Am. 2, 3, 1:

Ei mihi, quod dominam nec vir nec femina servas

---

1) *oblivia* am nämlichen Platze noch: Met. 4, 502. 12, 539. 4, 208. Der Gebrauch schon bei Lucrez: 3, 840. 4, 823.

Ibis 453:

>   Deque viro fias nec femina nec vir, ut Attys

Fast. 5, 612:

>   Et metuit tactus assilientis aquae

Met. 6, 106:

>   .   .   .   .   tactumque vereri
>   Assilientis aquae

Met. 1, 241:

>   .   .   .   .   .   fera regnat Erynis

Met. 11, 14:

>   .   .   .   insanaque regnat Erinys

Met. 1, 400:

>   .   quis hoc credat, nisi sit pro teste vetustas

Fast. 4, 203:

>   .   .   .   pro magna teste vetustas
>   Creditur

Met. 11, 166:

>   Verrit humum Tyrio saturata murice palla

Fast. 2, 107:

>   Induerat Tyrio bis tinctam murice pallam

Ex P. 2, 1, 1:

>   Huc quoque Caesarei pervenit fama triumphi

Ex P. 2, 5, 27:

>   Nuper, ut huc magni pervenit fama triumphi

A. A. 3, 330:

>   Sit quoque vinosi Teïa Musa senis

Trist. 2, 364:

>   Praecepit lyrici Teïa Musa senis

Fast. 3, 368:

>   Et gravis aethereo venit ab axe fragor

Trist. 1, 2, 46:

>   Quantus ab aetherio personat axe fragor

Am. 1, 6, 1:

    Janitor, indignum! dura religate catena

Her. 10, 89: ▾

    Tantum ne religer dura captiva catena

A. A. 1, 169:

    .   .   telumque volatile sensit

Met. 7, 841:

    .   .   .   .   telumque volatile misi

A. A. 3, 71:

    Nec tua frangetur nocturna ianua rixa

R. A. 31:

    Effice nocturna frangatur ianua rixa

Ex P. 1, 2, 3:

    Qui nasci ut posses .   .   .

    Non omnes Fabios abstulit una dies

Fast. 2, 236:

    Ad bellum missos perdidit una dies

241:

    Scilicet ut posses olim tu, Maxime, nasci

Trist. 3, 8, 1:

    Nunc ego Triptolemi cuperem conscendere currus,

    Misit in ignotam qui rude semen humum

Met. 5, 646:

    Triptolemo. partimque rudi data semina iussit

    Spargere humo

Trist. 4, 2, 22:

    Ante coronatos ire videbit equos

Ex P. 2, 1, 58:

    Laeta coronatis Roma videbit equis

Trist. 4, 2, 25:

    Quorum pars causas et res et nomina quaeret

A. A. 1, 219:

    Atque aliqua ex illis cum regum nomina quaeret

-----

ex P. 1, 2, 118:

Auxilio trepidis quae solet esse reis

ex P. 2, 2, 52:

Quo poteras trepidis utilis esse reis

Fast. 1, 22:

Civica pro trepidis cum tulit arma reis

Fast. 1, 525:

Urite victrices Neptunia Pergama flammae

Met. 14, 467:

. , et Danaas paverunt Pergama flammas

Her. 12, 143:

Turba ruunt, et ‚Hymen‘ clamant, ‚Hymenaee‘

Her. 14, 27:

Vulgus ‚Hymen, Hymenaee‘ vocant

Met. 3, 67:

. . . descendit in ilia ferrum

Met. 4, 119:

. . . demisit in ilia ferrum

Met. 7, 263:

. . . spumisque tumentibus albet

Met. 11, 501:

. . spumisque sonantibus albet

Fast. 2, 553:

Perque vias urbis Latiosque ululasse per agros

Met. 13, 571:

Tum quoque Sithonios ululavit maesta per agros

Met. 9, 643:

Byblida non aliter latos ululasse per agros [1])

Fast. 2, 73:

. . . tollens ad sidera voltum

---

1) Vgl. Tib. 1, 5, 55: ululetque per urbes.

Met. 1, 86:

. . . ad sidera tollere vultus·

Fast. 4, 315:

. . . . , ter tollit in aethera palmas

Met, 13, 411:

. . tendebat ad aethera palmas 1)

Fast. 5, 311:

Longa referre mora est

Met. 13, 205:

Longa referre mora est

Met. 3, 225:

Quosque referre mora est

cf. Met. 1, 214. 5, 207, 5, 463 u. ö.

Her. 6, 21:

Credula res amor est

Met. 7, 826:

Credula res amor est

ex P. 2, 5, 57:

. . . . et vertice sidera tangas

Met. 7, 61:

. . . . et vertice sidera tangam 2)

Am. 1, 5, 1:

Aestus erat, mediamque dies

Met. 10, 126:

Aestus erat, mediusque dies

Fast. 1, 151:

Omnia tunc florent

Met. 15, 204:

Omnia tunc florent

---

1) Die Phrase kehrt schon bei Vergil öfters wieder. Vgl. Aen. 1, 93: tendens ad sidera palmas und 2, 688: caelo palmas cum voce tetendit.

2) Der Ausdruck ist auch aus Hor. carm. 1, 1, 36 bekannt.

ex P. 4, 14, 45:

. . . si iam pice nigrior essem

Met. 12, 402:

. . . totus pice nigrior atra

Her. 17, 7:

- Ipsa vides caelum pice nigrius

Vgl. A. A. 2, 658.

___

Fast. 1, 415:

At ruber, hortorum decus

Fast. 6, 333:

At ruber hortorum custos

___

Fast. 2, 565·

. . . et corpora functa sepulchris

Met. 4, 435:

. . , simulacraque functa sepulchris

Met. 10, 14:

. . . simulacraque functa sepulchro [1])

___

Fast. 1, 359:

Verba fides sequitur

Met. 3, 527:

Dicta fides sequitur

Met. 8, 711:

Vota fides sequitur

___

Ibis 366:

. . . sanguine tinxit humum

Trist. 4, 2, 6:

. . sanguine tinguat humum

Ibis 490:

. . sanguine tinxit aquas

Von einfachen Versausgängen erwähne ich noch beispielshalber: turbine venti: Trist. 1, 2, 25. Met. 6, 310.
murmura ponti: Trist. 1, 11, 7. Met. 11, 330. cum murmure

___

1) Die Phrase sollte in einem Wörterbuche, wie das von Klotz
ist, nicht übergangen sein.

labens: Met. 2, 455. Met. 11, 603. perennis aquae : Fast.
2, 820. Fast 3, 298 laniare capillos: Am. 1, 7, 11. Am.
2, 5, 45. Met. 9, 354. lassis succurrite rebus: Trist. 1, 5,
35. miseris succurrere rebus: Met. 15, 632. naribus efflant:
Met. 2, 85. Met. 7, 104.

Ich verweise noch auf den häufig begegnenden Versanfang *est aliquid*[1]) und *pone metum* (Met 1, 736 3,
634. 5, 226. 14, 110. Trist. 3, 7, 29.).

Das Gesagte möge genügen über die Selbstwiederholungen Ovid's; es war schwer, bei der Auswahl aus dem
reichen Materiale Mass zu halten. Die Gesichtspunkte,
die mich dabei leiteten, waren, wie man bei näherer Prüfung wohl leicht ersehen wird, ausser den schon oben Seite 8
und 9 angegebenen noch folgende zwei: 1) hauptsächlich die-
jenigen Anklänge zu wählen, die wohl durch den ovidischen
Versbau veranlasst wurden, um daran die vorzüglichsten
Eigenthümlichkeiten des letzteren zu entwickeln, und 2) in
allen übrigen Fällen gewöhnlich solche Stellen anzuführen,
welche in den Wörterbüchern noch wenig belegt sind

Ein Paar ähnlicher Wiederholungen, die aber zugleich
auch auf Tibull oder Properz Bezug haben, werden, um sie
nicht doppelt aufzuführen, an jener Stelle besprochen
werden.

Wir haben nun unserem Dichter schon so Manches ab-
gelauscht, haben manches geheime Mittel seiner Kunst an
das Tageslicht gezogen; aber wir haben ihn bisher grösstentheils nur an und für sich betrachtet, ohne sein Verhältniss
zu seinen Vorgängern und den gleichzeitigen Dichtern näher
zu kennzeichnen. Zwar haben wir schon ein Paar Mal auf
Reminiscenzen aus andern Schriftstellern hingedeutet und
sie liessen sich nach dem, was wir über den Charakter
Ovid's als Dichter sagten, wohl unschwer voraussetzen Sind

---

1) Wir werden davon noch unten bei Properz zu sprechen haben
und dort die bezüglichen Stellen aufzählen.

aber derartige Anklänge bei einem so productiven, wenig reflectirenden Dichter in jedem Falle schon an sich sehr natürlich, so werden sie es bei Ovid auch hier wieder noch um so mehr durch die äussern Umstände, da er in einer Zeit lebte, wo die durch seine Vorgänger und älteren Zeitgenossen ausgeprägte Dichtersprache schon vielgeübt und allgemein anerkannt vorlag, wo ferner ganz insbesondere die Elegie nach Form und Inhalt schon so ausgebildet war, dass ein weites Abgehen davon nicht mehr leicht möglich war. Aber demungeachtet werden wir auch jetzt wieder im Allgemeinen das wiederfinden, worauf wir schon oben bei der Besprechung des ovidianischen Versbaues aufmerksam machten, dass nämlich unser Dichter, wenn er auch viel und manchmal, wohl ohne es zu bemerken, zu viel auf fremdem Boden steht, immer mit einem gewissen Glücke gerade das vorzugsweise nachahmt, was seiner ganzen Manier am besten entspricht; wir könnten Ovid in dieser Beziehung nicht unpassend mit einem Paradoxon als originellen Nachahmer bezeichnen.

Aus dem Gesagten ergibt es sich von selbst, dass wir in diesem Theile auch manchmal über wiederholte Situationen und Motive zu handeln haben werden. Was nun die Anordnung des hier sich häufenden Stoffes betrifft, bemerke ich folgendes: Ich gebe, wie schon gesagt, vorerst nur das Verhältniss Ovid's zu den Lyrikern; dabei wähle ich als die einfachste und natürlichste Art der Besprechung die, von Catull zu Tibull und Properz nach der Zeitfolge überzugehen, jedoch so, dass ich da, wo Ovid an Mehrere von ihnen zugleich anklingt, gleich das ganze betreffende Material anreihe.

Catull ist jener Dichter, welcher der Lyrik Bahn brach, der zuerst die Schroffheit des alterthümlichen Ausdruckes besiegte, der uns gewissermassen als der Anfang der römischen Elegie gelten darf. Sein Charakter scheint wohl in mancher Beziehung unserem Ovid geähnelt zu haben; beide waren leichte Lebemänner, beide wussten als Dichter ihr glückliches Naturell nicht immer ganz zu beherrschen, sondern liessen ihm gar zu oft freien Lauf. Sehr interessant ist in dieser Beziehung auch das dichterische Glaubensbekenntniss Beider [1]):

Cat. 16, 3:

> Qui me ex versiculis meis putastis,
> Quod sunt molliculi, parum pudicum.
> Nam castum esse decet pium poetam
> Ipsum, versiculos nihil necesse est,
> Qui tum denique habent salem ac leporem,
> Si sunt molliculi ac parum pudici

Ov. Trist. 2, 353:

> Crede mihi, distant mores a carmine nostro:
> Vita verecunda est, Musa iocosa mea

357:

> Nec liber indicium est animi, sed honesta voluptas,
> Plurima mulcendis auribus apta ferens

Catull wird von Ovid öfters erwähnt: Am. 3, 9, 61. 3, 15, 7. Trist. 2, 427. Dass er auch auf Ovid's Dichtungen nicht ganz ohne Einfluss geblieben, sollen die folgenden Zeilen lehren.

Bei Catull c. 7 und c. 61, 202 finden wir die Unzählbarkeit bildlich verstärkt; bei Ovid kehrt diese Erscheinung sehr oft wieder und er hat sie so recht in seiner tändelnden Weise ausgebeutet. Wir wollen hier etwa nicht behaupten, dass Ovid diesen bei allen Völkern und bei so vielen Dichtern vorkommenden Gebrauch von Catull gelernt; einer Bemerkung werth bleibt es aber immerhin, dass die zwei von Catull gebrauchten Bilder, vom Sande und den Sternen, die allerdings die natürlichsten und in allen Sprachen sprichwörtlich geworden sind [2]), auch von unserm

---

1) Später bekanntlich auch von Martialis nachgeahmt.

2) Schon in der Bibel findet sich bekanntlich die Verbindung öfters; vgl. Gen. 22, 17: multiplicabo semen tuum sicut stellas caeli

Dichter, der doch sonst in dieser Beziehung mehr das Ge-
suchte liebt, nicht verschmäht werden, ja einmal in ganz
gleicher Zusammenstellung begegnen und auffallend ist es
zweitens, dass Tibull und Properz dieser Gebrauch fremd
ist. Ich gebe hier zuerst zur Vergleichung die zwei Stellen
Catull's mit den bezüglichen Ovid's und füge dann auch
noch die übrigen, diese Verstärkung betreffenden, ovidischen
Verse bei, da sie mir für die Beurtheilung unseres Dichters
nicht ohne Werth erscheinen.

Cat. 7, 3:

> Quam magnus numerus Libyssae arenae
>
> Laserpiciferis iacet Cyrenis,
>
> Aut quam sidera multa, cum tacet nox,
>
> Furtivos hominum vident amores,
>
> Tam te

61, 202:

> Ille pulveris Africei
>
> Siderumque micantium
>
> Subducat numerum prius,
>
> Qui vostri numerare volt
>
> Multa milia ludei

Ov. Trist. 1, 5, 47:

> Tot mala sum passus, quot in aethere sidera lucent,
>
> Parvaque quot siccus corpora pulvis habet

Met. 11, 614:

> Somnia vana iacent totidem, quot messis aristas,
>
> Silva gerit frondes, eiectas litus arenas

Trist. 4, 1, 55:

> . . . . quot litus arenas
>
> Quotque fretum pisces, ovaque piscis habet.

---

et velut arenam, quae est in litore maris. cf. Hom. Il. 9, 385: οὐδ᾽
εἴ μοι τόσα δοίη ὅσα ψάμαθός τε κονίς τε. Auch im Deutschen:
Freidank 59, 4: Swer sant und ouch der sternen schîn wil zeln, der
muoz unmüezec sîn. Zu den römischen Dichtern vgl. Verg. Georg. 2, 105.

Vere prius flores, aestu numerabis aristas,
    Poma per autumnum, frigoribusque nives,
Quam

Trist. 5, 1, 31:

Quot frutices silvae, quot flavas Thybris arenas,
    Mollia quot Martis gramina campus habet,
Tot

A. A. 1, 57:

Gargara quot segetes, quot habet Methymna racemos,
    Aequore quot pisces, fronde teguntur aves,
Quot caelum stellas, tot

Her. 17, 107:

Non magis illius numerari gaudia noctis,
    Hellespontiaci quam maris alga potest

A. A 2, 517:

Quot lepores in Atho, quot apes pascuntur In Hybla,
    Caerula quot bacas Palladis arbor habet,
Littore quot conchae, tot

A. A. 3, 149:

Sed neque ramosa numerabis in ilice glandes,
    Nec quot apes Hyble, nec quot in Alpe ferae,
Nec mihi tot

Ibis 197:

Nam neque quot flores Sicula nascantur in Hybla,
    Quotve ferat, dicam, terra Cilissa crocos,
Nec cum tristis hiems aquilonis inhorruit alis,
    Quam multa fiat grandine canus Athos:
Nec

Trist. 5, 2, 23:

Litora quot conchas, quot amoena rosaria flores,
    Quotve soporiferum grana papaver habet,
Silva feras quot alit, quot piscibus unda natatur,
    Quot tenerum pennis aëra pulsat avis,
Tot

Trist. 5, 6, 37:

> Quam multa madidae celebrantur arundine fossae,
>> Florida quam multas Hybla tuetur apes,
> Quam multae gracili terrena sub horrea ferre
>> Limite formicae grana reperta solent,
> Tam

ex P. 2, 7, 25:

> Cinyphiae segetis citius numerabis aristas,
>> Altaque quam multis floreat Hybla thymis:
> Et quot aves motis nitantur in aëre pennis,
>> Quotque natent pisces aequore, certus eris,
> Quam

ex P. 4, 15, 7:

> Quae numero tot sunt, quot in horto fertilis arvi
>> Punica sub lento cortice grana rubent,
> Africa quot segetes, quot Tmolia terra racemos,
>> Quot Sicyon bacas, quot parit Hybla favos. [1]

Für eine andere poetische Eigenthümlichkeit, die wieder häufig bei Ovid, aber zugleich auch manchmal bei Tibull und Properz begegnet, kommen ebenfalls schon bei Catull Paralellstellen vor, die vielleicht nicht ganz ohne Einfluss auf jene Dichter geblieben sind: ich meine das Bild vom Davontragen des Windes und der Welle zur Bezeichnung alles Unbeständigen, Ungültigen, Vergeblichen, und ganz besonders zum Ausdrucke nicht gehaltener Versprechungen. [2] Die betreffenden Stellen, die man selbst unter sich vergleichen möge, sind folgende:

---

1) Man vergleiche mit dieser zweiten Abtheilung Verg. Aen. 7, 718.

2) Vgl. hier auch: Lucr. 4, 932: tu fac, ne venteis verba profundam. Hor. Od. 1, 26, 1: metus tradam protervis in mare Creticum portare ventis. Das. Mitsch. Die Erscheinung ist übrigens auch schon aus Homer bekannt und für uns ist, wie schon angedeutet, hauptsächlich nur die Fortentwicklung der Form bei den römischen Dichtern von Interesse Die Stelle Verg. Aen. 10, 652 gehört, streng genommen, nicht hieher. Vgl. Ladewig z. St. Wohl aber kann man noch Cat. 65, 17 vergleichen.

Cat. 64, 142:

    Quae cuncta aerii discerpunt irrita venti

Ov. Trist, 1, 8, 35:

    Cunctane in aequoreos abierunt irrita ventos

Cat. 30, 9:

    .   .   .   .   ac tua dicta omnia factaque

    Ventos irrita ferre ac nebulas aerias sinis

Ov. A. A. 1, 633:

    Juppiter ex alto periuria ridet amantum,

        Et iubet Aeolios irrita ferre notos

Tib. 3, 4, 95:

    Haec deus in melius crudelia somnia vertat

        Et iubeat tepidos irrita ferre notos

Tib. 3, 6, 49:

    .   .   .   periuria ridet amantum

    Juppiter et ventos irrita ferre iubet

Tib. 1, 4, 21:

    .   .   .   Veneris periuria venti

    Irrita per terras et freta summa ferunt

Ov. Am. 2, 8, 19:

    Tu, dea, tu iubeas animi periuria puri

    Carpathium tepidos per mare ferre notos

Ov. Am. 1, 4, 11:

    .   .   .   .   .   nec euris

    Da mea, nec tepidis verba ferenda notis

Tib. 1, 5, 35:

    .   .   ., quae nunc Eurusque Notusque

    Jactat odoratos vota per Armenios

Ov. Am. 2, 16, 45:

    Verba puellarum, foliis leviora caducis,

    Irrita qua visum est, ventus et unda ferunt

Prop. 3, 24, 8:

    Quicquid iurarunt, ventus et unda rapit

Cat 70, 3:

    . sed mulier cupido quod dicit amanti

    In vento et rapida scribere oportet aqua

Tib. 4, 4, 7:

> . . . . et quicquid triste timemus,
> In pelagus rapidis evehat amnis aquis

Ov. Am. 2, 6, 43:

> Quid referam timidae pro te pia vota puellae,
> Vota procelloso per mare rapta noto?

Tib. 3, 6, 27:

> . . . . venti temeraria vota,
> Aeriae et nubes diripienda ferant

Ov. A. A. 1, 388:

> Nec mea dicta rapax per mare ventus agit

Ov. Am. 2, 11, 33:

> At si vana ferunt volucres mea dicta procellae

Ov. Her. 13, 92:

> Fac meus in ventos hic timor omnis eat

Ov. Her. 7, 8:

> Atque idem venti vela fidemque ferent?

Ov. Her. 2, 25:

> Demophoon, ventis et verba et vela dedisti

Ov. R. A. 286:

> Irrita cum velis verba tulere noti

Ov. Met. 8, 134:

> . . . . an inania venti
> Verba ferunt, idemque tuas, ingrate, carinas?

Vgl. Ov. Am. 1, 6, 42.

Die Anordnung der hier gegebenen Stellen wurde wirklich ein wenig schwierig, da manche mehrere Anhaltspunkte zu wechselseitigen Vergleichen enthalten; doch wird man wohl auch so die Selbstwiederholungen Ovid's und die, oft gewiss mehr als zufälligen, Aehnlichkeiten mit den andern Dichtern leicht herausfinden.

Für den Ausdruck des Gegentheils, des Beständigen, Dauerhaften, sind zwei Belege aus Tibull und Ovid interessant, die ich an dieser Stelle einschalte:

Tib. 1, 4, 65:

> . . . . dum robora tellus,
> Dum caelum stellas, dum vehet amnis aquas

Ov. Ibis 135:

> Robora dum montes . . . .
> Dum Tiberis liquidas Tuscus habebit aquas

Da wir nun schon einmal über ähnliche Gebräuche sprechen, die freilich in der Poesie mehr oder weniger allgemein sind, [1]) deren Betrachtung bei den einzelnen Dichtern aber doch nicht ohne Interesse ist, da sie manchmal von den älteren, wenigstens der Form nach, den jüngeren vermittelt wurden, gestatte man mir hier auch einige Bemerkungen über die bildliche Verstärkung der Begriffe „Grausamkeit" und „Härte" bei unsern Dichtern. Die Erscheinung lässt sich auch wieder schon von Catull aus verfolgen:

Cat. 60, 1:

> Num te leaena montibus Libystinis
> Aut Scylla latrans infima inguinum parte
> Tam mente dura procreavit ac tetra,
> Ut

Cat. 64, 154:

> Quaenam te genuit sola sub rupe leaena,
> Quod mare conceptum, spumantibus expuit undis,
> Quae Syrtis, quae Scylla rapax, quae vasta Charybdis,
> Talia qui reddis.

Theils in der Form, theils in der Anschauung ganz ähnlich sind die ovidischen Stellen:

Met. 8, 120:

> Non genitrix Europa tibi est, sed inhospita Syrtis,
> Armeniae tigres austroque agitata Charybdis

---

1) Vgl. für den folgenden Gebrauch Hom. Il. 16, 33: . οὐκ ἄρα σοί γε πατὴρ ἦν ἱππότα Πηλεύς — οὐδὲ Θέτις μήτηρ· γλαυκὴ δέ σε τίκτε θάλασσα — πέτραι δ' ἠλίβατοι . . Theocr. Id. 10, 7. — Verg. Aen. 4, 365: Nec tibi diva parens, generis nec Dardanus auctor, — Perfide; sed duris genuit te cautibus horrens — Caucasus Hyrcanaeque admorunt ubera tigres.

Her. 7, 37:

> Te lapis et montes innataque rupibus altis
>> Robora, te saevae progenuere ferae,
>
> Aut mare, quale vides agitari nunc quoque ventis

Met. 9, 613:

> . . . Neque enim de tigride natus:
>
> Nec rigidas silices, solidumve in pectore ferrum,
>
> Aut adamanta gerit, nec lac bibit ille leaenae

Met. 7, 32:

> . . . . tum me de tigride natam,
>
> Tum ferrum et scopulos gestare in corde fatebor

Vgl. zum Theil Ov. Her. 10, 131.

Alles Derartige vereinigt ist in der langen Stelle bei
Tib. 3, 4, 85:

> Nam te nec vasti genuerunt aequora ponti
>> Nec flammam volvens ore Chimaera fero
>
> Nec canis anguinea redimitus terga caterva,
>
> . . . .
>
> Scyllaque virgineam canibus succincta figuram,
>> Nec te conceptam saeva leaena tulit,
>
> Barbara nec Scythiae tellus horrendave Syrtis,
>> Sed

Eine andere Art dieser Verstärkung, die in den oben
angegebenen Versen Ovid's schon ein Paarmal beigemengt
war, ist die Vergleichung mit Kiesel und Eisen. Sie kommt
bei Catull nicht vor, begegnet aber bei den übrigen Dichtern entschieden häufiger. Da sie die einfachere ist und
auch nicht so sehr an griechische Vorbilder mahnt, wurde
sie auch von Tibull angewendet [1]):

---

1) Mit dieser Erscheinung verwandt ist auch der, besonders bei
Tibull und Ovid, öfter vorkommende Gebrauch von *ferreus* in der Bedeutung „grausam, hartherzig“. Vgl. Tib. 1, 2, 65. 1, 10, 2. 2, 3, 2.
3, 2, 2. Ov. Am. 1, 6, 27. 1, 7, 50. 1, 14, 28. 2, 5, 11. 2, 19, 4.
Her. 1, 58. 3, 138. 4, 14. 16, 136 u. o.

Tib. 1, 1, 63:

>   Flebis: non tua sunt duro praecordia ferro
>   Vincta, nec in tenero stat tibi corde silex

Vgl. Ov. Trist. 1, 8, 41:

>   Et tua sunt silicis circum praecordia venae,
>   Et rigidum ferri semina pectus habet

Ov. ex P. 4, 12, 31:

>   Quae nisi te moveant, duro tibi pectora ferro
>   Esse, vel invicto clausa adamante putem

Ov. Am. 1, 11, 9:

>   Nec silicum venae, nec durum in pectore ferrum

Ov. Am. 3, 6, 59:

>   Ille habet et silices et vivum in pectore ferrum

Ov. Trist. 3, 11, 3:

>   Natus es e scopulis, nutritus lacte ferino,
>   Et dicam silices pectus habere tuum

Prop. 1, 16, 29:

>   Sit licet et saxo patientior illa Sicano,
>   Sit licet et ferro durior et chalybe

Ov. Met. 14, 712:

>   Durior et ferro, quod Noricus excoquit ignis,
>   Et saxo, quod adhuc viva radice tenetur

Ov. Her. 2, 137:

>   Duritia ferrum ut superes, adamantaque . .   —

Vgl. ausserdem: Ov. Her. 10, 1. 10, 107. ex P. 4, 10, 3. Prop. 1, 9, 31.

Von diesen Wendungen gehen wir zur Besprechung einiger Motive über. Dass manche poetische Intentionen in der römischen Elegie eine gewisse Tradition hatten, hat schon Gruppe bemerkt; [1] doch gibt es auch hier Abstufungen; einige kehren bei allen, hieher gehörigen Dichtern ohne Ausnahme wieder, andere sind dem einen oder anderen fremd geblieben. Bei dem fast gänzlichen Mangel der griechischen Vorbilder ist es hier um so interessanter, wenn

---

[1] S. 353.

man Spuren solcher Motive schon bei einem voraugustei-
schen Lyriker, wie bei Catull, findet.

Bei Ovid Am. 2, 6 begegnet eine Elegie, für die wir
in Tibull und Properz vergebens eine Analogie suchen.
Ueberraschend ist es nun gewiss, wenn uns Catull eine
solche bietet in dem bekannten Gedichtlein, worin er den
Lieblingssperling seines Mädchens betrauert (c. 3). Wir
können Ovid's Verse auf den Tod des Papagei's der Geliebten wohl ohne Bedenken eine freie Nachahmung Catull's
nennen. 'Hier wie dort zuerst die Aufforderung zur Trauer,
bei Catull mehr allgemein, von Ovid an die Vögel gerichtet;
dann folgt in beiden Gedichten das Lob der Vortrefflich-
keit des Vogels, dem dann der Gedanke an die schnelle
Vergänglichkeit gerade des Besten natürlich sich anschliesst:
Cat. 3, 13:

> At vobis male sit malae tenebrae
> Orci, quae omnia bella devoratis

Ov Am. 2, 6, 39:

> Optima prima fere manibus rapiuntur avaris

Diese wehmüthige Erinnerung an die Hinfälligkeit alles
Irdischen, die im vorliegenden Falle den Kerngedanken des
Ganzen bildet, ist bekanntlich eine in der antiken Poesie
im Allgemeinen und in der Elegie insbesondere oft wiederkehrende Intention; bald äussert sie sich als Gedanke an
den Tod, bald als Hinweisung auf das trostlose Alter. In
der Regel steht sie mit der Aufforderung zum Lebensgenusse in enger Verbindung. Verfolgen wir die Erscheinung bei unsern Dichtern, so begegnet sie uns auch schon
bei Catull: Lesbia wird durch den Gedanken an den unvermeidlichen Tod zu rücksichtslosem Liebesgenusse auf-
gefordert.
5, 1:

> Vivamus, mea Lesbia, atque amemus,

5:

> Nobis, cum semel occidit brevis lux,
> Nox est perpetua una dormienda

Aehnliches auch bei Tibull und Properz:
Tib. 1, 1, 69:

>   Interea, dum fata sinunt, iungamus amores:
>   Jam veniet tenebris Mors adoperta caput

Prop. 3, 7, 23:

>   Dum nos fata sinunt, oculos satiemus amore:
>   Nox tibi longa venit nec reditura dies

Sehr bekannt ist die Sache aus Horaz und ich werde hier, obwohl ich jenen Dichter eigentlich nicht in den Kreis dieser Betrachtung gezogen, doch ein Paar seiner Verse citiren, die mir zur Vervollständigung des ganzen Bildes nöthig scheinen. Vorerst die Stelle

Od. 1, 28, 15:

>   .   .   Sed omnes una manet nox,
>   Et calcanda semel via leti

die mit der angegebenen Stelle Catull's und folgender von Properz zu vergleichen ist:

Prop. 4, 17, 22:

>   Est mala, sed cunctis ista terenda via est

Was Ovid anbelangt, so erinnere ich an die Worte des Orpheus in der Unterwelt, die, obwohl in einem anderen Zusammenhange, nach Form und Inhalt hieher gehören:

Met. 10, 32:

>   Omnia debemur vobis, paulumque morati
>   Serius aut citius sedem properamus ad unam.
>   Tendimus huc omnes

Man kann damit zusammenstellen:

Prop. 3, 26, 12:

>   Longius aut propius mors sua quemque manet

Hor. Od. 2, 3, 25:

>   Omnes eodem cogimur, omnium
>   Versatur urna serius ocius

In Ovid ist sonst, in dem anfangs angegebenen Zusammenhange, die mildere Wendung vom raschen Herannahen des Alters vorherrschend; das Nämliche gilt von

Tibull. [1]) Und hier finden wir wieder ganz interessante Anklänge:

Tib. 1, 8, 47:

    At tu, dum primi floret tibi temporis aetas,
      Utere; non tardo labitur illa pede

Ov. Fast. 5, 353:

    Et monet aetatis specie, dum floreat, uti

Ov. A. A. 3, 65:

    Utendum est aetate. cito pede labitur aetas

Ov. Am. 1, 8, 49:

    Labitur occulte, fallitque volubilis aetas

Tib. 3, 5, 15:

    Nec venit tardo curva senecta pede

Ov. A. A. 2, 670:

    Jam veniet tacito curva senecta pede

Tib. 1, 1, 71:

    Jam subrepet iners aetas

Ov. Trist. 4, 8, 3:

    Jam subeunt anni fragiles et inertior aetas

Tib. 1, 8, 42:

    Cum vetus infecit cana senecta caput

Tib. 2, 2, 19:

    .   .   .   .   dum tarda senectus
      Inducat rugas inficiatque comas

Ov. Trist. 4, 8, 2:

    Inficit et nigras alba senecta comas

Prop. 4, 4, 24:

    Sparserit et nigras alba senecta comas

Tib. 1, 4, 35:

    .   .   serpens novus exuit annos:
      Formae non ullam fata dedere moram

---

1) Als Eigenthümlichkeit des Properz ist dagegen im Allgemeinen zu bemerken, dass er fast immer dem Todesgedanken im strengsten Sinne und mit einer Art von Liebhaberei nachhängt. Vgl. z. B. noch 1, 19. 2, 1, 71 ff. 3, 5. 3, 7, 53. 4, 1, 35. 4, 21, 33. Für unsere Betrachtung ist von diesen Stellen 1, 19, 25 zu beachten. Bezüglich 3, 5, wo das Verhalten der Geliebten beim Tode des Dichters berührt wird, ist auf Tibull's Vorgang 1, 1, 61 ff. zu verweisen.

Ov. A. A. 3, 77:

> Anguibus exuitur tenui cum pelle vetustas
>
> .   .   .   .   .   .
>
> Nostra sine auxilio fugiunt bona

Cf. Ov. Met. 9, 266:

> Utque novus serpens posita cum pelle senecta
>
> Ewige Jugend ziert nur Bacchus und Phöbus:

Tib. 1, 4, 37:

> Solis aeterna est Phoebe Bacchoque iuventa

Ov. Met. 4, 17:

> .   .   . Tibi enim inconsumpta iuventa est,
>
> Tu puer aeternus.

Bei Tibull, Properz und Ovid wird das verlassene, trostlose Alter der treulosen oder spröden Geliebten als Strafe
in Aussicht gestellt. Tib. 1, 6, 77 Prop. 4, 25, 11 ff.
Ov. A. A. 3, 69. Properz hat hier den Vers:

13:

> Vellere tum cupias albos a stirpe capillos

der an den Tibullischen anklingt:

1, 8, 45:

> Tollere tum cura est albos a stirpe capillos

Tibull fügt an jener Stelle auch noch den Gedanken
bei, dass dem alten, untreuen Mädchen Jedermann das
selbstverschuldete Unglück gönnt:

1, 6, 82:

> Commemorant merito tot mala ferre senem

Das gleiche Motiv wird von Ovid bei einer andern Gelegenheit benutzt:

Am. 2, 14, 40:

> Et clamant ‚merito‘ qui modo cumque vident

Die Hinweisung auf die verlassene Stellung der Untreuen finden wir übrigens auch schon bei Catull, im achten
Gedichtchen, das sonst mit dem Anfang der Elegie Ovid's
Am. 3, 11 eng verwandt ist. Hier wie dort ermahnt sich
der Dichter zur Ausdauer im Entschlusse, nicht mehr länger der Spielball der Geliebten zu sein:

Cat. 8, 11:

     Sed obstinata mente perfer, obdura

Ov. Am. 3, 11, 7:

     Perferre obdura! [1])

In dieser Beziehung könnte man für den Gedanken zum Theil auch Prop. 2, 5 vergleichen.

Endlich erwähne ich in diesem Abschnitte noch das 35. Lied Catull's, in dem sich die Wendung von der durch die Geliebte veranlassten Gefangenschaft, die dann oft in der Elegie begegnet, bereits findet. „Der Freund soll kommen, wenn ihn auch das Mädchen zurückhält"!

35, 8:

     Quamvis candida milies puella

     Euntem revocet manusque collo

     Ambas iniiciens roget morari

Aehnlicher Gedanke und Ausdruck in

Ov. Am. 2, 18, 9:

     Implicuitque suos circum mea colla lacertos

Ich schliesse daran nur noch zwei verwandte Verse von Tibull und Properz.

Prop. 1, 6, 5:

     Sed me complexae remorantur verba puellae

Tib. 1, 1, 55:

     Me retinent vinctum formosae vincla puellae

Wir gehen nun zu jenen Bemerkungen über, die ohne Berücksichtigung der Elegie und der übrigen Dichter, ganz ausschliesslich auf Catull und Ovid Bezug haben. Beachtenswerth ist hier vor Allem das 64. Gedicht Catull's, jene Mischung von epischer und lyrischer Poesie, der das breite Episodium von Ariadne auf Naxos eingefügt ist. Die Mannigfaltigkeit des Inhaltes, so wie ganz besonders der Umstand, dass die Geschichte der Ariadne auch von Ovid mehrmals mit Vorliebe behandelt wurde, lassen uns schon

---

1) So die gewöhnliche Leseart; ob aber nicht auch hier Perfer et obdura zu lesen? Vgl. Trist. 5, 11, 7.

von vorneherein manche Anklänge vermuthen. Und solche scheinen denn auch in Ovid's Gedichten sich vorzufinden. Von Peleus sagt Catull:

26:
    . . . cui Juppiter ipse,
    Ipse suos divum genitor concessit amores

Ovid:

Met. 11, 226:
    Juppiter . . . .
    In suaque Aeaciden succedere vota nepotem
    Jussit

Das Bild der Ariadne, wie es uns von Catull gezeichnet ist, entspricht im Ganzen und Grossen den Versen Ovid's Her. 10. Die Heroide, eben erst vom Schlafe erwacht (Cat. 56: tum primum excita somno. Ov. 13: excussere metus somnum), sitzt auf dem meerumspülten Felsen (Cat. 52: fluentisono litore. Ov. 136: scopulo, quem vaga pulsat aqua) und ist kaum ihrer Sinne mächtig (Cat. 55: Necdum etiam sese quae visit visere credit. Ov. 31: Aut vidi, aut tamquam quae me vidisse putarem); sie gleicht einer Bacchantin; (Cat. 60: Quem procul . . . . . Saxea ut effigies bacchantis, prospicit. Ov. 48: Qualis ab Ogygio concita Baccha deo: Aut mare prospiciens in saxo frigida sedi). Mit Schrecken sieht sie sich dem wilden Gethier als Beute überlassen (Cat. 152: Pro quo dilaceranda feris dabor alitibusque Praeda. Ov. 96: Destituor rapidis praeda cibusque feris). Also nicht einmal eines Begräbnisses soll sie theilhaft werden! (Cat. 153. Ov. 123.) Wäre doch der treulose Gast nie nach Creta gekommen! (Cat. 171. Ov. 99.) Wohin soll ich mich jetzt wenden? (Cat. 177: Nam quo me referam? Ov. 59: Quid faciam? quo sola ferar?) Ueberall nur die einsame Insel und das weite Meer! (Cat. 184: Praeterea nullo litus, sola insula, tecto, Nec patet egressus pelagi cingentibus undis. Ov. 59: vacat insula cultu. Omne latus terrae cingit mare.) Nicht einmal die Rückkehr zum verrathenen Vater ist mehr offen. (Cat. 180. Ov. 64.)

Man sieht schon aus dem Wenigen, wie Gedanke um Gedanke in beiden Dichtungen sich verfolgen lässt. Manche Aehnlichkeiten finden sich auch in andern Werken Ovid's.
Cat. 57:

Desertam in sola miseram se cernat arena

Ov. Fast. 3, 479:

Quid me desertis perituram, Liber, harenis
Servabas?

Cat. 143:

Tum iam nulla viro iuranti femina credat

Ov. Fast. 3, 475:

Nunc quoque ,nulla viro' clamabo ,femina credat'

Der schöne Contrast zwischen der verzweifelnden Ariadne und dem nun plötzlich erscheinenden, jubelnden Bacchuszuge (Cat. 251 ff.) findet sich bei Ovid wieder: A. A. 1, 541 ff.

Ferners vergleiche man noch die Beschreibung der in Theseus sich verliebenden Ariadne bei Catull mit der bekannten Schilderung Medea's bei Ovid Met. 7. Wenn wir hier, abgesehen von der allgemeinen Aehnlichkeit, Stellen vergleichen, wie:
Cat. 91:

Non prius ex illo flagrantia declinavit
Lumina, quam cuncto concepit corpore flammam

Ov. Met. 7, 87:

Lumina fixa tenet   .   .   .   .

.   .   .   nec se declinat ab illo

17:

Excute virgineo conceptas pectore flammas

so gehen wir wohl nicht zu weit, wenn wir annehmen, dass Catull's Vorbild auch hier nicht ganz ohne Einfluss auf unseren Dichter geblieben sei.

Auch Met. 8, 108 ff. kann man noch erwähnen, wo die von Minos verlassene Scylla überraschend ähnlich klagt, wie oben Ariadne bei Catull und Ov. Her. 10 (Nam quo deserta revertar? In patriam? etc.). Der Schluss des catullischen Gedichtes endlich, der die Gründe angibt, warum die Götter nicht mehr den Menschen sich zeigen, erinnert stark an die Beschreibung des eisernen Zeitalters bei Ovid Met. 1, 127 ff. Ein Vers ähnelt auch einem Verse der Fasti:

Cat. 64, 398:

Justitiamque omnes cupida de mente fugarunt

Ov. Fast. 1, 249:

Nondum Justitiam facinus mortale fugarat

Ein anderes Gedicht Catull's, für das sich, wenn auch nicht so viele, doch einige Analogieen in Ovid finden lassen, ist c. 63. Ovid behandelt den nämlichen Stoff, die Geschichte des Attis, Fast. 4, 223 ff.

Man vgl. beispielshalber

Cat. 63, 5:

Devolvit ile acuto sibi pondere silicis

Ov. Fast. 4, 237:

Ille etiam saxo corpus laniavit acuto

Cat. 63, 10:

Quatiensque terga tauri teneris cava digitis

Ov. Fast. 4, 342:

Et feriunt molles taurea terga manus

Vielleicht hat auch die Beschreibung des ausgelassenen Cybeledienstes, die an dieser Stelle bei Catull sich findet (v. 21 ff.), manchmal auf ähnliche Schilderungen bei Ovid eingewirkt.

Zum Schlusse gebe ich noch einige Einzelheiten.

Die homerische Stelle Il. 1, 528 vom Hauptschütteln des Zeus, das Erde und Himmel bewegt, wurde von Catull und Ovid nachgeahmt und höchst wahrscheinlich hat letzterem die catullische Nachahmung vorgeschwebt. Cat. 64, 204. Ov. Met. 1, 179.

Eine ganz offenbare Nachahmung Catull's aber finden wir bei Ovid in der zierlichen Wiederholung

Met. 3, 353:

    Multi illum iuvenes, multae cupiere puellae

355:

    Nulli illum iuvenes, nullae tetigere puellae

Cat. 62, 42:

    Multi illum pueri, multae optavere puellae

44:

    Nulli illum pueri, nullae optavere puellae

Sehr ähnlich klingen auch die Verse oder Versausgänge:

Cat. 66, 23:

    Cum penitus maestas exedit cura medullas

Ov. Am. 2, 19, 43:

    Mordeat ista tuas aliquando cura medullas

Cat. 64, 314:

    Libratum tereti versabat turbine fusum

Ov. Met. 6, 22:

    Sive levi teretem versabat pollice fusum

Vgl. Tib. 2, 1, 64:

    Fusus et apposito pollice versat opus

Cat. 68b 56:

    .   tristique imbre madere genae

Ov. A. A. 3, 378:

    Et lacrimis vidi saepe madere genas

Cat. 64, 93:

    . .   imis exarsit tota medullis

Ov. Trist. 1, 5, 9:

    . . . .   imis infixa medullis

Cat. 64, 50:

    Haec vestis priscis hominum variata figuris

Ov. Met. 11, 241:

    Quod nisi venisses, variatis saepe figuris

Cat. 65b, 6:

    Huic manat tristi conscius ore rubor

Ov. Trist. 4, 3, 70:

    Purpureus molli fiat in ore rubor

Den alten, allgemein bekannten Farbenvergleich: „weiss wie Schnee“, der im Lateinischen gewöhnlich durch das einfache Adjectiv *niveus* ausgedrückt wird, treffen wir bei Catull und Ovid verstärkt durch: *nive candidior*. Cat. 80, 2. Ov. Met. 8, 373. ex P. 2, 5, 38. — Die bei Ovid so beliebten Farbencontraste kommen in auffallend ähnlicher Weise auch schon bei Catull vor. Z. B.

Cat. 64, 307:

> .　.　.　.　. vestis
> Candida purpurea talos incinxerat ora

Ov. Met. 10, 595:

> .　.　.　.　. super atria velum
> Candida purpureum simulatas inficit umbras

Von weniger bedeutenden, anklingenden Wortverbindungen, wie *foedus amicitiae* (Cat. 109, 6. Ov. Trist. 3, 6, 1), *regia virgo* (Cat. 64, 86. Ov. Met. 7, 21), *redimita capillo* oder *capillos* (Cat. 64, 193. Ov. Am. 3, 10, 3 u. ö.) will ich gar nicht sprechen.

Wir schreiten nun zum Verhältniss Ovid's zu Tibull vor. Tibull bildet bekanntlich den eigentlichen Mittelpunkt der römischen Elegie, er ist der Vervollkommner derselben und eine Einwirkung von seiner Seite auf den Nachfolger ist, abgesehen von allem Anderen, schon in dieser Beziehung vorauszusetzen. Die Stellung beider Dichter zu einander hat bereits Gruppe im Allgemeinen sehr treffend mit folgenden Worten bezeichnet[1]): „Tibull und Ovid sind die Hauptstadien der Elegie. Fragen wir nach der Kraft und Fülle poetischer Erfindung, so steht Tibull freilich ohne Nebenbuhler da, Ovid zehrt grossentheils nur von Tibull's Reichthum und gibt seinen Intentionen mehr Ausführung, mehr Detail und einen noch behenderen Fluss und Ton.“ Wir haben dieser Bemerkung zur Vervollständigung nur noch hinzuzufügen, dass die Abhängigkeit unseres Dichters von Tibull nicht nur in der Entlehnung von Motiven be-

---

[1]) S. 388.

steht, sondern dass er auch gar nicht selten ohne Bedenken
für seine Phraseologie aus jener Quelle schöpft. Ovid, so
scheint es uns, will aus dieser Abhängigkeit auch gar kein
Hehl machen: sie konnte ihm ja zu keiner Schande ge-
reichen, um so weniger, da er das Entlehnte doch fast immer
gewissermassen zu seinem Eigenthume zu machen wusste.
Es ist diess zugleich ein ehrendes Zeugniss für den offenen
Charakter Ovid's, dass er bei jeder Gelegenheit und mit
sichtlicher Vorliebe von seinem Vorgänger spricht, während
der stolze Properz nie mit einer Silbe Tibull's gedenkt, den
doch auch er manchmal so sichtlich nachahmt. Es sind
nicht weniger als sieben Stellen, an denen der Name Tibull
in ovidischen Dichtungen begegnet. Am. 1, 15, 27. Am.
3, 9. A. A. 3, 334. 536. R. A. 763. Trist. 2, 447 ff.
Trist. 4, 10, 51.

Noch interessanter als diese Zahl — wird ja auch Properz, wenn wir nicht irren, fünfmal erwähnt — ist der Umstand, dass zwei jener Stellen sich eingehender mit Tibull
beschäftigen und Verse jenes Dichters einflechten oder auf
solche anspielen. Am. **3, 9** enthält die bekannte, zarte
Elegie auf den Tod Tibull's. Die entsprechenden Verse
sind hier:

Ov. Am. 3, 9, 33:

 Quid vos sacra iuvant? quid nunc Aegyptia prosunt
  Sistra? quid in vacuo secubuisse toro?

Tib. 1, 3, 23:

 Quid tua nunc Isis mihi, Delia, quid mihi prosunt
  Illa tua totiens aera repulsa manu
 Quidve . . . . . .
  Te (memini) et puro secubuisse toro?

Ov. 47:

 Sed tamen hoc melius, quam si Phaeacia tellus
  Ignotum vili supposuisset humo

Tib. 1, 3, 3:

 Me tenet ignotis aegrum Phaeacia terris

Ov. 58:

> Me tenuit moriens deficiente manu

Tib. 1, 1, 60:

> Te teneam moriens deficiente manu

Ov. 60:

> .   in Elysia valle Tibullus erit

Tib. 1, 3, 57:

> Sed me   .   .   .   .   .   .
>
> Ipsa Venus campos ducet in Elysios

Die zweite dieser ausführlichen Stellen ist Trist. 2, 447 ff., wo der Dichter beim Beweise, dass auch Andere Aehnliches geschrieben, wie er in der *Ars amandi*, so lange bei Tibull sich aufhält, dass man schon daraus ersehen könnte, wie grossen Werth er auf dessen Gedichte legte. Freilich mögen hier auch noch andere, nahe liegende Gründe mit im Spiele gewesen sein. Bei dieser Gelegenheit handelte es sich natürlich um ziemlich genaue Citate und so finden wir denn einen guten Theil der sechsten Elegie des ersten Buches von Tibull mehr oder weniger wörtlich angeführt. (Ov. Trist. 2, 447. 448 = Tib. 1, 6, 7. 8. — Ov. 450 = Tib. 10. — Ov. 451. 452 = Tib. 25. 26. — Ov. 453. 454 = Tib. 19. 20. — Ov. 455. 456 = Tib. 13. 14. — Ov. 457. 458 = Tib. 15. 16. — Ov. 459. 460 = Tib. 1, 6, 31. 1, 5, 74.) Mehr oder weniger wörtlich — denn öfters erlaubt sich der Dichter dennoch auch hier je nach dem Bedürfnisse oder nach seinem Geschmacke einen Ausdruck zu ändern. Diese ganze Erscheinung nun und auch die Art des Citirens ist wieder von höchstem Interesse für die richtige Würdigung und Erklärung der Reminiscenzen, die sich aus andern Dichtern in Ovid's Werke eingeschlichen.

Wie Ovid hier bewusst und zu jenen bestimmten Zwecken tibullische Verse mit seinen eigenen verflochten hat, so kann es der spielende Dichter wohl auch noch öfter zu anderen Zwecken absichtlich gethan haben, wo es uns jetzt bei der ersten Lektüre nicht mehr so ins Auge fällt; wer weiss, ob er durch solche Anklänge nicht manchmal seine Gelehrsamkeit zeigen oder seinen Lesern eine kleine Ueberraschung bereiten wollte? Dann aber lag natürlich auch die Gefahr sehr nahe, oft auch unbewusst in solche Reminiscenzen zu verfallen.

Wir werden nun natürlich auch bei Tibull von der Betrachtung der Motive ausgehen. Bevor wir aber die einzelnen, hieher gehörigen Aehnlichkeiten anführen, müssen wir eine allgemeine Bemerkung voraussenden, die zum Verständniss der hier begegnenden Erscheinungen nothwendig ist. Es ist nämlich allgemein bekannt, wie wesentlich es der Kunstart Tibull's ist, von dem geraden Faden der Erzählung und der Empfindung abzuweichen und in reichem Wechsel von einem Gegensatz zum andern zu eilen, so dass seine Gedichte fast nie ein gewisses Schema befolgen, sondern jede Elegie eine Reihe von kleinen Gruppen und Bildern in vieler Mannigfaltigkeit darbietet. Daraus ergibt sich nun von selbst, dass einerseits Ovid aus diesem vollen Schatze von Wendungen und kleinen Gemälden sehr oft geborgt haben wird, dass aber andrerseits solche Aehnlichkeiten in allen Einzelheiten des Gedankenganges und der Composition, wie wir sie oben zwischen Catull und Ovid gefunden haben und wie wir sie bei Properz wiederfinden werden, hier bei Tibull zu den Seltenheiten gehören.

Häufig aber sind die Fälle, dass ein Bildchen, welches bei Tibull einige Disticha einnimmt, auch von Ovid in ähnlicher Weise verwendet oder aber gar zu einer ganzen Elegie erweitert wird. Ich gebe für alle drei Fälle einige Beispiele. Zu den wenigen Gedichten, die sich im Allgemeinen so ziemlich entsprechen, können wir Tib. 4, 4 und Ov. Am. 2, 13 rechnen. Die Krankheit der Geliebten ist auch eines jener stehenden Motive, die so oft in der Elegie begegnen. Es findet sich bei Tibull beigemischt auch in der fünften Elegie des ersten Buches [1]) und bei Properz treffen wir es ebenfalls wieder 3, 24. Ovid hat die Krankheit in seiner Weise als Geburtsnöthen specialisirt, aber trotzdem bietet die ganze Anlage noch Analogieen genug: die Anrufung der Gottheit (Tib 1: Huc ades. Ov. 21: Lenis ades.). Das schöne Mädchen ist der Hilfe würdig (Tib. 3. Ov. 22.). Es werden so in einem Leben zwei gerettet:

Tib. 4, 4, 21:

> Phoebe, fave: laus magna tibi tribuetur in uno
>> Corpore servato restituisse duos

Ov. Am. 2, 13, 15:

> Huc adhibe vultus, et in una parce duobus:
>> Nam vitam dominae tu dabis, illa mihi

Prop. 3, 25, 7:

> Si non unius, quaeso, miserere duorum,
>> Vivam, si vivet: si cadet illa, cadam [2])

Dann folgen die Versprechungen an die Gottheit (Tib. 24. Ov. 23. Prop. 3, 25, 9.) Wir sehen, dass auch Properz manchen ähnlichen Gedanken bietet, nur geben dort die vielen mythologischen Anspielungen dem Ganzen eine etwas andere Färbung.

Aehnlich im Ganzen und Grossen ist die Benützung desselben Stoffes zur Bildung einer vollständigen Elegie

---

1) Mit dieser tibullischen Stelle ist Ov. A. A. 2, 320 ff. zu vergleichen, besonders die Verse:

Tib. 1, 5, 11:
> Ipseque te circum lustravi sulfure puro,
>> Carmine cum magico praecinuisset anus

Ov. A. A. 2, 329:
> Et veniat, quae lustret anus lectumque locumque
>> Praeferat et tremula sulpur et ova manu

2) Aehnliche Zahlencontraste sind auch sonst öfters von Ovid gesucht. Ich notire als auffallende, hieher bezügliche Verse noch: Her. 19, 234: Quid dubitas unam ferre duobus opem? Met. 11, 388: . . animasque duas ut servet in una. — Vgl. Met. 2, 609. 3, 473. 3, 544 3, 647. 3, 655. 3, 715. 4, 108. 14, 36. Hal. 30.

auch Tib. 1, 3 und Ov. Trist. 3, 3. Dort liegt der Dichter
auf Corcyra krank und denkt an seine Geliebte, hier schreibt
der kranke Ovid aus dem Pontus an seine in Rom zurück-
gelassene Frau. In den Einzelheiten zeigt sich freilich ganz
besonders in diesem tibullischen Gedichte die unnachahm-
bare Eigenthümlichkeit des Dichters, jener stete Wellen-
schlag und jenes Wogen der Empfindung, während bei Ovid
das Schema ein viel regelmässigeres ist. Aber hier, wie
dort der Gedanke an die Verlassenheit im fremden Lande
und an das Begräbniss in fremder Erde.

Tib. 1, 3, 3:

Me tenet ignotis aegrum Phaeacia terris

Ov. Trist. 3, 3, 3:

Aeger in extremis ignoti partibus orbis

cf. Tib 5 ff. Ov. 32 ff.

Tib. 7:

Non soror, Assyrios cineri quae dedat odores
  Et fleat effusis ante sepulcra comis

Ov. 40:

Depositum nec me qui fleat, ullus erit?

Aber dennoch denkt der Dichter auch an das Schlimmste:

Tib. 53:

Quod si fatales iam nunc explevimus annos

Ov. 29:

Si tamen inplevit mea sors, quos debuit, annos

Für diesen Fall bestimmt er auch schon seine Grab-
schrift:

Tib. 54:

  Fac lapis inscriptis stet super ossa notis:

„Hic iacet

Ov. 72:

  Grandibus in tituli marmore caede notis:

Hic ego, qui iaceo

Zu einigen Versen in der betreffenden Elegie Ovid's
finden wir auch Paralellstellen in anderen tibullischen Gedichten. Z. B.:

Ov. Trist. 3, 3, 82:

> Deque tuis lacrimis humida serta dato

Tib. 2, 6, 32:

> Et madefacta meis serta feram lacrimis

Ov. 51:

> Parce tamen lacerare genas, nec scinde capillos

Tib. 1, 1, 67:

> .   .   .   .   .   , sed parce solutis
> Crinibus et teneris, Delia, parce genis

Als grössere Stücke, die sich dem ganzen Gedankengange nach entsprechen, können wir auch Tib. 1, 4 und Ov. A. A. 2, 179 ff. hieherstellen. Dort gibt Priapus Rathschläge, die Liebe der Knaben zu gewinnen, hier lehrt Ovid in ganz ähnlicher Weise, die Gunst der Mädchen zu erwerben. „Es braucht Geduld und Ausdauer; mit der Zeit fügt sich Alles: das lehrt auch der Gang der ganzen Natur. (Tib. 1, 4, 15 ff. Ov. A. A. 2, 179 ff.) Alles, was dem geliebten Gegenstande gefällt, musst du thun und allmählig wirst du ihn erobern." (Tib. 39 ff. Ov. 197 ff) Will man Einzelheiten vergleichen, so denke man an Verse, wie:

Tib. 1, 4, 41:

> Neu comes ire neges, quamvis via longa paretur
> Et Canis arenti torreat arva siti

Ov. A. A. 2, 231:

> Nec grave te tempus sitiensque Canicula tardet

Tib. 1, 4, 16:

> .   paulatim sub iuga colla dabit.
> Longa dies homini docuit parere leones

Ov. A. A. 2, 183:

> Obsequium tigrisque domat Numidasque leones.
> Rustica paulatim taurus aratra subit

Aehnliche Wendungen von der allmähligen Wirkung der Zeit kommen übrigens bei Ovid auch sonst noch öfters vor und manche klingen recht tibullisch. Z. B.

Ov. A. A. 1, 471:

> Tempore difficiles veniunt ad aratra iuvenci,
> Tempore lenta pati frena docentur equi

475:

> Quid magis est saxo durum, quid mollius unda?
> Dura tamen molli saxa cavantur aqua

Tib. 1, 4, 17:

> Longa dies homini docuit parere leones,
> Longa dies molli saxa peredit aqua

Ov. Trist. 4, 6, 5:

> Tempore Poenorum compescitur ira leonum

9:

> Tempus, ut extentis tumeat, facit, uva racemis

Tib. 1, 4, 19:

> Annus in apricis maturat collibus uvas

Auch für den tibullischen Vers von der Fügsamkeit gegenüber dem Geliebten treffen wir eine ziemlich auffallende Analogie bei Ovid.

Tib. 1, 4, 40:

> .   obsequio plurima vincit amor

Ov. Am. 3, 4, 12:

> Obsequio vinces aptius illa tuo

Diese Beispiele mögen für den ersten, seltenern Fall genügen. Für die zweite angegebene Erscheinung, dass ähnliche Wendungen bei Tibull und Ovid als kleinere Versgruppen wiederkehren, sind die Belege fast unzählig und es kann sich wieder nur um die wichtigsten handeln. Vor Allem müssen wir hier von solchen Dingen sprechen, die der tibullischen Poesie so recht eigenthümlich sind und darum, wenn sie auch von Ovid öfter und in fast gleicher Weise gebraucht werden, wohl fast ohne Zweifel auf jenes Vorbild schliessen lassen. Als eine solche Eigenthümlichkeit Tibull's wird gewöhnlich und, mit Recht, sein hoher Sinn für die stille Ruhe des Landlebens hervorgehoben, der oft die anmuthigsten Schilderungen in seinen Elegieen veranlasst. Dem Charakter Ovid's, so weit wir ihn aus seinen

Werken beurtheilen können, musste diese Vorliebe für das Landleben so ziemlich fremd sein und in seinen eigentlich erotischen Gedichten und da, wo es sich um sein Verhältniss zu der Geliebten handelt, sind denn auch solche Anspielungen im Ganzen selten; wenn wir nun aber dennoch in seinen verschiedenen Dichtungen öfters, wo gerade der Stoff darauf führte, dergleichen Schilderungen finden, die selbst in ihrem Wortlaute stark an jene tibullischen erinnern, so liegt der Gedanke an Reminiscenzen um so näher. Besonders mögen für die Fassung jener Verse der Fasti, wo ländliche Feste zu besingen waren, manchmal Stellen Tibull's massgebend gewesen sein. Hier sind an erster Stelle jene Wendungen von der Heranbildung der Menschen durch Ceres oder durch andere Gottheiten des Landbaues zu erwähnen, deren Form schon im Allgemeinen, besonders durch die häufige Anwendung der Anaphora, fast stereotyp geworden zu sein scheint. Z. B.

Tib. 2, 1, 37:

>   Rura cano rurisque deos. his vita magistris
>   Desuevit querna pellere glande famem:
>   Illi compositis primum docuere tigillis
>   Exiguam viridi fronde operire domum,
>   Illi etiam tauros primi docuisse feruntur
>   Servitium et plaustro supposuisse rotam

Tib. 1, 7, 29:

>   Primus aratra manu sollerti fecit Osiris
>   Et teneram ferro sollicitavit humum,
>   Primus inexpertae commisit semina terrae

Ov. Met. 5, 341:

>   Prima Ceres unco glebam dimovit aratro,
>   Prima dedit fruges alimentaque mitia terris,
>   Prima dedit leges

Ov. Fast. 4, 401:

>   Prima Ceres homine ad meliora alimenta vocato
>   Mutavit glandes utiliore cibo
>   Illa iugo tauros collum praebere coegit

Ov. Am. 3, 10, 11:

>Prima Ceres docuit turgescere semen in agris,
>
>   · Falce coloratas subsecuitque comas:
>
>Prima iugis tauros supponere colla coegit

Aber nicht nur in der allgemeinen Form, auch im Einzelnen finden sich manche Aehnlichkeiten:

Tib. 1, 7, 34:

>Hic viridem dura caedere falce comam

Ov. Am. 3, 10, 12:

>Falce coloratas subsecuitque comas [1])

Tib. 1, 7, 30:

>Et teneram ferro sollicitavit humum

Ov. Am. 3, 10, 14:

>Et veterem curvo dente revellit humum

Tib. 1, 7, 31:

>Primus inexpertae commisit semina terrae

Ov. R. A. 173:

>Obrue versata Cerialia semina terra

Ov. Am. 3, 10, 11:

>Prima Ceres docuit turgescere semen in agris

Tib. 2, 1, 38:

>Desuevit querna pellere glande famem

Ov. Fast. 1, 676:

>Quernaque glans victa est utiliore cibo

Ov. Fast. 4, 402:

>Mutavit glandes utiliore cibo

Tib. 1, 10, 46:

>Duxit araturos sub iuga panda boves

Ov. ex P. 1, 8, 54:

>Ducam ruricolas sub iuga curva boves

Vgl. Ov. Am. 1, 13, 12:

>Prima vocas tardos sub iuga panda boves

----

1) Vgl. Prop. 3, 12, 12: Et vitem docta ponere falce comas

Ich bemerke übrigens, dass zwei der hier verglichenen Verse Ovid's: R. A. 173 und ex P. 1, 8, 54 aus Stellen entnommen sind, die vom Landbaue im Allgemeinen handeln. Es sind auch diese Partieen für ähnliche Vergleiche sehr anziehend und wir werden weiter unten noch darauf zurückkommen.

Als eine zum grossen Theile verwandte Erscheinung füge ich am Besten hier die Beschreibung des goldenen Zeitalters unter Saturnus ein, jene bei den römischen Dichtern bekanntlich sehr beliebte Episode [1]). Dass die Sache auch bei Vergil vorkommt und dass schon im Allgemeinen immer die nämlichen Züge wiederkehren, ist Jedem geläufig genug. Hier kann es also wieder nur darauf ankommen, jene Stellen zu verzeichnen, wo nähere Aehnlichkeiten und zugleich auch Wortanklänge auffallen.

Tib. 1, 3, 37:

Nondum caeruleas pinus contempserat undas

Ov. Met. 1, 94:

Nondum caesa suis, peregrinum ut viseret orbem,
Montibus in liquidas pinus descenderat undas

Tib. 1, 3, 41:

Illo non validus subiit iuga tempore taurus,
Non domito fraenos ore momordit equus

Ov. Fast. 2, 295:

Nullus anhelabat sub adunco vomere taurus

297:

Nullus adhuc erat usus equi

Tib. 1, 3, 45:

Ipsae mella dabant quercus

Ov. Am. 3, 8, 40:

.   et in quercu mella reperta cava

Ov. Met. 1, 112:

Flavaque de viridi stillabant ilice mella

Verg. Ecl. 4, 30:

Et durae quercus sudabunt roscida mella

---

1) Vgl. Preller Röm. Myth. S. 411.

Tib. 1, 3, 45:

 . . . . ultroque ferebant
  Obvia securis ubera lactis oves

Verg. Ecl. 4, 21:

  Ipsae lacte domum referent distenta capellae
  Ubera

Cf. Ov. Fast. 2, 298:

  Ibat ovis lana corpus amicta sua

Tib. 1, 3, 47:

  Non acies, non ira fuit, non bella, nec ensem

Ov. Met. 1, 99:

  Non galeae, non ensis erant. sine militis usu

Ich bleibe auch hier wieder meiner Anordnung getreu und citire, um später bei der Besprechung Vergil's nicht wieder auf derartige Dinge zurückkommen zu müssen, gleich bei dieser Gelegenheit einige Paralellstellen, die sich ausschliesslich auf Ovid und Vergil beziehen.

Verg. Ecl. 4, 28:

  Molli paullatim flavescet campus arista

Ov. Met. 1, 110:

  Nec renovatus ager gravidis canebat aristis

Vgl. Ov. Fast. 5, 357:

  An quia maturis albescit messis aristis

Verg. Georg. 1, 126:

  Ne signare quidem aut partiri limite campum
  Fas erat

Ov. Am. 3, 8, 42:

  Signabat nullo limite mensor humum

Verg. Ecl. 4, 32:

 . . . . quae cingere muris
  Oppida, quae iubeant telluri infindere sulcos

Ov. Am. 3, 8, 47:

  Quo tibi, turritis incingere moenibus urbes

Ov. Met. 1, 97:

  Nondum praecipites cingebant oppida fossae

Verg. Georg 1, 127:

 . . . . . ipsaque tellus
  Omnia liberius, nullo poscente, ferebat

Ov. Met. 1, 101 :

  .   .   .   .   .   nec ullis
Saucia vomeribus per se dabat omnia tellus

Ueber die Jagd, als Erfindung der spätern Zeit, vgl.
Verg. Georg. 1, 139 ff. Ov. Met. 15, 99 ff Dass übrigens
bei den bezüglichen ovidischen Stellen auch manche Aehnlichkeiten unter sich mitunterlaufen, ist an sich klar und
ihre Betrachtung würde uns zu weit führen.

An die Besprechung dieser zwei Hauptpunkte reihe ich
nun ohne weitere Bemerkungen die wichtigsten jener Paralellstellen aus Tibull und Ovid, die sich auf das Landleben
im Allgemeinen und auf ländliche Feste oder Gottheiten
beziehen [1]):

Tib. 2, 1, 5 :

  Luce sacra requiescat humus, requiescat arator,
    Et grave suspenso vomere cesset opus.
  Solvite vincla iugis: nunc ad praesepia debent
    Plena coronato stare boves capite

Ov. Fast. 1, 663 :

  State coronati plenum ad praesepe iuvenci

665 :

  Rusticus emeritum palo suspendat aratrum

667 :

  Vilice, da requiem terrae, semente peracta:
    Da requiem terram qui coluere, viris

---

1) Es sei hier ein für allemal bemerkt, dass die Uebereinstimmung
in solchen Versen, die auf Gottesdienst und feststehende Gebräuche
Bezug haben, natürlich nicht in dem Grade überraschen kann wie die
sonstigen Analogieen; aber dennoch sind auch diese Erscheinungen da,
wo sie wirklich auffallende Aehnlichkeit zeigen, nicht zu unterschätzen,
da es doch auch Fälle genug gibt, wo eine und dieselbe gottesdienst-
liche Handlung von verschiedenen Dichtern mit verschiedenen Worten
geschildert wird. Man kann sich davon leicht überzeugen, wenn man
aus dem reichen Materiale derartiger dichterischer Stellen in Preller's
röm. Mythologie einige beliebige unter sich zusammenhält.

Tib. 1, 10, 49:

> Pace bidens vomerque vigent, at tristia duri
>> Militis in tenebris occupat arma situs

Ov. Fast. 4, 927:

> Sarcula nunc durusque bidens et vomer aduncus,
>> Ruris opes, niteant. inquinet arma situs

Tib. 4, 1, 161:

> Non igitur presso tellus exurgit aratro

Ov. Met. 3, 104:

> .   et ut presso sulcum patefecit aratro

Tib. 1, 1, 36:

> Et placidam soleo spargere lacte Palem

Ov. Fast. 4, 746:

> Silvicolam tepido lacte precare Palen

Tib. 1, 10, 22:

> Seu dederat sanctae spicea serta comae

Ov. Am. 3, 10, 36:

> Deciderant longae spicea serta comae

Ov. Fast. 4, 616:

> Imposuitque suae spicea serta comae

Tib. 2, 5, 89:

> Ille levis stipulae solemnis potus acervos
>> Accendet

Ov. Fast. 4, 781:

> Moxque per ardentes stipulae crepitantis acervos
>> Traicias celeri strenua membra pede

Vgl. Prop. 5, 4, 77:

> Cumque super raros faeni flammantis acervos
>> Traicit inmundos ebria turba pedes

Tib. 2, 5, 90:

> .   flammas transilietque sacras

Ov. Fast. 4, 727:

> Certe ego transilui positas ter in ordine flammas

Tib. 1, 1, 17:

> Pomosisque ruber custos ponatur in hortis,
>> Terreat ut saeva falce Priapus aves

5 *

Ov. Fast. 6, 333:

    At ruber hortorum custos

Ov. Met. 14, 640 :

    Quique deus fures vel falce   .   .   terret

Tib. 1, 1, 11:

    Nam veneror, seu stipes habet desertus in agris
      Seu vetus in trivio florea serta lapis

Ov. Fast. 2, 641:

    Termine, sive lapis, sive es defossus in agro
      Stipes

Tib. 2, 3, 63:

    Et tu, Bacche tener, iucundae consitor uvae

Ov. Met. 4, 14:

    Et cum Lenaeo genialis consitor uvae

Tib. 1, 10, 26:

    Hostiaque e plena rustica porcus hara

Ov. Am. 3, 13, 16:

    Et minor ex humili victima porcus hara

Tib. 1, 10, 24:

    Postque comes purum filia parva favum

Ov. Fast. 2, 652:

    Porrigit incisos filia parva favos

Tib. 2, 6, 22:

    Semina, quae magno fenore reddat ager

Ov. R. A. 173:

    .   .   .   semina terra,
      Quae tibi cum multo faenore reddat ager

Ov. ex P. 1, 5, 26:

    Et sata cum multo fenore reddit ager

Tib. 2, 1, 19:

    Neu seges eludat messem fallacibus herbis

Ov. Fast. 4, 645:

    Saepe Ceres primis dominum fallebat in herbis

Tib. 1, 1, 10:

    Praebeat et pleno pinguia musta lacu

Ov. Trist. 3, 10, 72:

    Nec cumulant altos fervida musta lacus

Ov. Fast. 3, 558:

    Inque cavos ierant tertia musta lacus

Tib. 2, 3, 16:

    Raraque per nexus est via facta sero

Ov. Fast. 4, 770:

    Dentque viam liquido vimina rara sero

Tib. 2, 1, 53:

    Et satur arenti primům est modulatus avena
        Carmen

Ov. R. A. 181:

    Pastor inaequali modulatur arundine carmen

Tib. 1, 3, 60:

    Dulce sonant tenui gutture carmen aves

Ov. Am. 1, 13, 8:

    Et liquidum tenui gutture cantat avis

Tib. 4, 1, 208:

    .   seu tardi pecoris sim gloria taurus

Ov. A. A. 1, 290:

    Candidus, armenti gloria, taurus erat

Hier fügen sich am Natürlichsten noch ein Paar jener
Verse ein, welche Natur und Naturbeschreibung im weite-
sten Sinne zum Gegenstande haben. Z. B.

Tib. 1, 1, 47:

    Aut, gelidas hibernus aquas cum fuderit Auster

Ov. ex P. 2, 1, 26:

    Fuderit assiduas nubilus auster aquas

Ov. A. A. 3, 174:

    Nec tepidus pluvias concitat auster aquas

    Ueber den Anbruch der Nacht:

Tib. 2, 1, 87:

    .   iam Nox iungit equos   .   .

89:

    Postque venit   .   .   .   .
        Somnus et incerto Somnia nigra pede

Ov. Fast. 4, 662:

    Nox venit, et secum somnia nigra trahit

Ueber den Anbruch eines erwünschten Tages:
Tib. 1, 3, 93:

> Hoc precor, hunc illum nobis Aurora nitentem
> Luciferum roseis candida portet equis

Ov. Am. 2, 11, 55:

> Haec mihi quamprimum caelo nitidissimus alto
> Lucifer admisso tempora portet equo

Ov. Trist. 3, 5, 55:

> Hunc utinam nitidi Solis praenuntius ortum
> Afferat admisso Lucifer albus equo

Dem Landleben oder der Natur entlehnte Bilder dienen auch manchmal zu Vergleichen. Hieher gehören jene interessanten und allgemein bekannten Verse:
Tib. 3, 5, 19:

> Quid fraudare iuvat vitem crescentibus uvis
> Et modo nata mala vellere poma manu?

Ov. Am. 2, 14, 23:

> Quid plenam fraudas vitem crescentibus uvis,
> Pomaque crudeli vellis acerba manu?

Ueber den seltsamen Zusammenhang, in dem die Worte bei Ovid stehen, hat schon Gruppe ausführlicher gesprochen [1]) und die Erscheinung zu seinem Zwecke auszubeuten gesucht.

Zur Bezeichnung des Anfangs gegen die Liebe sich Sträubenden findet sich das Bild vom jungen Ochsen, der wider das Joch sich auflehnt:
Tib. 1, 4, 15:

> Sed ne te capiant, primo si forte negabit,
> Taedia: paulatim sub iuga colla dabit

Ov. Am. 1, 2, 10:

> Cedamus. leve fit quod bene fertur, onus

13:

> Verbera plura ferunt, quam quos iuvat usus aratri,
> Detractant pressi dum iuga prima boves

---

1) Vgl. S. 132 ff.

Vgl. Prop. 2, 4, 3:

    Ac veluti primo taurus detrectat aratra,

        Post venit assueto mollis ad arva iugo,

    Sic primo iuvenes trepidant

Bezüglich der Form ist noch zu vergleichen:

Ov ex P. 3, 7, 15:

    Ductus ab armento taurus detrectat aratrum,

        Subtrahit et duro colla novella iugo

Ein Vers an der ersteren Stelle Ovid's mahnt an einen anderen tibullischen:

Ov. Am 1, 2, 17:

    Acrius invitos multoque ferocius urget,

        Quam qui servitium ferre fatentur, Amor

Tib. 1, 8, 7:

    . .   deus crudelius urit,

        Quos videt invitos succubuisse sibi

Endlich scheint mir am Schlusse dieses Abschnittes noch der beste Platz, die mythologische Wendung vom Dienste des Apoll bei Admet zu nennen, die gewissermassen auch in's Bereich der läudlichen Schilderungen gehört.

Die Anspielung begegnet, wie leicht zu erklären, öfter bei unseren Dichtern, natürlich immer in der von der späteren griechischen Sage vorgeschriebenen Fassung; doch sind es wieder ein Paar Stellen, die ganz merkwürdige Aehnlichkeiten enthalten:

Tib. 2, 3, 11:

    Pavit et Admeti tauros formosus Apollo,

28:

        Nempe amor in parva te iubet esse casa

Ov. A. A. 2, 239:

    Cynthius Admeti vaccas pavisse Pheraei

        Fertur, et in parva delituisse casa

Ov. Her. 5, 151:

    Ipse repertor opis vaccas pavisse Pheraeas

        Fertur

Tib. 3, 4, 67:

> Me quondam Admeti niveas pavisse iuvencas
> Non est in vanum fabula ficta iocum

Auch folgende Verse kann man hier noch vergleichen:

Tib. 2, 3, 13:

> Nec potuit curas sanare salubribus herbis

Ov. Met. 1, 523:

> Ei mihi, quod nullis amor est sanabilis herbis

Vgl. Ov. Her. 5, 149:

> Me miseram, quod amor non est medicabilis herbis

Wir haben in dieser Abtheilung auch schon einige Stellen aus Properz citirt; der Einfachheit wegen gebe ich auch hier wieder gleich den Rest der diessbezüglichen Bemerkungen über ihn. Beschreibungen der Natur und des Landlebens kann man im Ganzen bei ihm nicht häufig nennen.[1]) Zwei Hauptstellen in dieser Beziehung sind noch 3, 12, 11 ff. und 4, 12, 25 ff. Es finden sich natürlich auch hier manche ähnliche Wendungen, doch nicht so auffallende Analogieen, wie wir sie oben getroffen [2]). An der zweiten Stelle halte man den Vers:

4, 12, 36:

> Altaque nativo creverat herba toro

zusammen mit

Ov. Her. 5, 14:

> Mixtaque cum foliis praebuit herba torum

An der ersteren sind die beigefügten Verse über die Jagd (3, 12, 17 ff.) den Ermahnungen, die Venus ihrem Adonis

---

1) Nicht recht erklärlich ist mir die gegentheilige Behauptung in Pauly's Realenc. VI, 100: „Auch seine Vorliebe für einfache idyllische Zustände gehört wohl hieher." Vgl. dagegen die richtige Bemerkung in Bernhardy röm. Lit. S. 542: „und nur beiläufig ist er auf Themen idyllischer Art eingegangen."

2) Dagegen ist eine für das Verhältniss des Properz zu Tibull interessante Stelle: Prop. 4, 16, 15: Ipse seram vites pangamque ex ordine colles. Vgl. Tib. 1, 1, 7: Ipse seram teneras maturo tempore vites. Wie denn überhaupt diese ganze Elegie des Properz freie Nachahmung Tibull's ist. Vgl. Gruppe S. 298.

bei Ovid Met. 10, 543 ff. gibt, nicht ganz unähnlich. „Ich will es nur mit furchtsamen Thieren aufnehmen." Der Vers 3, 12, 22:

Aut celer agrestes cominus ire sues

kann mit dem ovidischen verglichen werden:

Fast. 5, 176:

Audet et hirsutas comminus ire feras

Bei dieser Gelegenheit erinnere ich im Vorbeigehen auch an jene Stellen über die Jagd, in denen bei den Elegikern die Theilnahme an derselben und besonders das Tragen der Netze als eine der schwersten Liebesproben erwähnt wird Man vergleiche besonders Tib. 4, 3, 11 ff. und Ov. Her. 4, 103. 5, 17 ff. Manchmal entstehen auch dadurch gewisse Aehnlichkeiten:

Tib. 1, 4, 49:

Nec . . . . . .

Dum placeas, humeri retia ferre negent

Ov. A. A. 2, 194:

Nec iubeo collo retia ferre tuo

Nach dieser grossen und episodenreichen Gruppe gehen wir zu den wichtigsten der übrigen Wendungen, die Tibull und Ovid gemein haben, über. Ersterer behandelt zweimal mit einer gewissen Ausführlichkeit und Vorliebe die Macht von Zaubermitteln; auch hierin folgt ihm Ovid und es ist lohnend, diese Stellen zu vergleichen, die nicht selten wieder selbst in der äussern Form übereinstimmen.

Tib. 1, 2, 43:

Hanc ego de caelo ducentem sidera vidi,

Fluminis haec rapidi carmine vertit iter,

Haec cantu finditque solum Manesque sepulcris

Elicit et tepido devocat ossa rogo:

49:

Cum libet, haec tristi depellit nubila caelo:

Cum libet, aestivo convocat orbe nives.

Sola tenere malas Medeae dicitur herbas

Tib. 1, 8, 19:

> Cantus vicinis fruges traducit ab agris,
>> Cantus et iratae detinet anguis iter,
> Cantus et e curru Lunam deducere temptat,
>> Et faceret, si non aera repulsa sonent

Ov. Am. 1, 8, 5:

> Illa magas artes Aeaeaque carmina novit,
>> Inque caput liquidas arte recurvat aquas

9:

> Cum voluit, toto glomerantur nubila caelo:
>> Cum voluit, puro fulget in orbe dies.
> Sanguine siqua fides, stellantia sidera vidi

17:

> Evocat antiquis proavos atavosque sepulchris
>> Et solidam longo carmine findit humum

Ov. Am. 2, 1, 23:

> Carmina sanguineae deducunt cornua lunae,
>> Et revocant niveos Solis euntis equos.
> Carmine dissiliunt abruptis faucibus angues,
>> Inque suos fontes versa recurrit aqua

Ov. Met. 12, 263:

> Mater erat Mycale, quam deduxisse canendo
> Saepe reluctanti constabat cornua lunae

Ov. Her. 6, 85:

> Illa reluctantem cursu deducere Lunam
>> Nititur, et tenebris abdere Solis equos.
> Illa refrenat aquas, obliquaque flumina sistit:
>> Illa loco silvas vivaque saxa movet

Ov. R. A. 253:

> Me duce non tumulo prodire iubebitur umbra,
>> Non anus infami carmine rumpet humum,
> Non seges ex aliis alios transibit in agros,
>> Nec subito Phoebi pallidus orbis erit

Ov. Met. 7, 199:

> Quorum ope, cum volui, ripis mirantibus amnes
> In fontes rediere suos, concussaque sisto,

Stantia concutio cantu freta, nubila pello,
Nubilaque induco, ventos abigoque vocoque,
Vipereas rumpo verbis et carmine fauces
205:

 . . . iubeoque tremescere montes
Et mugire solum, Manesque exire sepulchris.
Te quoque, Luna, traho, quamvis Temesaea labores
Aera tuos minuant

Ov. Med. Fac. 35:

Sic potius nos uret amor, quam fortibus herbis,
 Quas maga terribili subsecat arte manus.
Nec vos graminibus, nec mixto credite succo,
 Nec temptate nocens virus amantis equae.
Nec mediae Marsis finduntur cantibus angues,
 Nec redit in fontes unda supina suos.
Et quamvis aliquis Temeseïa moverit aera,
 Numquam Luna suis excutietur equis

Aus Properz erinnere ich mich nur an zwei derartige Stellen, die aber in der äusseren Form schon mehr verschieden sind:

Prop. 1, 1, 19:

At vos, deductae quibus est fallacia lunae
 Et labor in magicis sacra piare focis,
23:

Tunc ego crediderim vobis et sidera et amnes
 Posse Cytaines ducere carminibus

Prop. 5, 5, 9:

Illa velit, poterit magnes non ducere ferrum
 Et volucris nidis esse noverca suis.
Quippe et, Collinas ad fossam moverit herbas,
 Stantia currenti diluerentur aqua.
Audax cantatae leges inponere lunae [1])

---

1) Die Erscheinung ist übrigens bekanntermassen eine alte und lässt sich bei vielen Dichtern verfolgen, nur nicht in so ausgedehntem

Zauberformeln und Zauberkräuter äussern aber ihre Wirkung nicht nur auf die leblose Natur, sie können auch auf den Menschen Einfluss haben. Hier wieder die ähnlichen Verse bei Tibull und Ovid:

Tib. 1, 8, 23:

Quid queror heu misero carmen nocuisse, quid herbas?

Ov. Am. 3, 7, 28:

. num misero carmen et herba nocent?

Hieher stelle ich zum Schlusse noch, als wenigstens zum Theil verwandten Gegenstand, zwei Verse über die Mondesfinsterniss:

Prop. 3, 32, 52:

Nec cur fraternis Luna laboret equis

Ov. Am. 2, 5, 38·

Aut ubi cantatis Luna laborat equis

Unglückbedeutende Naturerscheinungen sind bei Tibull und Ovid auffallend ähnlich geschildert;

Tib. 2, 5, 73:

Atque tubas atque arma ferunt strepitantia caelo

    Audita et lucos praecinuisse fugam,

Et simulacra deum lacrimas fudisse tepentes

   .   .   .   .

Ipsum etiam Solem defectum lumine vidit

    Jungere pallentes nubilus annus equos

Ov. Met. 15, 783:

Arma ferunt inter nigras crepitantia nubes

Terribilesque tubas auditaque cornua caelo

Praemonuisse nefas. Solis quoque tristis imago

Lurida sollicitis praebebat lumina terris

Maasse, wie bei Tibull und besonders bei Ovid. Vgl. Apollon. Rhod. 3, 532 von Medea: καὶ ποταμοὺς ἵστησιν ἄφαρ κελαδεινὰ ῥέοντας, ἄστρα τε καὶ μήνης ἱερῆς ἐπέδησε κελεύθους. Verg. Aen. 4, 489: Sistere aquam fluviis et vertere sidera retro; Nocturnosque movet Manis; mugire videbis Sub pedibus terram. Ecl. 8, 69: Carmina vel caelo possunt deducere Lunam; 71: Frigidus in pratis cantando rumpitur anguis. Hor. Epod. 5, 45: Quae sidera excantata voce Thessala Lunamque caelo deripit.

792:

Mille locis lacrimavit ebur

Daran schliesse ich die Beschreibung der Unterwelt und der dort büssenden Heroen, die sich bei Tibull einmal ziemlich ausführlich findet und die dann bei Ovid öfters in einer nicht viel verschiedenen Ordnung, ja manchmal mit Versanklängen wiederkehrt. Ich stelle die auffallendsten Verse zusammen:

Tib. 1, 3, 67:

At scelerata iacet sedes

Ov. Met. 4, 456:

.   .   sedes Scelerata vocatur [1])

Tib. 1, 3, 69:

Tisiphoneque impexa feros pro crinibus angues

Ov. Met. 4, 454:

Deque suis atros pectebant crinibus angues

Tib. 1, 3, 70:

Saevit, et huc illuc impia turba fugit

Ov. Ibis 172:

Quasque tenet sedes noxia turba, coles

Tib. 1, 3, 74:

Versantur celeri noxia membra rota

Ov. Ibis 190:

Versabunt celeres nunc nova membra rotae

Tib. 1, 3, 75:

Porrectusque novem Tityos per iugera terrae

Assiduas atro viscere pascit aves

Ov. Ibis 179:

Jugeribusque novem summus qui distat ab imo,

Visceraque assiduae debita praebet avi

Die properzischen Stellen 2, 1, 66. 3, 9, 5. 3, 13, 31. 5, 11, 23 sind nur durch die Erwähnung der nämlichen Verdammten und für die Betrachtung der allgemeinen Anordnung [2]) bemerkenswerth. Bloss der Vers:

---

1) Bei Verg. Aen. 6, 563: sceleratum limen.

2) Erstes Vorbild für alle hieher gehörigen Stellen war ohne Zweifel Hom. Od. 11, 576 ff. Von Tityos z. B heisst es dort: ἐπ' ἐννέα κεῖτο

3, 9, 6:

Ut liquor arenti fallat ab ore sitim

dürfte vielleicht verglichen werden können mit
Tib. 1, 3, 77:

. . . . . . sed acrem
Iam iam poturi deserit unda sitim

Da ich nun schon in's mythologische Gebiet übergetreten, gebe ich an dieser Stelle jene der zu besprechenden Verse, die sich auf Gottheiten, deren Cultus, oder auf die Heroengeschichte beziehen und die oben bei den ländlichen Gottheiten nicht erwähnt werden konnten. Bei Tibull sind bekanntlich gesuchtere Anspielungen auf die Mythologie selten; um so merkwürdiger ist es aber wieder, wenn wir diese wenigen Verse fast alle durch Anklänge bei Ovid vertreten finden.

Tib, 1, 5, 45:
Talis ad Haemonium Nereis Pelea quondam
Vecta est fraenato caerula pisce Thetis
Ov. Met. 11, 236:
. . . . quo saepe venire
Frenato delphine sedens, Theti nuda, solebas
Tib. 3, 6, 39:
Gnosia, Theseae quondam periuria linguae
Flevisti ignoto sola relicta mari
Ov. A. A. 3, 35:
Quantum in te, Theseu, volucres Ariadna marinas
Pavit, in ignoto sola relicta loco
Tib. 1, 7, 23:
Nile pater, quanam possim te dicere causa
Aut quibus in terris occuluisse caput?

πέλεθρα, was dann die römischen Dichter getreu wiedergaben. Vgl. ausser den schon angegebenen Stellen noch Ov. Met. 4, 457: novemque Jugeribus distentus erat. Verg. Aen. 6, 596: per tota novem cui iugera corpus Porrigitur. Cf. Prop. 4, 4, 44. Vgl. über die Erscheinung im Allgemeinen und ihre Entwicklung: Preller röm. Myth. 2. Aufl. S. 462 ff.

Ov. Met. 2, 254:

> Nilus in extremum fugit perterritus orbem
> Occuluitque caput.

Tib. 1, 4, 63:

> Carmine purpurea est Nisi coma

Ov. R. A. 68:

> Haesisset capiti purpura, Nise, tuo

Vgl. Ov. Trist. 2, 393.

Hieher rechne ich auch die Personification der Spes:

Tib. 2, 6, 25:

> Spes etiam valida solatur compede vinctum
>> (Crura sonant ferro, sed canit inter opus)

Ov. ex P. 1, 6, 31:

> Haec facit, ut vivat fossor quoque compede vinctus,
>> Liberaque a ferro crura futura putet

Wir haben an dieser Stelle Ovid's eine unläugbare Nachahmung, die sich noch durch mehrere Verse beweisen liesse. Als Versähnlichkeit füge ich hier noch bei:

Ov. Trist. 4, 1, 5:

> Hoc est, cur cantet vinctus quoque compede fossor

Die Parcen begegnen in:

Tib. 1, 7, 1:

> Hunc cecinere diem Parcae fatalia nentes
>> Stamina

Ov. Trist. 5, 3, 25:

> Scilicet hanc legem nentes fatalia Parcae
>> Stamina bis genito bis cecinere tibi

Ov. Met. 8, 453:

> Staminaque inpresso fatalia pollice nentes[1])

Vom Tode:

Tib. 1, 3, 4:

> Abstineas avidas, Mors precor atra, manus

---

1) Auch bei Catull schon findet sich die Beschreibung der drei spinnenden Schwestern nach dem Vorbilde der griechischen Mythologie, aber nicht mit solchen Versähnlichkeiten (64, 306 ff.). Vgl. übrigens Preller S. 564.

Ov. Am. 3, 9, 20:

Omnibus obscuras inicit illa manus

Eine gewöhnlichere, auch anderswo in ähnlicher Weise vorkommende Erscheinung ist die Anrede an den Geburtsgott:

Tib. 1, 7, 63:

At tu, Natalis   .   .   .   .

Candidior semper candidiorque veni

Ov. Trist. 5, 5, 13:

Optime Natalis   .   .   .   .

Candidus huc venias dissimilisque meo

Amor und seine Pfeile betreffen die Verse:

Tib 2, 6, 15:

Acer Amor, fractas utinam tua tela sagittas

Ov. Her. 7, 157:

Tu modo per matrem fraternaque tela, sagittas

Ov. ex P. 3, 3, 67:

Per mea tela, faces et per mea tela, sagittas

Zu diesem Versausgange möge man hier noch vergleichen:

Ov. Met. 2, 616:

.   cumque manu temeraria tela, sagittas

Ov. Met. 13, 401:

.   .   ut referat Tirynthia tela, sagittas

Aus Properz gehört folgende Stelle über Amor hieher:

Prop. 3, 4, 2:

Spicula, quot nostro pectore fixit Amor

Vgl. Ov. A. A. 2, 708:

In quibus occulte spicula tingit Amor

Gehen wir nun zu den gottesdienstlichen Handlungen über, so müssen wir auf die Aehnlichkeit hinweisen, die in jenen Versen Tibull's und Ovid's herrscht, in welchen auf die beim Isisdienste und anderen Culten vorgeschriebene Enthaltsamkeit angespielt wird [1]). Wir haben schon oben bemerkt, dass unser Dichter den tibullischen Vers

---

1) Ueber den Isisdienst bei den Dichtern des augusteischen Zeitalters vgl. besonders Preller R. M. S. 728.

1, 3, 26:

Te (memini) et puro secubuisse toro

in seine Elegie auf den Tod Tibull's verflochten hat. Interessant ist es nun, dass Anklänge an denselben noch zweimal in Ovid's Dichtungen vorkommen:

Am. 3, 10, 2:

Secubat in vacuo sola puella toro

Am. 2, 19, 42:

Cur totiens vacuo secubet ipsa toro

Vgl. Fast. 2, 328:

Et positis iuxta secubuere toris

Ueber das *sistrum* vergleiche:

Prop. 4, 10, 43:

.   .   crepitanti pellere sistro

Ov. Met. 9, 784:

.   .   crepuitque sonabile sistrum

Hier sind ferner die Anspielungen auf den Cybeledienst
zu bemerken:

Tib. 1, 4, 70:

Et secet ad Phrygios vilia membra modos

Ov. Ibis 451:

Attonitusque seces, ...

.   , ad Phrygios vilia membra modos

Ov. Fast. 4, 244:

Caedunt iactatis vilia membra comis

Votivtäfelchen, einer Gottheit zum Danke gespendet,
sind auf ganz ähnliche Art erwähnt in:

Tib. 1, 3, 28:

Picta docet templis multa tabella tuis

Ov. Fast. 3, 268:

Et posita est meritae multa tabella deae

Von Versprechungen an Gottheiten, die sich auch
äusserlich ähneln:

Tib. 1, 7, 53:

.   .   .   tibi dem turis honores

Ov. Met. 14, 128:

.   .   .   tribuam tibi turis honorem

Vgl. Prop. 5, 6, 5:

. . . et blandi mihi turis honores

Für die Form sind ausserdem noch zu beachten:

Tib. 4, 6, 1:

. . sanctos cape turis acervos

Ov. Met. 5, 131:

. aut totidem tollebat turis acervos

Die beim Beginne der gottesdienstlichen Handlungen üblichen Worte sind versifizirt in:

Tib. 2, 2, 1:

Dicamus bona verba: . . . .

Quisquis ades, lingua, vir mulierque, fave

Ov. Fast. 1, 71:

. . . linguis animisque favete!

Nunc dicenda bona sunt bona verba die

Ueber die Einfachheit des alten Cultus:

Tib. 1, 10, 20:

Stabat in exigua ligneus aede deus

Ov. Fast. 1, 201:

Juppiter angusta vix totus stabat in aede

Zu den gottesdienstlichen Handlungen gehört auch der Eid. In dieser Beziehung ist die häufige Wendung von der Ungültigkeit und Unsträflichkeit des Meineides unter Liebenden zu bemerken. Wir haben manche von den hieher gehörigen Versen schon früher angeführt, wo wir vom Davontragen des Windes, als Bild alles Ungültigen, sprachen. Weitere Belege wären noch:

Tib. 1, 9, 5:

. . aequum est impune licere

Numina formosis laedere vestra semel

Ov. Am. 3, 3, 11:

Scilicet aeterno falsum iurare puellis

Di quoque concedunt, formaque numen habet

Ov. Am. 1, 8, 85:

Nec, siquem falles, tu periurare timeto:

Commodat in lusus numina surda Venus

Vgl. Prop. 3, 8, 47:

    Non semper placidus periuros ridet amantes

        Juppiter et surda negligit aure preces

Bezüglich der äussern Form sind diese Verse mit den oben citirten hieher bezüglichen zu vergleichen und man wird die manchmal fast stereotyp gewordene Form leicht herausfinden. „Juppiter periuria ridet amantum" findet sich bei allen drei Dichtern.

An den Eid knüpfe ich gewisse Beschwörungs- und Schwurformeln, die bei Tibull und Ovid auch manchmal sich so ziemlich gleich sehen:

Tib. 1, 5, 7:

    Parce tamen, per te furtivi foedera lecti,

        Per Venerem quaeso compositumque caput

Ov. Met. 7, 852:

    .   .   .   .   per nostri foedera lecti,

    Perque deos supplex oro

Ov. Her. 3, 107:

    Perque tuum nostrumque caput, quae iunximus una

Ov. Am. 3, 11, 45:

    Parce, per o lecti socialia iura, per omnis,

        .   .   .   .   .   .   deos,

    Perque tuam faciem

    Zum Versausgange *foedera lecti* vgl. Ov. Met. 7, 710. Her. 5, 101. Ibis 15. Prop. 5, 3, 69.

Hieher gehört auch die Zurückwünschung auf das eigene Haupt:

Tib. 1, 2, 12:

    .   capiti sint precor illa meo

Ov. Her. 19, 127:

    Inque caput nostrum dominae periuria, quaeso,

        Eveniant

Endlich noch die Wunschformel:

Tib. 3, 4, 1:

    Dii meliora ferant

Ov. Met. 7, 37:

    Di meliora velint

Nun einige Belege, welche Weissagung, Aberglauben und Todtenerscheinung betreffen:

Tib. 1, 6, 43:

> .   .   .   .   .   sic magna sacerdos
> Est mihi divino vaticinata sono:

Ov. Her. 15, 277:

> Hoc mihi, ...
> .   erat verax vaticinata soror [1])

Tib. 1, 3, 20:

> Offensum in porta signa dedisse pedem

Ov. Met. 10, 452:

> Ter pedis offensi signo est revocata

Tib. 1, 3, 17:

> Aut ego sum causatus aves aut omina dira

Prop. 5, 4, 23:

> Saepe illa inmeritae causata est omina lunae

Ov. Met. 9, 767:

> .   .   .   .   .   omina saepe
> Visaque causatur

Tib. 2, 6, 38:

> Maestaque sopitae stet soror ante torum,
> Qualis   .   .   .   .   .
> Venit ad infernos sanguinolenta lacus

Ov. Fast. 3, 639:

> .   .   ante torum visa est adstare sororis
> Squalenti Dido sanguinulenta coma

Vgl. Ov. Her. 7, 69:

> Coniugis ante oculos deceptae stabit imago
> Tristis et effusis sanguinolenta comis

---

1) Bei dieser Gelegenheit schalte ich auch zwei nicht ganz unähnliche Verse des Tibullus und Propertius ein, von der verkündeten, aber nicht geglaubten Wahrheit:

Tib. 2, 4, 51:

> Vera quidem moneo, sed prosunt quid mihi vera?

Prop. 4, 12, 61:

> Certa loquor, sed nulla fides

Am Ende hier noch die Phrasen:

Tib. 1, 6, 30:

. . contra quis ferat arma deos?

Ov. ex P. 2, 2, 11:

Nec . . . . .

In rerum dominos movimus arma deos

Ov. ex P. 1, 1, 26:

Saeva deos contra non tamen arma tuli

Wir schreiten nun zu einer andern Gruppe vor, zu den Wendungen, die sich auf dem erotischen Gebiete bewegen. Ich beginne mit dem Selbstbewusstsein des Dichters gegenüber dem geliebten Gegenstande:

Tib. 1, 4, 61:

Pieridas, pueri, doctos et amate poetas

Tib. 2, 5, 113:

At tu (nam divum servat tutela poetas),

Praemoneo, vati parce, puella, sacro

Tib. 3, 4, 43:

. . . casto nam rite poetae

Phoebusque et Bacchus Pieridesque favent

Ov. A. A. 3, 547:

Vatibus Aoniis faciles estote, puellae:

Numen inest illis, Pieridesque favent

Tibull spricht vom Werthe des Dichters nur in dieser Verbindung [1]) und an der ersten Stelle führt er den Gedanken sogar etwas weiter aus, indem er auf die Unsterblichkeit der vom Dichter Gepriesenen hinweist; Properz und Ovid aber haben dann bekanntlich diesen Gegenstand, bisweilen auch ohne Rücksicht auf die Liebe, in grösseren Partieen behandelt. Und der Pomp, mit dem sie dabei manchmal von sich sprechen, sticht scharf gegenüber der Einfachheit Tibull's ab. Vgl. Prop. 1, 7 (21 ff.) und ganz besonders 4, 1. Ov. Am. 1, 15. 2, 17, 27. 1, 10, 59 ff.

---

1) So ist auch die richtige Bemerkung Gruppe's S. 370 aufzufassen: „Tibull spricht nicht einmal von seinem Ruhme".

A. A. 3, 535. — ex P. 4, 8, 45 ff. nähert sich durch die grössere Objectivität und durch die mehr allgemeinen, der Natur und der Geschichte entlehnten, Belege wieder eher der Stelle Tibull's 1, 4, 61 ff. Der Grundgedanke ist, wenn von der Macht der Gedichte die Rede ist, immer der: Alles Andere vergeht, nur das vom Dichter Gefeierte besteht; dieser Gedanke wird dann eben, in der oben angegebenen Weise, entweder mehr subjectiv oder objectiv auseinandergesetzt.

Indem ich die angeführten Stellen sonst der Selbstbetrachtung überlasse, citire ich nur noch ein Paar Verse aus Prop. 4, 1, die mehr im Allgemeinen durch die Aehnlichkeit entweder des Gedankens oder der äussern Form an Gedichte Tibull's und Ovid's zu erinnern scheinen:

Prop. 4, 1, 21:

At mihi quod vivo detraxerit invida turba,
  Post obitum duplici fenore reddet Honos

Ov. Am. 1, 15, 39:

Pascitur in vivis Livor. post fata quiescit,
  Cum suus ex merito quemque tuetur honos

Prop. 4, 1, 49:

Quod non Taenariis domus est mihi fulta columnis,
  Nec camera auratas inter eburna trabes

Tib. 3, 3, 13:

Quidve domus prodest Phrygiis innixa columnis,
  Taenare sive tuis, sive Caryste tuis

16:

Aurataeque trabes

Zum Versausgange *innixa columnis* vergleiche noch
Ov. ex P. 3, 2, 49:

Templa manent hodie vastis innixa columnis

Doch kehren wir nach dieser Abschweifung wieder zu unserem ursprünglichen Thema zurück. Wenn nun der Dichter so mächtig ist, so ist auch kein Grund, ihn dem Reicheren nachzusetzen. Daher treffen wir denn die oben

besprochene Wendung häufig in diesem Zusammenhange.
Die Liebe ist aber überhaupt nicht um Geld zu verkaufen.
Derartige Ermahnungen oder Klagen über diese Ver-
irrung sind zu stehenden Wendungen in der Elegie geworden: Tib. 1, 4, 67. 1, 5, 47. 1, 9, 11. 2, 3, 49. 2,
4, 33 ff. Prop. 3, 8, 15. 4, 12. Ov. Am. 1, 10, 11. u. ö.
Hier ist die verwandte Verwünschung der Geschenke bemerkenswerth in:

Tib. 1, 9, 11:

> Muneribus meus est captus puer. at deus illa
> > In cinerem et liquidas munera vertat aquas

Prop. 3, 8, 15:

> Ergo muneribus quivis mercatur amorem?

45:

> Haec videam rapidas in vanum ferre procellas,
> > Quae tibi terra, velim, quae tibi fiat aqua

Das Verkaufen der Güter, um die habsüchtige Geliebte
zu befriedigen, wird ähnlich erwähnt in:

Tib. 2, 4, 54:

> Ite sub imperium sub titulumque, Lares

Ov. R. A. 302:

> Sub titulum nostros misit avara lares

Daher auch der Hass der Dichter gegen kuppelnde
Personen. Bei Tibull finden wir diese Wendung zweimal,
aber nur als Theil einer Elegie: 1, 5, 48 und 2, 6, 44.
Properz und Ovid haben sie in ihrer Art zu einem ganzen
Gedichte ausgesponnen: Prop. 5, 5. Ov. Am. 1, 8. Die
erstere Elegie nennt Gruppe [1]) richtig „ein Gedicht, welches
tibullischem Ungestüm sehr nahe kommt". Nicht ganz ohne
Interesse sind die Verwünschungsformeln Tib. 1, 5, 50 ff.
Prop. 5, 5, 2. Ov Am. 1, 8, 113.

Aus dem nämlichen Grunde hält der Dichter auch auf
Geld und Gut wenig und ebenso auf die Mittel, die Reich-

---

1) S. 301.

thum verschaffen. Er bekennt darum offen seine Verhältnisse und das Geld ist ihm sogar die Ursache alles Un-
heils. Vgl. z. B. Tib. 1, 1, 1 ff. 1, 10, 7 ff. 2, 3, 36 ff.
3, 3, 3 ff. Prop. 3, 19, 22. 3, 32, 55. 4, 6, 1 ff. Ov. Am 1,
3, 9. A. A. 3, 541. Als einigermassen vergleichbare Verse
stelle ich bei dieser Gelegenheit zusammen:

Tib. 2, 3, 42:

Ut multa innumera iugera pascat ove

Tib. 3, 3, 5:

Aut ut multa mei renovarent iugera tauri

Prop. 4, 4, 5:

Nec mihi mille iugis Campania pinguis aratur

Prop. 5, 1, 129:

Nam tua cum multi versarent rura iuvenci

Ov. Am, 1, 3, 9:

Nec meus innumeris renovatur campus aratris

Hier schalte ich auch, nur mit Rücksicht auf die äussere
Form, die Verse ein:

Tib. 1, 1, 2:

Et teneat culti iugera multa soli

Ov. Fast. 3, 192:

Jugeraque inculti pauca tenere soli

Tib. 1, 10, 7:

Divitis hoc vitium est auri   .   .   .

4:

Tum brevior dirae mortis aperta via est

Prop. 4, 6, 1:

Ergo sollicitae tu causa, pecunia, vitae es:

Per te inmaturum mortis adimus iter

Der Versanfang in

Tib. 2, 3, 38:

Hinc cruor, hinc caedes

begegnet auch:

Ov. Fast. 6, 599:

Hinc cruor, hinc caedes

Vgl. Ov. Trist. 1, 11, 32:

Quam cruor et caedes

In diese Gedankenreihe gehört auch die Wendung:
Was nützt dem Reichen und Unbekümmerten sein Schlaf,
wenn er nicht durch Liebe erfreut wird? Tib. 1, 2, 75. 1,
8, 39. Prop. 1, 14, 15 ff. Ov. Am. 2, 9, 39. 2, 10, 15.
Ueber das Lager vgl. die ähnlichen Stellen:

Tib. 1, 1, 44:
Sei licet et solito membra levare toro

Ov. Am. 1, 5, 2:
Adposui medio membra levanda toro

Tib. 1, 1, 43:
Parva seges satis est, satis est, requiescere lecto

Prop. 1, 8, 33:
Illa vel angusto mecum requiescere lecto

Unter den Mitteln, sich Reichthum und Ruhm zu erwerben, spielt der Krieg keine geringe Rolle. Desswegen
sind die Dichter auch ihm abgeneigt. Ich erinnere hier im
Vorbeigehen nur an Tib, 1, 2, 65 ff., um den Vers:

66:
Maluerit praedas stultus et arma sequi

zusammenzuhalten mit:

Ov. Am. 1, 15, 4:
Praemia militiae pulverulenta sequi

Ov. Am. 3, 8, 26:
Sed trepidas acies et fera castra sequi

Von andern auf den Krieg sich beziehenden Stellen
können, als im Aeussern ähnlich, noch erwähnt werden:

Tib. 1, 1, 3:
Quem labor assiduus vicino terreat hoste

Ov. ex P. 4, 9, 82:
Et quam vicino terrear hoste, roga

Tib. 1, 10, 31:
Ut mihi potanti possit sua dicere facta
    Miles et in mensa pingere castra mero

Ov. Her. 1, 31:
Atque aliquis posita monstrat fera praelia mensa,
    Pingit et exiguo Pergama tota mero

Der Dichter ist mit ganz anderen Kämpfen beschäftigt, er ist im Dienste des Amor; diese Vergleichung des Liebelebens mit dem Kriegsdienste ist häufig.

Tib. 1, 1, 75:

Hic ego dux milesque bonus

Prop. 3, 15, 34:

Hic ego Pelides, hic ferus Hector ego

Ov. Fast. 2, 9:

Haec mea militia est

Ov. A. A. 2, 233:

Militiae species amor est

Prop. 5, 1, 137:

Militiam Veneris blandis patiere sub armis

Ovid hat dann diesen Gedanken in allen Einzelheiten durchgeführt in der Elegie

Am. 1, 9:

Militat omnis amans

Für die Verse 15 und 16 dieser Elegie:

Quis nisi vel miles vel amans et frigora noctis
    Et denso mixtas perferet imbre nives?

begegnen wir einer Analogie in

Tib. 1, 2, 29:

Non mihi pigra nocent hibernae frigora noctis,
    Non mihi, cum multa decidit imber aqua

Hier kommen wir wieder auf das Thema der Opfer, die der Liebende zu bringen hat. Es handelt sich nicht bloss darum, wie wir oben gesehen, dem geliebten Gegenstande alle Gefälligkeiten zu erweisen, der Liebende ist auch noch zu Schlimmerem bereit:

Tib. 1, 9, 21:

.   .   .   .   .   et pete ferro
    Corpus et intorto verbere terga seca

Tib. 2, 3, 80:

Non ego me vinclis verberibusque nego

Tib. 3, 4, 66:

Saevus Amor docuit verbera saeva pati

Ov. A. A. 2, 533:

>   Nec maledicta puta, nec verbera ferre puellae
>   Turpe

Ohne Bezug auf diesen Zusammenhang nenne ich hier noch als für die Form beachtenswerthe Verse:

Prop. 1, 1, 27:

>   Fortiter et ferrum saevos patiemur et ignes,

Ov. Her. 19, 183:

>   Ut valeant aliae, ferrum patiuntur et ignes

Eine Unbequemlichkeit des Liebelevens sind auch die einsamen, schlaflosen Nächte.

Tib. 2, 4, 11:

>   Nunc et amara dies et noctis amarior umbra est

Ov. Her. 12, 169:

>   Non mihi grata dies, noctes vigilantur amarae

Prop. 1, 1, 33:

>   In me nostra Venus noctes exercet amaras

Prop. 5, 3, 29:

>   At mihi cum noctes induxit vesper amaras

Tib. 1, 2, 76:

>   .   cum fletu nox vigilanda venit

Prop. 4, 14, 2:

>   Nec veniat sine te nox vigilanda mihi

Grosse Qual bereitet ferner die verschlossene Thüre der Geliebten — ein wieder sehr häufig gebrauchtes Motiv. Besonders zu beachten sind Tib. 1, 2, 6 ff. Prop. 1, 16, 17 ff. Ovid behandelt den Stoff wieder ganz regelrecht in einer ganzen Elegie und richtet seine Anrede in etwas mehr nüchterner Weise an den Janitor, nicht an die Thüre selbst: Am. 1, 6. In diesem Gedichte ist auch die Wendung erwähnenswerth, wie der ungeduldig Harrende durch jedes Geräusch getäuscht wird; das Motiv ist auch aus unseres Schillers „Erwartung“ bekannt genug und ich kann mich nicht enthalten, einen, streng genommen, nicht hieher gehörigen Vergleich in dieser Beziehung anzustellen:

Ov. Am. 1, 6, 49:

>   Fallimur, an verso sonuerunt cardine postes,
>
>>   Raucaque concussae signa dedere fores?
>
>   Fallimur, inpulsa est animoso ianua vento

Schiller:

>   Hör' ich das Pförtchen nicht gehen?
>
>   Hat nicht der Riegel geklirrt?
>
>>   Nein, es war des Windes Wehen

Vergleiche noch Ov. Her. 18, 53. Für Ovid mag vielleicht wohl Tib. 1, 8, 65 Vorbild gewesen sein.

Als ähnliche Verse für die oben besprochene Erscheinung:

Tib. 1, 2, 6:

>   Clauditur et dura ianua firma sera

Tib. 1, 8, 76:

>   Quaecunque opposita est ianua dura sera

Ov. A. A. 2, 244:

>   Atque erit opposita ianua fulta sera

Tib. 1, 5, 67:

>   Heu canimus frustra, nec verbis victa patescit
>
>>   Janua

Ov. Am. 3, 8, 24:

>   Ad rigidas canto carmen inane fores

Tib. 2, 6, 12:

>   Excutiunt clausae fortia verba fores

Ov. Am. 2, 1, 22:

>   Mollierunt duras lenia verba fores

Vgl. Prop. 1, 5, 14:

>   Cum tibi singultu fortia verba cadent

Das geräuschlose Oeffnen der Thüre in:

Tib. 1, 6, 12:

>   Cardine tunc tacito vertere posse fores

Ov. Met. 14, 782:

>   Nec strepitum verso Saturnia cardine fecit

Besonders ist es der eifersüchtige Gemahl der Geliebten, der die Thüre verschliesst und das Haus mit Wachen

versieht; so schon in der oben besprochenen Stelle Tib.
1, 2. Daher die verschiedenartigsten Anreden an ihn,
oft im entgegengesetztesten Sinne, aber nicht selten mit
äusserer Aehnlichkeit:

Tib. 1, 6, 15:

> At tu, fallacis coniunx incaute puellae,

Ov. Am. 2, 19, 37:

> At tu formonsae nimium secure puellae

Tib. 1, 2, 5:

> Nam posita est nostrae custodia saeva puellae

Ov. Am. 3, 4, 1:

> Dure vir, inposito tenerae custode puellae

Tib. 1, 6, 33:

> Quid tenera tibi coniuge opus? tua si bona nescis
> > Servare, frustra clavis inest foribus

Ov. Am. 3, 4, 6:

> Nec custodiri, ni velit, illa potest
> Nec corpus servare potes, licet omnia claudas

Eine für den Charakter und die Entwicklung der ovidischen Poesie lohnende Vergleichung ist hier Tib. 1, 6, 15 ff.
und Ov. Am. 2, 19, aus welchen Stellen wir schon Verse
notirt haben. Tibull eifersüchtig gemacht von der Ent-
deckung, dass Delia immer tiefer in Leichtsinn gerathe,
identificirt sein Interesse mit dem des Gatten, mahnt diesen zur Vorsicht und entdeckt ihm alle Schliche der Liebenden; Ovid thut dasselbe, aber aus einem anderen Grunde:
damit das Verhältniss mehr pikant werde und die Hindernisse seine Liebe nicht erkalten lassen. Hier auch noch
die entsprechenden Stellen vom Bellen der Hunde beim
nächtlichen Herumschleichen des Verliebten:

Tib. 1, 6, 31:

> Ille ego sum,　.　.　.　.　.　.
> > Instabat tota cui tua nocte canis

Ov. Am. 2, 19, 39:

> Incipe,　.　.　.　.　.　.
> > Quaerere, quid latrent nocte silente canes

Wo nun solche Hindernisse obwalten, sind geheime Liebeszeichen nothwendig. Wir haben schon früher gesehen, wie Ovid die hieher bezügliche Hauptstelle Tibull's fast wörtlich citirt und die Stellen seiner erotischen Gedichte, in denen er dieses Motiv ausführt, sind alle jener mehr oder weniger ähnlich. Es kehren immer die nämlichen Regeln zurück, oft auch in anklingenden Ausdrücken. Ovid hat auch hier wieder das, was bei Tibull doch immer nur Theil einer Elegie ist, zu einem ganzen Gedichte erweitert in Am. 1, 4. Ich gebe hier zuerst die besonders zu vergleichenden Stellen und füge dann nur die auffallendsten Versähnlichkeiten an: Tib. 1, 2, 20.[1]) 1, 6, 17 ff. Ov. Am. 1, 4. 2, 5, 15 ff. A. A. 1, 570 ff Her 16, 76 ff.

Tib. 1, 2, 21:

> Illa viro coram nutus conferre loquaces
> > Blandaque compositis abdere verba notis

Ov. Am. 1, 4, 17:

> Me specta nutusque meos vultumque loquacem:
> > Excipe furtivas et refer ipsa notas

Ov. Am. 3, 11, 24:

> Verbaque conpositis dissimulata notis

Vgl. Ov. ex P. 3, 3, 58.

Tib. 1, 6, 18:

> Neve cubet laxo pectus aperta sinu

Ov. Fast. 1, 408:

> Altera dissuto pectus aperta sinu

Für Ovid noch besonders:

Am. 1, 4, 32:

> Et qua tu biberis, hac ego parte bibam

A. A. 1, 576:

> .   quaque bibit parte puella, bibas

---

1) Den 19. Vers dieser Elegie kann man mit Ov. Am. 3, 1, 51 zusammenhalten. Vgl. Lucian Müller: Die handschriftliche Ueberlieferung des Tibullus im Mittelalter. Neue Jahrb. f. Philologie und Pädagogik 1869. 1. Heft. S. 67.

Her. 16, 80:

.   quaque bibi, tu quoque parte bibis

Tibull, indem er davon spricht, dass das leichtsinnige Mädchen die ihm vom Dichter gelehrten Kunstgriffe missbraucht, ruft aus:

1, 6, 10:

.   heu heu nunc premor arte mea

Vergleiche damit die Verse:

Ov. Am. 2, 18, 20:

Ei mihi, praeceptis urgeor ipse meis

Ov. Am. 2, 19, 34:

Ei mihi, ne monitis torquear ipse meis

Ov. Am. 1, 4, 46:

Exemplique metu torqueor ecce mei

Aus Tib. 1, 6 ist noch

67:

.   .   .   .   quamvis non vitta ligatos
Impediat crines nec stola longa pedes

interessant für die Fassung der Stellen Ovid's:

ex P. 3, 3, 51:

.   .   .   quarum nec vitta pudicos
Contingit crines, nec stola longa pedes

A. A. 1, 31:

Este procul, vittae tenues, insigne pudoris,
Quaeque tegis medios instita longa pedes

Trist. 2, 247, wo die vorhergehende Stelle wörtlich citirt wird.

Ferner bildet eine Unannehmlichkeit für den Liebenden der Streit, der manchmal mit dem Mädchen sich entspinnt. Stehend ist dann fast immer die Wendung oder die Ermahnung, sich wenigstens an dem geliebten Gegenstande nicht zu vergreifen. Als Hauptstellen sind zu bemerken: Tib 1, 6, 73. 1, 10, 59 ff. 2, 5, 101. Prop. 2, 5, 21. Bei Ovid wieder eine vollständige Elegie Am. 1, 7. Ausserdem vergleiche Am. 2, 5, 45. A. A. 3, 567. 2, 169. Unter den vielen ähnlichen Zügen erwähne ich nur die Verwünschung der Hand, die sich an die Geliebte gewagt Tib. 1, 6, 74. 1, 10, 56. Ov. Am. 1, 7, 23 und notire einige anklingende Verse:

Tib. 1, 10, 63:

> . . . . quater ille beatus
> Quo tenera irato flere puella potest

Ov. A. A. 2, 447:

> O quater et quotiens numero conprendere non est
> Felicem, de quo laesa puella dolet

Tib. 1, 10, 61:

> Sit satis e membris tenuem perscindere vestem

Prop. 2, 5, 21:

> Nec tibi periuro scindam de corpore vestem

Ov. A. A. 3, 569:

> Nec scindet tunicasve suas tunicasve puellae

Tib. 1, 10, 55:

> Flet teneras subtusa genas

Ov. Am. 2, 5, 46:

> Et fuit in teneras impetus ire genas

Ov. Am. 1, 7, 50:

> Ferreus ingenuas ungue notare genas

Ov. A. A. 3, 568:

> Nec dominae teneras adpetet ungue genas

Ov. A. A. 2, 452:

> Ille ego sim, teneras cui petat ungue genas
> Vergleiche noch für die Form:

Ov. Am. 2, 6, 4:

> Et rigido teneras ungue notate genas

Dagegen ist auch hier wieder der Liebende darauf gefasst, alles Aehnliche von Seite des Mädchens zu erdulden. Vgl. Tib. 1, 6, 71. Prop. 4, 7, 5. Ov. A. A. 2, 451. Her. 19, 81.

Man halte nur überall die ersten Verse zusammen:

Tib.:

> . . . . ducarque capillis

Prop.:

Tu vero nostros audax invade capillos

Ov.:

Ille ego sim, cuius laniet furiosa capillos

Ov.:

Ipsa meos scindas licet inperiosa capillos

Als auf die Ausdauer des Verliebten bezügliche Stellen füge ich gleich hier noch an:

Tib. 1, 5, 62:

Primus et in tenero fixus erit latere

Ov. Am. 3, 11, 17:

Quando ego non fixus lateri patienter adhaesi

Zu allen diesen Leiden gesellen sich dann noch die Vorwände der schmollenden oder listigen Geliebten, besonders der oft erwähnte Kopfschmerz. Ueber letzteren vergleiche besonders Tib. 1, 6, 36. Ov. Am. 1, 8, 73. 2, 19, 11.

Wie oft kann man sich auch sonst auf ihre Worte nicht verlassen:

Tib. 1, 6, 7:

Illa quidem tam multa negat, sed

Vergleiche als Versähnlichkeit:

Ov. Fast. 6, 557:

Ipsa quidem fecisse negat, sed

Für das natürlich häufig vorkommende Motiv der Eifersucht nur die Verse:

Tib. 1, 5, 17:

Omnia persolvi: fruitur nunc alter amore

Ov. Her. 6, 75:

Vota ego persolvam? votis Medea fruetur?

Tib. 2, 6, 51:

. . . tunc mens mihi perdita fingit,

Quisve meam teneat, quot teneatve modis

Ov. Am. 2, 8, 27:

Quoque loco tecum fuerim, quotiensque, Cypassi,

Narrabo dominae, quotque quibusque modis

Mit dem Ausdruck in den zwei letzten Stellen kann man zum Theil noch zusammenhalten:

Ov. ex P. 4, 7, 46:

Quotque neci dederis, quosque, quibusque modis

Bezüglich der eng mit der Eifersucht zusammenhängenden Verwünschung Tibull's:

1, 9, 57:

Semper sint externa tuo vestigia lecto

sind formell beachtenswerth die Stellen:

Prop. 2, 9, 45:

Nec domina ulla meo ponet vestigia lecto

Ov. Am. 1, 8, 97:

Ille viri videat toto vestigia lecto

Die von der Eifersucht dictirte Drohung ähnelt sich in:

Tib. 1, 9, 13:

Jam mihi persolvet poenas

Prop. 2, 5, 3:

.   .   .   dabis mihi, perfida, poenas

Um nicht zu ermüden, notire ich ohne weitere Bemerkungen noch zwei zur dunkleren Seite des Liebelebens gehörige Phrasen:

Tib. 3, 1, 20:

.   .   an toto pectore deciderim

Ov. Her. 2, 105:

Utque tibi excidimus [1])

Tib. 3, 1, 23:

Haec tibi vir quondam, nunc frater, casta Neaera

Ov. Her. 8, 28:

Et, si non esses vir mihi, frater eras?

---

[1]) excido in der Bedeutung „dem Gedächtnisse entfallen, in Vergessenheit gerathen" ist bekanntermassen in Prosa und Poesie sehr geläufig. Ich habe diese zwei Stellen nur darum citirt, um auch die Anwendung der Phrase auf das Liebeleben zu belegen. Ausschliesslich mit Rücksicht auf die Form wäre mit Tib. 3, 1, 20 eher Ov. ex P. 2, 4, 24 zu vergleichen.

Die Liebenden kommen auch gar so leicht in's **Gerede** der Leute:

Tib. 1, 4, 83:

 . . . ne turpis fabula fiam

Ov. A. A. 2, 630:

 . . . fabula turpis erit[1]

Was Wunder also, wenn bei allen diesen Leiden der Dichter manchmal in bittre Klagen ausbricht und den Gottheiten der Liebe darüber Vorwürfe macht, dass sie ihre Diener und Verehrer derart plagen können; dabei begegnet auch die Wendung: „Welchen Ruhm bringt es einem Gotte, einen armen Menschen, der noch dazu nicht an Widerstand denkt, zu verwunden und ihm listige Fallen zu legen?" Tib. 1, 2, 97. 1, 6, 3. Ov. Am. 2, 9. Vgl. Prop. 3, 3, 17.

Tibull wünscht einmal in einem Anfalle von Unmuth:

2, 4, 8:

Quam mallem in gelidis montibus esse lapis

Für die Fassung ist zu vergleichen:

Ov. ex P. 1, 2, 36:

Ille ego sum, frustra qui lapis esse velim

Zum Ausdrucke der durch Liebe verursachten Abmagerung:

Prop. 3, 15, 21:

Sed tibi si exiles videor tenuatus in artus

Ov. Am. 1, 6, 5:

Longus amor tales corpus tenuavit in usus

Doch nicht immer ist das Leben des Liebenden so düster; es hat auch seine Lichtpunkte, die dann alle jene Schmerzen vergessen machen. Was vorerst die Gottheiten anbelangt, so sind sie, wenn sie den Liebhaber auch manchmal schwer prüfen, doch immer wieder seine Freunde und Beschützer. Vorzüglich ist es der Kühne, der sich ihres besonderen Schutzes erfreut:

---

1) Zu fabula in diesem Sinne vgl. noch besonders: Tib. 2, 3, 31. Hor. Epod. 11, 8. Ep. 1, 13, 9.

Tib. 1, 2, 16:

    Audendum est: fortes adjuvat ipsa Venus

Ov. A. A. 1, 608:

    .   .   audentem Forsque Venusque iuvat

Ov. Met. 10, 586:

    Audentes deus ipse iuvat

Ov. Fast. 2, 782:

    Viderit, audentes forsne deusne iuvet

Daher dann auch die zwei Wendungen: „Liebe verleiht Muth“ und: „Der Liebende kann überall sicher sein, da er von Niemanden verfolgt wird“. Vgl. bes. Tib. 1, 2, 22; 25. Prop. 4, 15, 11. Ov. Am. 1, 6, 7 ff.

Ja nicht einmal verrathen werden darf der nächtlich herumstreifende Verliebte von denen, die ihm begegnen; sonst folgt schwere Strafe der Venus:

Tib. 1, 2, 34:

    .   celari vult sua furta Venus

39:

    Nam fuerit quicunque loquax

In einem anderen Zusammenhange, aber für Form und Gedanken interessant die Verse bei Ovid:

A. A. 2, 607:

    Praecipue Cytherea iubet sua sacra taceri:

        Admoneo, veniat nequis ad illa loquax

Für die Fassung der Stelle:

Tib. 1, 2, 37:

    Siquis et imprudens aspexerit,   .   .

        Perque deos omnes se meminisse neget

Vgl. Prop. 3, 10, 3:

    Si quid vidisti, semper vidisse negato

Auf nächtliche Liebeswanderung bezieht sich auch die malende Wendung in:

Tib. 2, 1, 78:

    Explorat caecas cui manus ante vias

Ov. Met. 10, 455:

> .   .   .   .   altera motu
> Caecum iter explorat

Aber nicht nur der Muth, sondern auch die dichterische Kraft wird durch das Mädchen allein angeregt. Als analoge Verse bemerke ich hier:

Prop. 2, 1, 4:

> Ingenium nobis ipsa puella facit

Ov. Am. 2, 17, 34:

> Ingenio causas tu dabis una meo

Wie kann es auch anders sein, da die Geliebte in den verschiedensten Situationen gefällt und dem Dichter immer neuen Stoff an die Hand gibt? Auch hier wieder ist die allgemeine äussere Form fast stehend geworden, besonders die Anreihung durch seu — seu. Zum Beispiele:

Tib. 4, 2, 9:

> Seu solvit crines, fusis decet esse capillis:
> > Seu compsit, comptis est veneranda comis.
> Urit, seu Tyria voluit procedere palla:
> > Urit, seu nivea candida veste venit

Prop. 2, 1, 7:

> Seu vidi ad frontem sparsos errare capillos,
> > Gaudet laudatis ire superba comis:
> Sive illam Cois fulgentem incedere coccis,
> > Hoc totum e Coa veste volumen erit

Ov. Am. 2, 4, 41:

> Seu pendent nivea pulli cervice capilli,
> > Leda fuit nigra conspicienda coma:
> Seu flavent

Die citirte Elegie Ovid's unterscheidet sich übrigens bezüglich des Gedankens insoferne, als sie nicht von einer Geliebten handelt, sondern den Gedanken ausdrückt, dass für den Dichter eben jedes Mädchen gefährlich sei; man könnte sie daher eine Ausführung der Wendung Tibull's 1,

4, 10 ff. nennen. In dieser Beziehung sind auch die Verse nennenswerth:

Tib. 1, 4, 10:

Nam causam iusti semper amoris habent

Ov. Am. 2, 4, 10:

Centum sunt causae, cur ego semper amem

Den Vers 14 aus dem betreffenden Gedichte Tibull's

Virgineus teneras stat pudor ante genas

notire ich, um daran einige Stellen Ovid's anzureihen, die auch von der Scham handeln und deren Vergleichung unter sich nicht unlohnend ist:

Ov. Trist. 4, 3, 70:

Purpureus molli fiat in ore rubor

Ov. Am. 2, 5, 34:

Conscia purpureus venit in ora pudor

Ov. A. A. 2, 556:

Ne fugiat victo laesus ab ore pudor

Ov. Her. 4, 72:

Flava verecundus tinxerat ora rubor

Ov. Am. 3, 6, 78:

Desint famosus quae notet ora pudor

Ov. ex P. 4, 9, 92:

Ille vetus solito perstat in ore pudor

Ov. Met. 1, 484:

Pulchra verecundo suffunditur ora rubore[1])

Doch, um von der Abschweifung zurückzukehren, verweise ich unter den oben angegebenen Stellen noch ganz besonders auf Prop. 2, 1, 16 und Ov. Am 2, 4, 44 und stelle den Vers

Tib. 4, 2, 10:

.   .   comptis est veneranda comis

zusammen mit

Ov. Am. 1, 1, 20:

.   .   aut longas compta puella comas

---

1) Den hier von Ovid so oft gebrauchten Versausgang haben wir schon bei Catull gefunden. S. oben S. 53.

Will es der Dichter dann dem Mädchen auch bekennen, wie sehr es ihm gefalle, so hat er, wie es scheint, eine fast stereotype Formel:

Tib. 4, 13, 3:

Tu modo sola places

Prop. 2, 7, 19:

Tu mihi sola places

Ov. A. A. 1, 42:

Elige cui dicas ,tu mihi sola places'

Um zu gefallen, dient auch die Toilette; ich stelle bei dieser Gelegenheit einfach einige Verse hieher, die sich entweder direct auf diese beziehen oder die nur bezüglich der Form anklingen:

Tib. 1, 8, 12:

Artificis docta subsecuisse manu

Ov. A. A. 1, 300:

Fertur inadsueta subsecuisse manu

Ov. A. A. 1, 518:

Sit coma, sit docta barba resecta manu

Ov. Trist. 5, 7, 18:

Non coma, non ulla barba resecta manu

Tib. 1, 8, 9:

Quid tibi nunc molles prodest coluisse capillos

Prop. 1, 2, 1:

Quid iuvat ornato procedere, vita, capillo

Ov. Her. 13, 31:

Nec mihi pectendos cura est praebere capillos

Ov. Met. 13, 738:

Cui dum pectendos praebet Galatea capillos

Höchstes Ziel des Liebenden ist Kuss und Vereinigung; die für den Ausdruck erwähnenswerthen Stellen sind:

Tib. 1, 8, 38:

.   et in collo figere dente notas   .

Ov. Am. 1, 7, 42:

Et collo blandi dentis habere notam

Ov. Am. 3, 14, 34:

- Collaque conspicio dentis habere notam

Tib. 1, 2, 73:

    Et te dum liceat teneris retinere lacertis

Ov. Am 1, 13, 5:

    Nunc iuvat in teneris dominae iacuisse lacertis

Tib. 1, 8, 26:

    .   sed femori conseruisse femur

Ov. Her. 2, 58:

    .   et lateri conseruisse latus

Ov. Her. 18, 138:

    Molle latus lateri composuisse tuo

Ov. Am. 3, 14, 22:

    Nec femori inpositum sustinuisse femur

Vgl. Am. 1, 4, 43.

    Ovid, von heissen Küssen sprechend, sagt:

Am. 2, 5, 25:

    Qualia non fratri tulerit germana severo,

        Sed tulerit cupido mollis amica viro

    Für die Wendung vergleiche man:

Tib. 3, 4, 51:

    Tantum cara tibi, quantum nec filia matri,

        Quantum nec cupido bella puella viro

    Mit Rücksicht auf die Wortstellung im Pentameter auch:

Prop. 1, 6, 10:

    Quae solet ingrato tristis amica viro

    Zum Schlusse hier noch die Aufforderung:

Tib. 4, 3, 24:

    Et celer in nostros ipse recurre sinus

Prop. 4, 19, 10:

    . .   in nostros curre, puella, toros

Von vereinzelten Wendungen, die zu keiner der besprochenen Gruppen gehören, erinnere ich nur an zwei der auffallendsten, welche sich auf das dritte Buch Tibull's und auf Ovid beziehen, nämlich an die bekannte Angabe des Geburtsjahres in:

Tib. 3, 5, 17:

    Natalem primo nostrum videre parentes,

        Cum cecidit fato consul uterque pari

Ov. Trist. 4, 10, 5:

> Editus hinc ego sum, nec non ut tempora noris,
> Cum cecidit fato consul uterque pari

und an die Beschreibung des Buches in Tib. 3, 1, 9 ff. und Ov. Trist 1, 1, 5 ff. Es sind dies übrigens zwei schon von Gruppe angeführte Stellen, auf dessen Werk ich hier überhaupt für das Material des sog. dritten Buches Tibull's verweise. (S. 128—132)[1]).

Da wir nun im Laufe dieser Besprechung auch schon öfter Gelegenheit hatten, Beispiele für den Fall anzuführen, dass eine tibullische Wendung sich bei Ovid zu einer vollständigen Elegie gestaltet, und weil wir die Dichtung Tibull's 2, 5 der Einfachheit wegen mit den römischen Elegieen des Propertius behandeln werden, können wir hiemit abschliessen.

Jch gebe daher nur noch jene der anklingenden Verse, die sich in keinen der obigen Abschnitte leicht einreihen liessen:

Tib. 2, 5, 3:

> Nunc te vocales impellere pollice chordas

Ov. Met. 10, 145:

> Ut satis inpulsas temptavit pollice chordas

Ov. Met. 5, 339:

> Calliope querulas praetemptat pollice chordas

---

1) So dankenswerth diese Sammlung an sich ist, so wenig kann man bekanntlich mit den von Gruppe daraus gezogenen Folgerungen einverstanden sein. Vgl. Hertzberg, Hall. Jahrb. 1839. I. S 1019. Teuffel, Einleitung zur Uebersetzung Tibull's, S. 46. Letzterer hat auch schon treffend hingewiesen auf die Unrichtigkeit der Worte Gruppe's S. 132: „Es ist wahr, Ovid hat auch Anklänge an Virgil und Tibull, allein viel verschämtere, die gegen die angeführten des dritten Buches gar nicht in Betracht kommen können" und durch ein paar Beispiele gezeigt, dass Ovid ganz ebenso auch die Gedichte des Tibull benützt hat. Vorliegende Abhandlung, hoffe ich, wird sowohl d i e s e Behauptung Teuffel's noch mehr bestätigen als seine Ansicht, dass alle diese Erscheinungen nur ein Beweis sind von dem „ausserordentlichen Gedächtniss" Ovid's und seiner „Leichtfertigkeit" im Versemachen. (Einl. S. 45.)

Ov. Am. 2, 4, 27:

Haec querulas habili percurrit pollice chordas

Tib. 1, 7, 8:

Portabat niveis currus eburnus equis

Ov. ex P. 2, 8, 50:

Purpureus niveis filius instet equis

Ov. A. A. 1, 214:

Quattuor in niveis aureus ibis equis

Ov. Fast. 6, 724:

Vectus es in niveis, Postume, victor equis

Ov. R. A. 258:

Ut solet, in niveis Luna vehetur equis

Tib. 1, 5, 76:

. . in liquida nat tibi linter aqua

Vgl. Tib. 2, 5, 34:

Exiguus pulla per vada linter aqua

Ov. Fast. 2, 864:

Naviget hinc alia iam mihi linter aqua

Tib. 1, 3, 91:

Tunc mihi, qualis eris, longos turbata capillos

Ov. Met. 4, 474:

Tisiphone canos, ut erat, turbata capillos

Tib. 1, 3, 36:

Tellus in longas est patefacta vias

Ov. Am. 2, 16, 18:

Si fuit in longas terra secanda vias

Tib. 1, 9, 26:

Ederet ut multo libera verba mero

Ov. Trist. 3, 5, 48:

Lapsaque sunt nimio verba profana mero

Tib. 2, 1, 10:

Lanificam pensis imposuisse manum

Ov. Her. 9, 76:

Rasilibus calathis inposuisse manum

Tib. 1, 9, 43:

.   .   venit tibi munere nostro

Ov. Met. 7, 93:

.   .   .   servabere munere nostro

Ov. Met. 8, 502:

.   .   .   .   Vixisti munere nostro

Tib. 4, 1, 125:

Curva nec assuetos egerunt flumina cursus

Ov. Am. 3. 6, 95:

Aut lutulentus agis brumali tempore cursus

Tib. 3, 6, 15:

Armenias tigres et fulvas ille leaenas

Ov. Met. 15, 86:

Armeniaeque tigres iracundique leones

Tib. 2, 4, 42:

Nec quisquam flammae sedulus addat aquam

Ov. R. A. 552:

Inque suas gelidam lampadas addit aquam

Tib. 1, 4, 54:

.   .   sed tamen apta dabit

Ov. Fast. 1, 392:

.   .   .   sed tamen apta deo

Ov. A. A. 1, 446:

.   .   .   sed tamen apta dea est

Tib. 1, 10, 12:

.   nec audissem corde micante tubam

Ov. Fast. 6, 338:

Et fert suspensos corde micante gradus

Ov. A. A. 3, 722:

Pulsantur trepidi corde micante sinus [1]

Tib. 3, 3, 19:

Et quae praeterea populus miratur? in illis

Invidia est: falso plurima vulgus amat

---

1) Klotz citirt in seinem Wörterbuche s. v. mico mehrere Stellen für diesen Gebrauch, aber die obigen Verse Ovid's sind ihm entgangen.

Ov. Am. 1, 15, 35:
>Vilia miretur vulgus. mihi flavus Apollo

Tib. 2, 1, 27:
>Nunc mihi fumosos veteris proferte Falernos
>Consulis et Chio solvite vincla cado

Ov. Fast. 5, 518:
>Promit fumoso condita vina cado

Tib 1, 2, 39:
>. . . . is sanguine natam,
>Is Venerem e rapido sentiet esse mari

Ov. Met. 1, 162:
>. . . scires e sanguine natos

Tib. 2, 6, 42:
>Non ego sum tanti, ploret ut illa semel

Ov. Her. 7, 45:
>Non ego sum tanti, quod non verearis, inique

Ov. Trist. 2, 209:
>Nam non sum tanti, renovem ut tua vulnera, Caesar

Tib. 2, 6, 11:
>. . sed magnifice mihi magna locuto

Ov. Met. 9, 31:
>. . Puduit modo magna locutum

Tib. 4, 4, 8:
>In pelagus rapidis evehat amnis aquis

Ov. A. A. 3. 386:
>Nec Tuscus placida devehit amnis aqua

Auf Phrasen und Wendungen wie: Parcite luminibus
(Tib 1, 2, 33; Ov. Met, 5, 248), quis furor est (Tib. 1,
10, 33; 4, 3, 7. Ov. Am. 3, 14, 7. A A. 3, 172. Met. 6,
170) und dgl. halte ich es für überflüssig, hier einzugehen,
da sie doch schon zu sehr in das Gebiet der gewöhnlichen
Redensarten einschlagen und darum wohl nur ganz zufällig
sich in ähnlicher Weise bei unseren Dichtern wiederholen.

Es erübrigen uns jetzt nur noch jene Bemerkungen, die sich fast ausschliesslich auf das Verhältniss Ovid's zu Properz beziehen. Auf die öftere Erwähnung auch dieses Elegikers in Ovid's Werken haben wir schon oben hingewiesen. Die wichtigsten diesbezüglichen Stellen sind Trist. 4, 10, 45, woraus erhellt, dass beide Dichter sich nahe standen, und A. A. 3, 333, wo Ovid seinen Freund den Liebenden empfiehlt. Bezüglich der Kunstart des Propertius ist es geläufig genug, dass er die gräcisirende Richtung, die zum Theil schon im Elegieartigen des Catull auftrat, weiter fortsetzt und dieselbe so recht auf römischen Boden zu verpflanzen sucht; sein Ruhm ist es, der römische Callimachus zu heissen. Vgl. bes. 5, 1, 64. Das war nun auch wieder ein Feld für unseren Ovid, von dem man fast zu sagen versucht wäre, dass er sich bestrebte, alle Richtungen seiner Vorgänger auf irgend eine Weise zu seinem Eigenthume zu machen, sie durch neue Gesichtskreise zu erweitern und so die römische Elegie zu einem neuen Stadium und zu einem gewissen Abschlusse zu bringen. Betrachten wir zuerst Einiges, was gerade auf diesen Punkt Bezug hat. Ich übergehe hier die häufigen mythologischen Anspielungen, die aus Properz bekannt sind und die von Ovid oft in ganz ähnlicher Art, nur gewöhnlich in mehr verständlicher und fasslicher Weise eingestreut werden, und notire an erster Stelle die loci ἐκ τοῦ ἀδυνάτου, die wohl sicher nach griechischen Vorbildern entstanden sind und die wir desshalb bei Tibull vergebens suchen[1]). Zu

1) Für das Griechische verweise ich beispielshalber nur auf Eurip. Med. 410: ἄνω ποταμῶν ἱερῶν χωροῦσι παγαί und Dio C. l. 55 c. 13: θᾶσσον ἔφη πῦρ ὕδατι μιχθήσεται, ἤ . . Auch bei den Römern war übrigens der Gebrauch schon frühe bekannt. Vgl. Cic. phil. 13, 21, 49: Prius undis flamma, ut ait poeta nescio quis, prius denique omnia, quam . Er lässt sich dann durch viele Dichter verfolgen, aber nicht in so ausgedehntem Massstabe wie bei Properz und Ovid, und eben das ist es wieder, was wir betonen wollen. Diese weitausgesponnenen Stellen mögen wohl auf alexandrinische Muster zurückweisen. Für andere Dichter verweise ich auf: Verg. Ecl. 1, 59: Ante leves ergo pascentur in aequore

bemerken ist, dass Ovid auch hier wieder den Spielraum der Wendung sehr erweitert und oft mit fast übertriebenem Phantasiereichthum zu den verschiedensten und künstlichsten Bildern greift. Ich gebe die Hauptstellen zur Vergleichung:

Prop. 1, 15, 29:

 Muta prius vasto labentur flumina ponto,
  Annus et inversas duxerit ante vices,
 Quam tua

Prop. 3, 7, 31:

 Terra prius falso partu deludet arantes,
  Et citius nigros Sol agitabit equos,
 Fluminaque ad caput incipient revocare liquores,
  Aridus et sicco gurgite piscis erit,
 Quam possim

Prop. 3, 30, 49:

 Tu prius et fluctus poteris siccare marinos
  Altaque mortali deligere astra manu,
 Quam facere

Prop. 4, 18, 5:

 Flamma per incensas citius sedetur aristas,
  Fluminaque ad fontis sint reditura caput,
 Et placidum Syrtes portum et bona litora nautis
  Praebeat hospitio saeva Malea suo,
 Quam possit

Ov. Trist. 1, 8, 1:

 In caput alta suum labentur ab aequore retro
  Flumina, conversis Solque recurret equis:

---

cervi, Et freta destituent nudos in litore pisces, Ante, pererratis amborum finibus, exsul Aut Ararim Parthus bibet, aut Germania Tigrim, Quam . . Hor. Od. 1, 29, 10: Quis neget arduis Pronos relabi posse rivos Montibus et Tiberim reverti: Cum tu . . Von späteren: Seneca Thyest. V, 480. Hippol. V, 568. Die Erscheinung findet sich dann wieder bei den höfischen Dichtern des Mittelalters. Vgl. J. V. Zingerle, Der Rhein und andere Flüsse in sprichwörtlichen Redensarten. Germania 1862, S. 189.

>   Terra feret stellas, caelum findetur aratro,
>   Unda dabit flammas et dabit ignis aquas

Ov. ex P. 4, 5, 41:

>   Nam prius umbrosa carituros arbore montes,
>   Et freta velivolas non habitura rates,
>   Fluminaque in fontes cursu reditura supino,
>   Gratia quam

Ov. ex P 4, 6, 45:

>   Et prius hic nobis nimium conterminus Hister
>   In caput Euxino de mare vertet iter,
>   Utque Thyesteae redeant si tempora mensae,
>   Solis ad eoas currus agetur aquas,
>   Quam

Ov. Her. 5, 29:

>   Cum Paris Oenone poterit spirare relicta,
>   Ad fontem Xanthi versa recurret aqua

Ov. Met. 13, 324:

>   Ante retro Simois fluet, et sine frondibus Ide
>   Stabit, et auxilium promittet Achaïa Troiae,
>   Quam

Ov. Am. 2, 17, 31:

>   Sed neque diversi ripa labuntur eadem
>   Frigidus Eurotas populiferque Padus,
>   Nec, nisi tu, nostris cantabitur ulla libellis

Ov. Met. 14, 37:

>   .   .   ‚Prius‘ inquit ‚in aequore frondes‘
>   Glaucus ‚et in summis nascentur montibus algae,
>   Sospite quam

Ov. Trist. 5, 13, 21:

>   Cana prius gelido desint absinthia Ponto,
>   Et careat dulci Trinacris Hybla thymo:
>   Inmemorem quam

Ov. ex P. 4, 12, 33:

>   Sed prius huic desint et bellum et frigora terrae,
>   Invisus nobis quae duo Pontus habet:
>   Et tepidus boreas et sit praefrigidus auster

Ov. ex P. 2, 4, 25:

>Longa dies citius brumali sidere, noxque
>>Tardior hiberna solstitialis erit,
>Nec Babylon aestum, nec frigora Pontus habebit,
>>Calthaque Paestanas vincet odore rosas,
>Quam tibi

Ov. Ib. 31:

>Desinet esse prius contrarius ignibus humor,
>>Iunctaque cum luna lumina solis erunt:
>Parsque eadem caeli zephyros emittet et euros,
>>Et tepidus gelido flabit ab axe notus:
>Et nova fraterno veniet concordia fumo,
>>Quem vetus accensa separat ira pyra:
>Et ver autumno, brumae miscebitur aestas,
>>Atque eadem regio vesper et ortus erit:
>Quam mihi

Ov. ex P. 1, 6, 51:

>Nam prius incipient turres vitare columbae,
>>Antra ferae, pecudes gramina, mergus aquas,
>Quam

Ov. A. A. 1, 271:

>Vere prius volucres taceant, aestate cicadae,
>>Maenalius lepori det sua terga canis,
>Femina quam

Ov. ex P. 3, 3, 95:

>Si dubitem, quin his faveas, o Maxime, dictis,
>>Memnonio cycnos esse colore putem.
>Sed neque mutatur nigra pice lacteus humor,
>>Nec, quod erat candens, fit terebinthus, ebur

An griechische Muster scheinen mir zweitens zu erinnern Verse, wie

Prop 1, 11, 23:

>Tu mihi sola domus, tu, Cynthia, sola parentes

Ov. Her. 3, 52:

>Tu dominus, tu vir, tu mihi frater eras

Letztere Stelle ähnelt überhaupt in der **ganzen** Fassung Hom. Il. 6, 413 ff. Vgl. aber ganz besonders für den citirten Gedanken:

429:

> ἀτὰρ σὺ μοί ἐσσι πατὴρ καὶ πότνια μήτηρ
> ἠδὲ κασίγνητος, σὺ δέ μοι θαλερὸς παρακοίτης

Hieher beziehe ich auch die öftere gelehrte Erwähnung von griechischen Schriftstellern und nenne beispielsweise die Verse:

Prop. 3, 32, 41:

Desine et Aeschyleo componere verba cothurno

Ov. Am. 1, 15, 15:

Nulla Sophocleo veniet iactura cothurno

Vgl. Verg. Ecl. 8, 10:

Sola Sophocleo tua carmina digna cothurno

Nicht unähnliche Anklänge entstehen auch manchmal bei Hinweisung auf römische Dichter:

Prop. 3, 32, 87:

Haec quoque lascivi cantarunt scripta Catulli

91:

Et modo formosa quam multa Lycoride Gallus

Ov. Trist. 2, 427:

Sic sua lascivo cantata est saepe Catullo

445:

Non fuit opprobrio celebrasse Lycorida Gallo

Ob andere nicht ganz gewöhnliche Wendungen, welche Tibull fremd sind, und besonders solche, die schon ziemlich sentimental klingen, wie z. B. die vom Einschneiden des geliebten Namens in Bäume (Prop. 1, 18, 22. Ov. Her. 5, 21) ursprünglich nicht vielleicht auch auf dem Vorgange der Griechen beruhen, wage ich nicht zu entscheiden; dass übrigens das angeführte Beispiel sich auch in Vergil Ecl. 10, 53 findet, welcher Stelle die citirte Ovid's in jeder Beziehung ähnlich ist (Ov. Incisae servant a te mea nomina fagi, Et quantum trunci, tantum mea nomina crescunt. Verg. tenerisque meos incidere amores Arboribus; crescent

illaè, crescetis, amores), würde dieser Annahme gar nicht
entgegenstehen, da Vergil in den Idyllen bekanntlich ganz
auf griechischem Boden steht.

Abgesehen aber vom griechischen Ursprung ist dann
überhaupt das Meiste, was Properz und Ovid nur unter
sich und nicht auch mit Tibull gemein haben, mehr gesucht
und städtisch. Hier finden wir den Dichter mit seinem
Mädchen beim Triumphe Prop. 4, 3, 15. Ov. A. A. 1, 219,
die Haare der Geliebten, die von Tibull immer nur im Vorbeigehen berührt werden und besonders die Unsitte, sie zu
verkünsteln, werden hier Motiv für grössere Partieen Prop.
1, 2. 3, 11. Ov. Am. 1, 14. Diesen Dichtern genügt es
dann nicht mehr, die in der römischen Poesie [1]) bekanntlich
so beliebten Farbengegensätze durch zwei zusammengerückte
Adjectiva auszudrücken, sondern sie führen sie durch mehrere Bilder noch weiter aus [2]); z. B.:
Prop. 2, 3, 10:

> Lilia non domina sint magis alba mea;
> Ut Maeotica nix minio si certet Hibero,
> Utque rosae puro lacte natant folia

Ov. Am. 2, 5, 35:

> Quale coloratum Tithoni coniuge caelum
> Subrubet, aut sponso visa puella novo:
> Quale rosae fulgent inter sua lilia mixtae,
> Aut ubi cantatis Luna laborat equis,

---

1) Für Ovid vgl. meine Sammlung im Programme: De Halieuticon
fragmento.

2) Damit soll aber auch wieder nicht gesagt sein, dass die Erscheinung ausschliessliches Eigenthum des Propertius und Ovidius
sei; sie begegnet vielmehr in verschiedenen Literaturen und es wäre
nicht unlohnend, sie überall zu verfolgen. So ist z. B. das Gleichniss
vom gefärbten Elfenbein schon homerisch: Il. 4, 141, Homer wird dann
von Vergil nachgeahmt Aen. 12, 67: Indum sanguineo veluti violaverit
ostro Si quis ebur, aut mixta rubent ubi lilia multa Alba rosa: talis
virgo dabat ore colores: das nämliche Bild kehrt hernach bei Ovid Met. 4,
332. Am. 2, 5, 40 wieder und verpflanzt sich endlich auf die höfischen
Dichter des deutschen Mittelalters. Vgl. I. V. Zingerle, Farbenver-
gleiche im Mittelalter. Germania 9, 398.

> Aut quod, ne longis flavescere possit ab annis,
>   Maeonis Assyrium femina tinxit ebur

Ov. Met. 4, 331:

> Hic color aprica pendentibus arbore pomis,
> Aut ebori tincto est, aut sub candore rubenti,
> Cum frustra resonant aera auxiliaria, lunae

Ov. Met. 3, 483:

> Non aliter quam poma solent, quae candida **parte**
> Parte rubent, aut ut variis solet uva racemis
> Ducere purpureum, nondum matura, colorem

In den ächten Gedichten Tibull's finden wir nichts Aehnliches; interessant ist aber die Stelle im dritten Buche: 4, 29:

> Candor erat, qualem praefert Latonia Luna,
>   Et color in niveo corpore purpureus,
> Ut iuveni primum virgo deducta marito
>   Inficitur teneras ore rubente genas,
> Et cum contexunt amarantis alba puellae
>   Lilia et autumno candida mala rubent

In diese Kategorie der malenden Poesie gehört dann auch die Erscheinung der Lichtbeschreibungen, in denen schon der Mondschein seine Rolle spielt:

Prop. 1, 3, 31:

> Donec diversas percurrens luna fenestras

Ov. ex P. 3, 3, 5:

> Nox erat et bifores intrabat luna fenestras

Besonders bemerkenswerth ist für diese Lichteffecte auch die längere Stelle Ov. Am. 1, 5, 3 ff.

Manche andere Eigenthümlichkeiten, durch welche sich unsere zwei Dichter gemeinsam von Tibull unterscheiden, fussen auf einem anderen Grunde, auf dem nämlich, dass sie schon ganz offen und unverholen auf dem schlüpfrigen Boden ihres verdorbenen Zeitalters sich bewegen. Während z. B. Tibull noch immer mit einer gewissen Pietät von den Göttern spricht, geht Properz mit ihnen eben nicht respectvoll um und noch weniger Ovid. Die Sache ist so bekannt und der Beispiele sind so viele, dass ich hier auf Einzelheiten nicht einzugehen brauche[1]). Wie sehr dann bei den beiden Dichtern in der Auffassung der Liebe jeder Nimbus von Idealität so ganz verschwindet, das beweisen uns recht auffallend Stücke wie Prop. 3, 15 und Ov. Am. 2, 10, in denen der Gedanke: „Eine genügt nicht" mit manchen ähnlichen Zügen und besonders in einem Punkte mit ziemlich nackter Offenheit durchgeführt ist. Hieher gehören auch die Triumphgedichte nach dem Liebesgenusse, wie z. B. Prop. 3, 6; Ov. Am. 2, 12.

Endlich muss ich noch mit wenigen Worten auf jene allgemeinen Aehnlichkeiten im Baue ganzer Elegieen aufmerksam machen, von denen wir schon beim Verhältniss Ovid's zu Catull gesprochen und die wir bei Tibull zu den Seltenheiten rechnen mussten. Bei Properz und Ovid entstehen sie bei Behandlung des nämlichen Stoffes natürlich wieder viel leichter, da diese Dichter, in so vielen Punkten sie sich sonst auch Tibull näherten, doch die Unnachahmbarkeit jenes eigenthümlichen Abgleitens und Hinundhereilens von einem verwandten Gedanken zum andern recht wohl eingesehen haben mögen und darum in der Regel nach einem logischen Schema arbeiten. Hieher gehörige Stellen gibt es viele und wir haben manche davon schon bei Gelegenheit und zu anderen Zwecken citirt, besonders dort, wo die Erscheinung begegnete, dass eine kleinere Wendung Tibull's bei Ovid und auch in Properz als vollständige Elegie wiederkehrt. Hier zur Erläuterung des Ganzen im Zusammenhange nur noch ein paar Beispiele, die zugleich in anderer Hinsicht für die Wahl des Stoffes und für Versanklänge nicht unwichtig erscheinen und das ganze Bild vervollständigen könnten.

Ein Motiv, das nach Vergil Ecl. 10 zu schliessen, wohl

---

1) Vgl. Gruppe S. 371.

auch schon von Gallus benutzt wurde und welches also in der
römischen Elegie ebenfalls eine gewisse Tradition hatte [1]),
scheint jenes gewesen zu sein, dass die Geliebte, um einem
neuen Liebhaber zu folgen oder auch aus anderen Gründen,
ihren bisherigen Verehrer verlässt und eine Reise unternimmt;
auch Properz und Ovid führen es durch und zwar in vielfach entsprechender Gedankenfolge: Prop. 1, 8. Ov. Am. 2,
11. Der Gang ist im Ganzen hier wie dort dieser: Mein
Mädchen will verreisen und zwar zur See; fruchten alle
meine Vorstellungen und Wünsche nichts, nun so möge sie
denn doch eine glückliche Fahrt haben:

Prop. 1, 8, 18:

    Sit Galatea tuae non aliena viae

Ov. Am. 2, 11, 34:

    Aequa tamen puppi sit Galatea tuae

Der Ausgang ist freilich etwas verschieden, aber doch
nicht ganz unähnlich: bei Properz die sofortige Erhörung
der Bitten, bei Ovid der Wunsch und die Aussicht auf das
Wiedersehen. Als einigermassen anklingende Verse kann
man in diesen Gedichten vielleicht noch vergleichen:

Prop. 30:

    Destitit ire novas Cynthia nostra vias

Ov. 8:

    Fallacisque vias ire Corinna parat

Ovid beginnt bei diesem Anlasse mit einer Art Verwünschung der Schifffahrt; es ist dies gleichfalls eine beliebte Wendung, da ja die Seefahrt, abgesehen davon, dass
sie die unliebsame Trennung veranlasst, überdies auch noch
zu den oben besprochenen gefahrvollen Mitteln zum Erwerb
des Reichthums gehört. Vgl. Tib. 2, 3, 39 Prop. 1, 17, 13.
4, 6, 29. Hor. Od. 1, 3, 9 ff. Was dann ausserdem der
bei unglücklicher Fahrt vom Sturme Bedrohte ganz besonders fürchten muss, ist wieder der schreckliche Gedanke,

---

1) Vgl. Gruppe S. 353.

ohne die gebräuchliche Bestattung sterben zu müssen. Vgl.
Prop. 1, 17, 19. 4, 6, 9. Ov. Trist. 1, 2, 55, in welchen
Stellen sich manches Verwandte darbietet, wie z. B.:

Prop. 4, 6, 8:

Et nova longinquis piscibus esca natat

Ov. Trist. 1, 2, 56:

Et non aequoreis piscibus esse cibum

Eine andere Intention, die wir bei Properz und Ovid
manchmal in ziemlich ähnlicher Weise entwickelt finden, ist
der Gedanke, dass der Dichter durch die Liebe für jede
höhere Dichtungsart unempfänglich gemacht werde. Der
erste Keim zu dieser Wendung begegnet wohl schon in den
Versen Tibull's 2, 4, 16 ff., ich zog es aber vor, sie hier
zu besprechen, da die Ausführung für Properz und Ovid
charakteristisch ist. Vorerst müssen wir an dieser Stelle
die briefartigen Elegieen Prop. 1, 7 und Ov. Am. 2, 18
notiren, wo besonders die Anfänge bemerkenswerth sind:

Prop.:

Dum tibi Cadmeae dicuntur, Pontice, Thebae
    Armaque fraternae tristia militiae,

5:

Nos, ut consuemus, nostros agitamus amores

Ov.:

Carmen ad iratum dum tu perducis Achillen,
    Primaque iuratis induis arma viris,
Nos, Macer, ignava Veneris cessamus in umbra

Auch der Schluss, dass der erhabene Ependichter am
Ende doch auch noch auf das nämliche Thema kommen
werde oder könnte, ist nicht ganz verschieden.

In Prop. 4, 2 und Ov. Am. 1, 1 treffen wir eine
Nüancirung des oben besprochenen Gedankens: „Ich wollte
Ernsteres besingen, da mahnte mich aber eine Gottheit,
auf meinem Felde zu bleiben." Zur Bezeichnung des Epos
im Allgemeinen ist bei ähnlichen Gelegenheiten die Erwäh-

nung der Titanomachie und der Bergesaufthürmung gebräuch-
lich: Prop. 2, 1, 19. 4, 8, 47. Ov. Am. 2, 1, 11 ff. u. ö.

Zu bemerken ist hier übrigens noch, dass die öftere
und ausführliche Behandlung dieses Stoffes von Seite des
Propertius und Ovidius wohl nicht immer ein Ausfluss der
freien Wahl des Dichters ist, sondern, dass wir hier manchmal Entschuldigungsgedichte vor uns haben, mit denen sich
unsere Poeten, ganz ähnlich wie Horaz, der Zumuthungen
des Augustus und Mäcenas, die Gegenwart zu besingen, zu
erwehren hatten.

Hieran knüpfe ich wohl noch am Besten die verwandten Elegieenanfänge in Ov. Am. 1, 15 und Prop. 1, 12,
obwohl sie, streng genommen, nicht ganz in diese Gedankenreihe gehören:

Prop.:

Quid mihi desidiae non cessas fingere crimen

Ov.:

Quid mihi, Livor edax, ignavos obicis annos

Endlich müssen wir in diesem Abschnitte auch den
Versuch der Heroide in Prop. 5, 3 erwähnen, der natürlich
in der ganzen Anlage und auch in manchen einzelnen Wendungen und Ausdrücken vielfach den Heroiden Ovid's ähnelt.
Ich will aber damit hier etwa nicht behaupten, dass Properz zu dieser Dichtungsart den Anlass gegeben und dass
Ovid der Nachahmer sei [1]), sondern eben nur ein weiteres
Beispiel geben für die besprochene Aehnlichkeit mancher
Gedichte im Ganzen und Grossen, die durch die Wahl eines
verwandten Stoffes bei unseren Dichtern sich bildet. Hier
bei diesen versificirten Deklamationen, die nur ein Ausfluss
der rhetorischen Uebungen sind, ist die Erscheinung ohne
Zweifel noch viel leichter erklärlich und so dürfte man denn
wohl fast für jeden Gedanken in der Heroide des Properz
entsprechende Stellen in den ovidianischen finden. Ich be-

---

1). Vgl. Bähr Röm. Lit. S. 288. Bernhardy S. 493, Anm. 414.

schränke mich, um mich hier nicht gar zu lange aufzuhalten, nur auf einiges Wenige. Schon der Eingang:

Haec Arethusa suo mittit mandata Lycotae

mahnt an Anfänge bei Ovid:

Her. 1, 1:

Hanc tua Penelope lento tibi mittit, Ulixe

Her. 15, 1:

Hanc tibi Priamides mitto, Ledaea, salutem

Dies sind eben stehende Formeln für diese Briefanfänge; Ovid hat den letzten Vers sogar noch einmal, nur leicht variirt, in Her. 18, 1:

Quam mihi misisti verbis, Leandre, salutem

Für den Vers:

Prop. 5, 3, 4:

Haec erit e lacrimis facta litura meis

vergleiche man Ov. Her. 3, 3:

Quascumque aspicies, lacrimae fecere lituras

Es folgt dann bei Properz die Mahnung an die Versprechungen, das Motiv der Eifersucht, die Schilderung der Einsamkeit ohne den Geliebten, die Sehnsucht ihn begleiten zu können, der Wunsch der glücklichen Rückkehr, lauter Wendungen, die bekanntlich auch oft in den diesbezüglichen Gedichten Ovid's und manchmal in ganz ähnlicher Folge begegnen. Den Vers 29 des Properz von den bitteren, schlaflosen Nächten haben wir schon oben gelegentlich mit Ov. Her. 12, 169 zusammengestellt. Als allgemeine Versähnlichkeit hier noch:

Prop. 5, 3, 10:

Ustus et Eoa discolor Indus aqua

Ov. A. A. 3, 130:

Quos legit in viridi decolor Indus aqua

Vgl. Tib. 4, 2, 20:

Proximus Eois colligit Indus aquis

Wir haben nun noch die römischen Elegieen des Propertius zu betrachten und müssen da auf alle drei Elegiker in gleicher Weise Rücksicht nehmen. Die Frage, ob diese properzischen Gedichte ihren Ursprung wirklich Entwürfen zu einem römischen Nationalepos verdanken und ob Vergil dazu den ersten Anstoss gegeben [1]), oder aber, ob sie durch Tibull's Elegie an Messalinus veranlasst worden [2]), ist für uns hier im Ganzen eine gleichgültige und dürfte wohl auch schwer zu entscheiden sein. Mir scheint die Wahrheit in der Mitte zu liegen und jedesfalls wird man den Einfluss Tibull's, wie wir sehen werden, kaum je ganz wegläugnen können Klar aber und wichtig ist es für unseren Zweck, dass diese Dichtungen des Properz nebst der erwähnten tibullischen Elegie 2, 5 für die Fasti des Ovid von hohem Interesse sind; wollte man es wirklich wagen, in so schwierigen und für uns unlösbaren Fragen sich mit Hypothesen abzugeben, so wäre man hier fast versucht, diesen Gedichten keinen geringen Einfluss auf die Entstehung jenes ovidischen Werkes einzuräumen. In dieser Beziehung wäre auch der Vers Prop. 5, 1, 69, mit dem Anfang der Fasti verglichen, nicht ganz bedeutungslos. Doch, um uns auf solideren Boden zu begeben, notiren wir wieder einfach die Thatsachen und die Stellen, die uns besonders auffielen, damit sich Jeder sein Urtheil selbst bilden könne.

Hier sind in erster Reihe jene Verse zu beachten, die sich auf die Urgeschichte Roms beziehen, um so mehr, weil dabei alle drei in den Kreis unserer Betrachtung gezogene Dichter Einschlägiges enthalten.

Man vergleiche:

Tib. 2, 5, 56:

.   .   hic magnae iam locus urbis erit

Ov. Fast. 2, 280:

Hic, ubi nunc Urbs est, tum locus urbis erat

---

1) Vgl. Pauly Realenc. 6. Bd. S. 101. Bernhardy Röm. Lit. S. 545.

2) So Gruppe S. 317: „Die römischen Elegieen des Propertius sind alles nur schwache Nachklänge jener tibullischen Elegie an Messalinus."

Prop. 5, 1, 1:

> Hoc, quodcunque vides, hospes, qua maxima Roma est,
> Ante Phrygem Aenean collis et herba fuit

Ov. Fast. 5, 93:

> Hic, ubi nunc Roma est, orbis caput, arbor et herbae
> Et paucae pecudes et casa rara fuit

Tib. 2, 5, 25:

> Sed tunc pascebant herbosa Palatia vaccae
> Et stabant humiles in Jovis arce casae

Ov. Fast. 1, 243:

> Hic, ubi nunc Roma est, incaedua silva virebat,
> Tantaque res paucis pascua bubus erat. [1])
> Arx mea collis erat

Prop. 5, 1, 6:

> Nec fuit opprobrio facta sine arte casa

Prop. 5, 1, 5:

> Fictilibus crevere deis haec aurea templa

Ov. Fast. 1, 202:

> Inque Jovis dextra fictile fulmen erat

Viele andere ähnliche Wendungen, wie z. B. die von der Einfachheit des Senates im alten Rom Prop. 5, 1, 11. Ov. Fast. 1, 204. 3, 780, übergehe ich, da für unseren Zweck nur das auch für die Form Bemerkenswerthe von Wichtigkeit ist. In dieser Beziehung sind aber wieder die Verse Prop. 5, 1, 15 und 16 sehr auffallend, die von Ovid, zwar nicht in den Fasti, aber in der Ars amandi sichtlich nachgeahmt wurden.

Prop. l. c.:

> Nec sinuosa cavo pendebant vela theatro,
> Pulpita sollemnis non oluere crocos

Ov. A. A. 1, 103:

> Tunc neque marmoreo pendebant vela theatro,
> Nec fuerant liquido pulpita rubra croco

---

1) Vgl. für den Gedanken auch Verg. Aen. 8, 347: Hinc ad Tarpeiam sedem et Capitolia ducit, Aurea nunc, olim silvestribus horrida dumis.

Wir gelangen nun zu der zweiten dieser römischen Elegieen des Properz, zu dem allerliebsten Gedichte von Vertumnus. Entsprechende Stücke in Ovid finden wir bekanntlich Fast. 6, 401 ff. Met, 14, 642 ff. [1]) Besonders zu beachten sind hier:

Prop. 5, 2, 10:

Vertumnus verso dicor ab amne deus

Ov. Fast. 6, 410:

Nomen ab averso ceperat amne deus

Prop. 5, 2, 21:

Opportuna mea est cunctis natura figuris

Ov. Fast. 6, 409:

Nondum conveniens diversis iste figuris

Prop. 5, 2, 25:

Da falcem et torto frontem mihi comprime faeno,
Jurabis nostra gramina secta manu

Ov. Met. 14, 645:

Tempora saepe gerens foeno religata recenti
Desectum poterat gramen versasse videri

Prop. l. c. 28:

Corbis in inposito pondere messor eram

Ov. l. c. 644:

Corbe tulit, verique fuit messoris imago

Prop. 33:

Cassibus inpositis venor: sed harundine sumpta

Ov. 651:

. . . piscator arundine sumpta

Prop. 47:

At mihi, quod formas unus vertebar in omnes

Ov. 685:

. . formasque apte fingetur in omnes

Weniger Anhaltspunkte für Ovid bietet die vierte Elegie dieses properzischen Buches. Als einigermassen ähnelnd kann man vielleicht die auf die Todesart der Tarpeia bezüglichen Verse anführen:

------

1) **Preller R. M. S.** 398 ff.

Prop. 5, 4, 91:

Dixit, et ingestis comitum super obruit armis

Ov, Met. 14, 777:

Dignam animam poena congestis exuit armis

Die ganze Situation aber und die Beschreibung der sich verliebenden Tarpeia bei Properz erinnert manchmal an die betreffende Partie von der Scylla bei Ovid. Met. 8, 17 ff. So z. B. Verse, wie Prop. 5, 4, 21 und Met. 8, 32 ff. Diese bei der Aehnlichkeit des Stoffes an und für sich wenig auffallende Erscheinung wird beachtungswürdiger dadurch, dass Tarpeia in der properzischen Elegie selbst eine Anspielung eben auf Scylla macht, welche Anspielung durch die Form und durch die Verwechselung der beiden Scylla[1]) dann auch wieder für andere Stellen Ovid's nicht uninteressant ist.

Prop. 5, 4, 39:

Quid mirum in patrios Scyllam saevisse capillos,

Candidaque in saevos inguina versa canes

Ov. Am. 3, 12, 21:

Per nos Scylla patri canos furata capillos,

Pube premit rabidos inguinibusque canes

Ov. A. A. 1, 331:

Filia purpureos Niso furata capillos

Pube premit rabidos inguinibusque canes

Prop. 5, 6, das Gedicht vom Palatinischen Apoll und die Besingung der Schlacht bei Actium ist für uns im Gau-

---

1) Die nämliche Verwirrung der Tochter des Phorcys mit der gleichnamigen Tochter des Nisus auch bei andern röm. Dichtern; z. B. Verg. Ecl. 6, 74: Quid loquar aut Scyllam Nisi, quam fama secuta est Candida succinctam latrantibus inguina monstris, wofür mit Rücksicht auf die Form auf Ov. ex P. 4, 10, 25 zu verweisen wäre: Scylla feris trunco quod latret ab inguine monstris; — für den Ausdruck stelle ich ferner zur gegenseitigen Vergleichung noch folgende Stellen hieher: Lucr. 5, 890: Aut, rabidis canibus succinctas, semimarinis Corporibus Scyllas; Ov. Met. 13, 732: Illa feris atram canibus succingitur alvum. — Bezüglich der Haarlocke des Nisus haben wir schon oben bei Tibull ein paar Verse citirt: ich verweise der Vollständigkeit wegen noch auf Verg. Georg. 1, 405: Et pro purpureo poenas dat Scylla capillo.

zen ohne Bedeutung, da der zweite Theil der Fasti des
Ovid fehlt; man könnte für eine Stelle (v. 27 ff.) auf Verg.
Aen. 8, 704 verweisen, was aber nicht hieher gehört. Ebenso
bemerke ich auch nur im Vorbeigehen die Verse:

Prop. 5, 6, 32:

Aut testudineae carmen inerme lyrae

Tib. 4, 2, 22:

Et testudinea Phoebe superbe lyra

Prop. 5, 6, 74:

Terque lavet nostras spica Cilissa comas

Ov. Fast. 1, 76:

Et sonet accensis spica Cilissa focis

Indem wir Prop. 5, 8 übergehen, da wir daraus nur
einzelne Verse später in Vergleich zu ziehen haben werden [1]),
kommen wir zur neunten Elegie. Die Sage über Hercules
und Cacus wurde bekanntermassen nicht nur von Properz,
sondern auch von Vergil und Ovid dichterisch behandelt und
so wollen wir denn alle drei Dichter zusammen in Kürze
besprechen. Wir müssen, abgesehen von allem Anderen,
schon desswegen auch Vergil an dieser Stelle in den Kreis
unserer Betrachtung aufnehmen, weil sowohl Properz als
Ovid hier sein Vorbild vor Augen gehabt zu haben scheinen.
So mahnt z. B. gleich der Anfang der properzischen Elegie
an Verg. Aen. 8, 203. Properz und Ovid unter sich ähneln
am meisten in den Versen:

Prop. 5, 9, 12:

Aversos cauda traxit in antra boves

Ov. Fast. 1, 550:

Traxerat aversos Cacus in antra feros

Aber auch da haben wir schon einen theilweisen Vorgang in

Verg Aen. 8, 210:

Cauda in speluncam tractos

---

1) Dass der Ausgang in v. 61: Illas direptisque comis tunicisque
solutis mit Tib. 1, 5, 15: Ipse ego velatus filo tunicisque solutis zu-
sammengehalten werden könnte, sei hier nebenbei erwähnt.

und bekannt sind gleichfalls die Worte in der Erzählung des Livius 1, 7, 5: Aversos boves caudis in speluncam traxit. [1])

Bei weitem am häufigsten jedoch, wie schon gesagt, lehnt sich auch Ovid an dieser Stelle an Vergil an. Ich gebe die bemerkenswerthesten Beispiele:

Ov. Fast. 1, 554:

> pater monstri Mulciber huius erat

Verg. Aen. 8, 198:

> Huic monstro Volcanus erat pater

Ov. Fast. 1, 555:

> Proque domo longis spelunca recessibus ingens

Verg. Aen. 8, 193:

> Hic spelunca fuit, vasto submota recessu

Ov. Fast. 1, 557:

> Ora super postes affixaque bracchia pendent,
> Squalidaque humanis ossibus albet humus

Verg. Aen. 8, 196:

> Caede tepebat humus, foribusque adfixa superbis
> Ora virum tristi pendebant pallida tabo

Ov. Fast. 1, 563:

> Ille aditum fracti praestruxerat obice montis

Verg. Aen. 8, 227:

> fultosque emuniit obice postis

Ov. Fast. 1, 567:

> Quod simul eversum est, fragor aethera terruit ipsum

Verg. Aen. 8, 239:

> inpulsu quo maxumus intonat aether

Ov. Fast. 1, 577:

> mixtosque vomit cum sanguine fumos

Verg. Aen. 8, 252:

> Faucibus ingentem fumum,   .   .
> Evomit

Ov. Fast. 1, 581:

> Constituitque sibi, quae Maxima dicitur, aram

---

1) Vgl. Schenkl, Ovidius und Livius. Oesterreich. Gymnas. 1860. 6. Heft. S. 401.

Verg. Aen. 8, 271:

> Hanc aram luco statuit, quae Maxuma semper
> Dicetur nobis, et erit quae maxuma semper

Prop. 5, 9, 67:

> Maxima quae gregibus devota est ara repertis,
> Ara per has, inquit, maxima facta manus

Nach allem diesem bleibt uns jetzt bloss mehr übrig, einige allgemeine Versähnlichkeiten oder gleichklingende Ausgänge, die wir bei Propertius und Ovidius treffen, zu notiren :

Ov. Am. 2, 11, 4 :

> Conspicuam fulvo vellere vexit ovem

Ov. Her. 17, 144:

> Aurea lanigero vellere vexit ovis

Prop. 3, 21, 6:

> Aurea quam molli tergore vexit ovis

Ov. Am. 2, 17, 1:

> Siquis erit, qui turpe putet servire puellae

Prop. 4, 14, 21:

> Si deus es, tibi turpe tuam servire puellam

Ov. A. A. 1, 67:

> Tu modo Pompeia lentus spatiare sub umbra

Prop. 5, 8, 75 :

> Tu neque Pompeia spatiabere cultus in umbra

Ov. Am. 3, 9, 28:

> Diffugiunt avidos carmina sola rogos

Prop. 5, 7, 2:

> Luridaque evictos effugit umbra rogos

Ov. Fast. 1, 344:

> Et non exiguo laurus adusta sono

Ov. Fast. 4, 742:

> Et crepet in mediis laurus adusta focis

Prop. 3, 25, 2:

> Et iacet extincto laurus adusta foco

Ov. Met. 1. 506:

Sic aquilam penna fugiunt trepidante columbae

Ov. Met. 5, 605:

Ut fugere accipitrem penna trepidante columbae

Ov. A. A. 1, 117:

Ut fugiunt aquilas, timidissima turba, columbae

Prop. 4, 2, 31:

Et Veneris dominae volucres, mea turba, columbae

Ov. Met. 3, 484:

.   .   aut ut variis solet uva racemis

Ov. Trist. 4, 6, 9:

Tempus, ut extentis tumeat, facit, uva racemis

Prop. 5, 2, 13:

Prima mihi variat liventibus uva racemis[1])

Ov. Fast. 6, 522:

Turpia femineae terga dedere fugae

Ov. Trist. 1, 9, 20:

. Cautaque communi terga dedere fugae

Ov. ex P. 3, 2, 8:

Qui cum fortuna terga dedere fugae

Prop. 5, 2, 54:

Atque hostes turpi terga dedisse fugae

Vgl. Ov. Trist. 3, 5, 6.

Ov. Trist. 1, 2, 77:

Nec peto, quas quondam petii studiosus, Athenas

Ov. Her. 2, 83:

.   .   Jam nunc doctas eat, inquit, Athenas

Prop. 4, 21, 1:

Magnum iter ad doctas proficisci cogor Athenas

Am Ende auch hier wieder einige Kleinigkeiten. Vor Allem muss ich den öftern Gebrauch gewisser Deminutiva bei Properz und Ovid erwähnen. In dieser Beziehung spielt besonders das Wort ocellus eine grosse Rolle, in dessen

---

1) Ein beliebter Versausgang. Vgl. ausserdem schon Verg. Georg. 2, 60: Et turpis avibus praedam fert uva racemos.

Gebrauche schon die Comiker und Catull vorangegangen [1]).
In den entschieden ächten Gedichten Tibull's aber findet es
sich, so viel ich mich erinnere, niemals, wohl aber im dritten
Buche 6, 47. Von den fast unzähligen Stellen aus Properz
und Ovid nur einige als Belege:

Prop. 1, 1, 1. 1, 3, 19. 3, 5, 1. 3, 7, 7. 3, 15, 7.
3, 20, 47. 3, 21, 13. 3, 22, 21. Ov. Am. 3, 5, 1. 3, 2, 83.
A. A. 2, 691. Her. 5, 45. 11, 35. Fast. 3; 19. Fast immer
dient es natürlich als bequemer Versausgang.

Ferner mögen zum Schlusse hier noch ein paar Wort-
zusammenstellungen Platz finden, die bei unsern Dichtern
manchmal in ähnlicher Weise angewendet werden. So die
Betheuerungsformel: crede mihi. z. B.: Prop. 3, 22, 33. 4, 8, 31.
Ov. ex P. 2, 7, 23. 2, 9, 11. Her. 16, 137. A. A. 3, 653.
Met. 1, 361. Fast. 1, 496. Bei Ovid auch öfter mihi crede,
z. B. Met. 14, 31. 14, 244. 15, 254. [2]) Die Verwünschungs-
formel: Hostibus eveniat: Prop. 4, 7, 20. Ov. Am. 3, 11, 16.
A. A. 3, 247. Her. 15, 217. Fast. 3, 494. ex P. 4, 6, 35.
Gewöhnlich bildet die Phrase den Versanfang; eine andere
Stellung begegnete mir nur in den genannten, formell eng
zusammengehörigen Versen Ovid's:
Am. 3, 11, 16:

Eveniat nostris hostibus ille pudor
Fast. 3, 494:

Eveniat nostris hostibus ille color [3])

Ueber die Wendung verwandter Art: Ah pereat, die
besonders oft bei Properz vorkommt (1, 6, 12. 1, 17, 13.
3, 17, 12. 3, 18, 15. 3, 31, 27. u ö.), gehe ich hinweg,

---

1) Für jene ist die Sache bekannt genug, aus Catull verweise ich
beispielshalber auf die Stellen 3, 18. 43, 2. 50, 19.

2) Ueber die beiden Formen vgl. übrigens Bach zu Ov. Met. 1, 361.
Schultz lat. Gr. § 444, 7.

3) Mir schien diese Erscheinung desswegen um so mehr einer
kurzen Besprechung würdig, da sie für die Phraseologie Ovid's doch
nicht ganz uninteressant, aber im Allgemeinen wenig beachtet ist; Klotz
citirt in seinem Wörterbuche s. v. hostis nur die Stelle Fast. 3, 494.

da sie auch schon aus Tibull bekannt ist. (Vgl. 1, 1, 51.
2, 4, 27. 4, 3, 6.)

Eine andere hiehergehörende Formel ist: pondus habere, in dem Sinne: „Gewicht, Bedeutsamkeit haben“. Vgl.
z B. Prop. 4, 6, 44. 5, 7, 88. Ov. Fast. 1, 182. Met. 9,
496. cf. Ib. 70. Her. 7, 65. [1])

Zuletzt müssen wir noch den Gebrauch von esse aliquid, so viel als: „Etwas, d. h. nichts Geringes, Unbe-
deutendes sein“ berühren, der für unsere Dichter schon aus
Catull (1, 4) und Properz (5, 7, 1) belegt werden kann,
aber dann vorzugsweise bei Ovid sehr beliebt wurde: Her.
4, 29. 11, 11. 3, 131. Am. 1, 12, 3. Fast. 6, 27. 1, 484.
Met. 13, 241. 6, 543. 12, 93. Ex P. 2, 7, 65. 2, 8, 9.
2, 10, 39. 3, 4, 18. [2])

Wenden wir nun nach dieser Wanderung unseren Blick
noch einmal zurück auf alles das, was wir während derselben beobachtet, so wird das Resultat folgendes sein: Mag
man auch vielleicht nicht Alles von dem Besprochenen als
bedeutend und beweiskräftig gelten lassen, so bleibt doch
ohne Zweifel noch immer so viel übrig, um mit Gewissheit
behaupten zu können, dass Ovidius von auffallenden Selbstwiederholungen durchaus nicht frei ist und dass er auch
vielfach von Catull, Tibull und Properz abhängt. Für die
erstere Erscheinung liegen die Gründe bei einem so entschieden productiven, leicht arbeitenden Dichter in nächster
Nähe und wir haben dieselben schon gleich im Anfange
ausführlicher auseinandergesetzt. Beim zweiten Punkte müssen wir vor Allem immer auf die Entwicklungsgeschichte
der römischen Poesie im Allgemeinen und der augusteischen
insbesondere Rücksicht nehmen, wenn wir das hier Be-
gegnende ohne Vorurtheile und, ohne einem der Dichter
Unrecht zu thun, beurtheilen und erklären wollen. Was

---

1) Eine von der rhetorischen Prosa in die poetische Sprache übertragene Phrase. Aehnliches gilt auch von der folgenden.

2) Vgl. zu dieser Emphase Ruhnk. z. Her. 3, 131.

vorerst Catull anbelangt, so scheint sich nach meiner Meinung aus den angeführten Thatsachen zu ergeben, dass der Einfluss dieses Dichters auf Ovid nicht zu unterschätzen sei, dass sich derselbe aber im Ganzen weniger auf die Phraseologie, als vielmehr auf gewisse poetische Intentionen, Wendungen, Figuren und Mittel der Technik, wohl meist griechischen Ursprungs, erstrecke; bedenkt man nun, dass Catull gewissermassen der Schöpfer der Elegie [1]), ein kräftiger Vorarbeiter der augusteischen Kunstschule und zum grossen Theile der Vermittler zwischen der griechischen und römischen Poesie war, von denen die erstere der letzteren eben die saubere Technik lehrte [2]), dass aber andererseits die Sprache Catull's noch durchaus nicht reich ist, sondern in mässigem Kreise, mit vielen Wiederholungen sich bewegt, so wird alles das, was wir gefunden, nicht unschwer erklärlich sein. Nehmen wir noch dazu, dass hier auffallende Wiederholungen in dem Massstabe, dass sie wirklich Anstoss erregen könnten, wenige Ausnahmen abgerechnet, nicht vorkommen, so werden wir nur den Geschmack Ovid's anerkennen müssen, der so gut von seinem genialen Vorgänger zu lernen wusste. Etwas anderes ist es um den Standpunkt, den Ovid gegenüber Tibull und Properz einnimmt, aber hier sind auch wieder ganz andere Verhältnisse. Schon im Allgemeinen war die augusteische Kunstschule, mochten auch die einzelnen Glieder zu verschiedenen Kreisen gehören, durch einen so engen Verband, durch einen so innigen Zusammenhang verknüpft, dass die meisten Dichter einander in vieler Beziehung ähnlich werden und als Glieder e i n e r Familie erscheinen [3]). Noch mehr ist dies insbesondere bei den Elegikern der Fall und von diesen haben wir hier vorzugsweise zu sprechen, da ich das Uebrige noch am Schlusse des zweiten Heftes, nach Besprechung

---

1) Vgl. Bähr R. L. S. 272.
2) Bernhardy S. 253.
3) Bernhardy S. 252.

aller hieher gehörigen Dichter, zu erörtern hoffe. Ich betrachte es als ein Hauptresultat dieser meiner Studien, jenes, was schon Gruppe angedeutet [1]), näher bewiesen zu haben, dass nämlich die römische Elegie in der erotischen Spielart sich eigentlich doch in sehr engen Grenzen bewegte und am Ende zu einer gewissen Einförmigkeit, zur öfteren Wiederholung gewisser Gemeinplätze gelangen musste [2]). Haben wir ja doch auch gar manche Stellen gefunden, in denen auch Propertius ganz auffallend auf dem Boden seines Vorgängers Tibullus steht, obwohl er eigentlich zu einer verschiedenen Richtung gehört und der Name Tibull nie seinem Griffel entgleiten wollte. Wir haben nämlich in der Zeit vor Ovid auf dem beschränkten Spielraume der römischen Elegie nur zwei Richtungen, die sich aber mehr auf die Form als auf den Inhalt beziehen; die eine sucht das, was man schon einmal in dieser erotischen Dichtungsart zu behandeln pflegte, in mehr freier, römischer Weise und ächt nationeller Entwicklung und daher mit grösserer Einfachheit und Natürlichkeit durchzuführen und dies wäre der einzige richtige Weg zur Fortbildung gewesen, wenn man sich von den einmal gesetzten Schranken hätte befreien können; hierin hatte jedoch für den festgesetzten Wirkungskreis schon Tibull das Höchste geschaffen und eben darum wird dieser Dichter mit Recht immer als der grösste römische Elegiker gepriesen werden, weil er mit richtigem Takte auf dem allein wahren Felde Vorzügliches geleistet [3]). Unter solchen Umständen kam aber dann durch den jungen, nach Originalität strebenden Propertius die andere, gräcisirende Richtung, von der die Elegie mit Catull ursprünglich ausgegangen [4]), von Neuem in Aufschwung und wurde auf eine unläugbar geistreiche, ganz eigenthümliche

---

1) S. 353.
2) Bähr in Pauly's Realenc. 3, 77.
3) Vgl. Pauly Realenc. l. c. Bernhardy R. L. S. 536. Bähr S. 273.
4) Bernhardy S. 512. Bähr S. 272.

Art ausgebildet [1]). Auf diese Beiden folgte Ovid, vielleicht mit grösserer dichterischer Begabung als Beide. Hier wie dort war schon die Höhe erstiegen und andrerseits hatte die Elegie immer noch ein gewisses traditionelles Gebiet. Das Reich, das sich diese Dichtungsart in dem geistvoll leichtfertigen Verhältnisse zu den Libertinen und in dessen verschiedenen Nüancirungen gebildet, war eben desshalb so felsenfest begründet, weil es zum grossen Theile Hauptstütze einer gewissen Selbstständigkeit und nationalen Lebensfrische gegenüber der alexandrinischen Elegie geworden war. Wie sehr sich nun Ovid auch bestrebte, den Motiven, die einmal im Schwunge waren, immer neue Gesichtspunkte abzugewinnen [2]), ihnen durch die herrlichen Schilderungen des inneren Menschenlebens, welche ihm eine eigenthümliche Stellung unter allen Erotikern des Alterthums sichern, ein frisches Gepräge aufzudrücken, sie in besonderen, ungewohnten Abarten (Heroiden, Ars amandi) zu behandeln, es musste ihm unter seinen Verhältnissen im Grunde doch unmöglich werden, sich einen ganz eigenen Boden zu schaffen und sich von allem dem, was der römischen Elegie seit ihrer Entstehung zu Grunde lag, zu weit zu entfernen. Wenn nun aber demnach hier der Stoff im Ganzen und Grossen doch sehr oft wieder auf schon Behandeltes zurückführte und dort die zwei allein möglichen, verschiedenen Richtungen schon den Gipfelpunkt erreicht hatten, was blieb da unserem sulmonischen Dichter übrig, als bezüglich der Form in mancher Hinsicht gewissermassen poetischer Eklektiker zu werden? Hiemit ist vieles erklärt, aber noch nicht Alles; denn auf der einen Seite steht doch wieder die Thatsache fest, dass auch in den anderen Werken

---

1) Bernhardy S. 541.

2) Vgl. Gruppe S. 371. Der an dieser Stelle beigefügte Tadel ist natürlich vom moralischen Standpunkte aus vollkommen gerecht; aber die Erweiterung jenes römisch-erotischen Feldes war eben grossentheils nur mehr in dieser Weise möglich, dass der Dichter in vieler Beziehung die Moral preis gab.

Ovid's, die sich nicht auf dem Gebiete der erotischen Elegie
bewegen, öfter Reminiscenzen und, Anklänge solcher Art
sich finden, dass sie uns wirklich auffallen müssen. Vorzüglich zeigt sich in der Phraseologie sehr häufig seine
Abhängigkeit und hier scheint von den besprochenen Dichtern ganz besonders Tibull auf ihn eingewirkt zu haben.
Dies wegläugnen oder in jeder Hinsicht entschuldigen wollen,
wäre Thorheit. Und da müssen wir wieder zum Theil auf
jene Gründe zurückgreifen, die wir für die Selbstwiederholungen angeführt, ganz besonders auf den hohen Grad
der Leichtigkeit der ovidischen Poesie, die man ganz treffend als „Gemisch von Studium und momentaner Laune"
bezeichnet hat [1]). Ovidius wusste sich eben auch hier nicht
immer ganz zu beherrschen und das treue Gedächtniss und
die Belesenheit mögen ihm wohl manchmal unbewusst Verse
und Situationen an die Hand gegeben haben, die gar zu
sehr an seine Vorgänger erinnern; oder war es bisweilen
auch ein gewisses Selbstgefühl, das im Bewusstsein seines
eigenen Werthes sich auch gar nicht scheute, zu bekennen,
was es von Anderen gelernt? Hier und da möchte man fast
auch auf diesen Gedanken kommen. Denn trotz aller dieser
Erscheinungen dürfen wir doch Ovid's Verdienste um die
römische Poesie nicht herabdrücken. Es ist wahr, er hat
viel von seinen Vorgängern gelernt und viel geborgt; wie
viel er aber auch entlehnte, er wusste doch in den meisten
Fällen mit feinem Takte das auszuwählen, was dem Charakter seiner Poesie entspricht, und hatte so viel Kraft, das
von Aussen her Erworbene fortzuentwickeln, geschmackvoll
mit dem Seinigen zu vermischen und es so gewissermassen
zu seinem Eigenthume zu machen. Ich verweise hier beispielshalber nur auf manche Punkte seiner Versification und
auf die besprochenen Bilder und Verstärkungen, die er,
wie man grossentheils schon aus den Versanklängen sieht,

---

1) **Bernhardy** S. 486.

ursprünglich von Anderen ererbte, die aber alle unter seiner
Hand nach und nach frisches Leben und neue Gesichtspunkte gewinnen, manchmal freilich in solchem Grade, dass
sie bis in's Fehlerhafte seiner Manier fortgeführt werden.
Nimmt man zu diesem Takte in der Nachbildung, der immer
schon von dichterischer Begabung zeugt, noch das hinzu,
worin er wirklich originell ist, die geschmackvolle Erzählung [1]) und seine oft grossartigen Betrachtungen und Schilderungen des Psychologischen im Individuum [2]), denken wir
an seine Productivität, würdigen wir richtig die Zeitverhältnisse, so werden wir trotz der vielen Reminiscenzen doch
nicht umhin können, Ovidius als einen der begabtesten
Dichter des alten Rom anzuerkennen; hat er — und dies
ist eine andere Frage — nicht so viel geleistet, als er mit
seinen reichen Anlagen hätte leisten können, so fällt die
Schuld auf die äusseren Umstände und noch mehr auf die
Fehler, die gerade solchen Dichternaturen nur zu gerne
ankleben, auf das zu grosse Selbstvertrauen und auf ein
gewisses Sichgehenlassen. Nach dem Gesagten halte ich

---

1) Vgl. Bernhardy S. 487.

2) Das Hiehergehörige ist trefflich und mit einer gewissen Wärme
entwickelt in dem Büchlein von Dr. A. Reichart: Die sittliche Lebens-
anschauung des P. Ovidius Naso. Potsdam 1867. — Ich erlaube mir
bei dieser Gelegenheit noch ganz besonders auf eine Stelle dieser Schrift
aufmerksam zu machen, die theilweise in das Gebiet unserer Abhandlung herüberstreift. Der Verf. kommt nämlich S. 19 auf die Wiederholungen der nämlichen Situationen in verschiedenen Werken Ovid's
zu sprechen und erklärt sie in geistreicher Weise „aus der moralisiren-
den Richtung des Dichters von Sulmo". Wir haben von diesen wiederholten Situationen an sich oben bei den Selbstwiederholungen Ovid's
eben aus dem Grunde nicht gesprochen, weil sie sich in verschiedener
Weise erklären lassen und diese Auffassung Reichart's ist gewiss eine
der schönsten und des Dichters würdig. Für unseren Zweck waren in
einigen jener Stellen nur die sprachlichen Wiederholungen und die fast
wörtlich wiederkehrenden Verse von Interesse, die sich auf keine Weise
ganz rechtfertigen lassen. Demungeachtet sind wir auch in diesem
Punkte weit entfernt, den Dichter der „Selbstplünderung" zu zeihen,
wie man wohl am Besten aus dem oben Gesagten ersehen wird.

es fast für überflüssig, noch beizufügen, dass das Lob einer
eigentlich s c h ö p f e r i s c h e n Originalität, das Ovid hie
und da gezollt wurde, seine wahre aber auch seine falsche
Seite hat; es ist eben immer nur auf gewisse Punkte zu
beschränken, am allerwenigsten aber gewiss auf seine Phraseologie Dafür noch mehr Belege im zweiten Hefte.

N a c h t r ä g l i c h e B e m e r k u n g. Einige Versehen
im Drucke, die sich hoffentlich nie auf Wichtiges, wie z. B.
Citate u. dgl., beziehen werden, bittet man durch die Entfernung des Verfassers vom Druckorte zu entschuldigen.
Doch dürften sich diese kleinen Fehler im Allgemeinen
wohl darauf beschränken, dass die Zeile des Pentameter
öfters direct unter der des Hexameter beginnt, wie z. B.
gleich auf Seite 7, bei dem aus Ov. Trist. 4, 10, 25 citirten
Distichon. Dass übrigens die Interpunctionen am S c h l u s s e
der angegebenen Verse, als für unseren Zweck ganz gleichgültig und die Correctur und Gleichförmigkeit erschwerend,
geflissentlich weggelassen wurden, sei, um Missverständnissen vorzubeugen, hier noch nachträglich erwähnt.

☛ **Ein Verzeichniss aller besprochenen Stellen soll am Schlusse des zweiten Heftes folgen.**

OVIDIUS

UND SEIN

VERHÄLTNISS ZU DEN VORGÄNGERN

UND GLEICHZEITIGEN

RÖMISCHEN DICHTERN.

VON

Dr. ANTON ZINGERLE.

ZWEITES HEFT:
OVID, ENNIUS, LUCREZ, VERGIL.

INNSBRUCK.

VERLAG DER WAGNER'SCHEN UNIVERSITÄTS-BUCHHANDLUNG.

1871.

Druck der Wagner'schen Buchdruckerei in Innsbruck.

Meinem hochverehrten Onkel und Lehrer

Dr. PIUS ZINGERLE

ZUM 17. MÄRZ 1871.

Vorwort.

Nachdem das erste Heft dieser Studien im Ganzen überall wolwollend und nachsichtig aufgenommen und in einigen Anzeigen sogar direkt in freundlichster Weise der Wunsch nach dem baldigen Erscheinen des zweiten, das ich eben von der Aufnahme jener Probe abhängig gemacht, geäussert wurde, halte ich hiemit mein Wort und lasse das Versprochene folgen. Ich gebe dabei noch etwas mehr, als ich ursprünglich in Aussicht gestellt, da ich aus naheliegenden Gründen in diesem Theile auch die Annales des Ennius in den Kreis der Betrachtung zog. Dass ich mich dann auch dadurch erkenntlich zu erweisen und meine Arbeit zu vervollkommnen suchte, dass ich die Bemerkungen jener Gelehrten, die das erste Büchlein einer Besprechung würdigten, sorgfältig benutzte, darf ich wol nicht erst ausdrücklich versichern. Ich bin für diese Belehrungen Allen zu grossem Danke verpflichtet, den ich hiemit öffentlich erstatte [1]). Nur in einem einzigen Punkte, der jedesfalls bedeutend wäre, wurde es mir unmöglich, mich zu bessern und zwar aus dem sehr einfachen Grunde, weil ich das

----

1) Mir sind die Besprechungen im literar. Centralblatt, in Revue critique, in der bairischen Gymnasialzeitschrift, im philologischen Anzeiger, im Tirolerboten und die Erwähnungen in W. S. Teuffels Literaturgeschichte und in der allgemeinen Zeitung bekannt geworden.

gerügte Gebrechen beim besten Willen schon im ersten Hefte nicht zu entdecken vermochte. Wenn ich von dieser Sache, so ungerne es geschieht, hier dennoch sprechen muss, so thue ich dies gewiss nicht aus Kleinlichkeit, sondern nur aus dem dringenden Grunde, um weiteren Missverständnissen vorzubeugen und mein Vorgehen bei der mühevollen Arbeit ein für allemal darzulegen. Es wurde nämlich in einer Recension, die von bekannter, ungemein achtbarer Seite stammt, an die Ermunterung zur Nachlieferung des zweiten Theiles für den Verfasser die Bedingung geknüpft, „dass er sich nicht bloss mit Zumpt, Seiffert und ähnlichen Schulbüchern behilft, sondern auch die Holländer und überhaupt die gelehrten Behandler dieser Dichter zu Rathe zieht" Diese Worte können denn doch wol keinen andern Sinn haben, als den, dass in der Arbeit Schulbücher zu häufig, gelehrte Commentare aber zu wenig citirt sind, und dass daraus, wie auch aus dem Folgenden zu ersehen ist, der Schluss gezogen wird, der Verfasser habe sich um die gelehrten Werke nicht genug bekümmert und darum manches Unnothwendige, schon früher Feststehende aufgenommen. Nun aber ist thatsächlich im ganzen ersten Hefte Zumpt und Seiffert gar nie, von andern Schulbüchern nur einmal Schultz lat. Gr. neben Bach zu Ov. Met. 1, 361 und zwar auf Seite 129 angeführt; denn die Arbeiten von Gruppe, Teuffel, Lucian Müller, Reichart u. a., und selbst die Vergilausgabe Ladewig's, die wegen einer treffenden Bemerkung einmal citirt wurde, werden doch nicht zu den ganz einfachen Schulbüchern gezählt werden können? Es hätte dann bei näherer Prüfung aber überhaupt auffallen müssen, dass Citate geflissentlich so viel als möglich vermieden, und dass sie meist nur zur näheren Begründung oder Beleuchtung von mehr allgemeinen Erscheinungen gegeben wurden; denn dass doch wenigstens die in der Vorrede ausdrücklich dankbar erwähnten Schriften von Haupt, Dissen und Gierig öfter hätten herbeigezogen werden können, wenn dies im Zwecke des Büchleins gelegen, und dass es dennoch nicht geschehen, das konnte doch nicht entgehen, und darum ist der Schluss auf Nichtbeachtung der Literatur und dadurch entstandene Breite um so auffallender. Und gerade das ist der Punkt, wesshalb ich an dieser Stelle erwiedern zu müssen glaubte, da die Sache eng mit dem ganzen Plane und der Anlage dieses Werkleins zusammenhängt.

Der Verfasser weiss nämlich gar wol, und läugnet es durchaus nicht, dass, so viel er auch selbst gesammelt, dennoch so Manches schon früher erreicht war, was hier und dort in gelehrten Werken zerstreut lag; hätte er aber dieses Alte, schon früher Entdeckte gänzlich ignoriren und nicht wenigstens auch das Wichtigste davon sammeln und neben dem Neuen für den ganz eigenen Zweck seiner Arbeit ausbeuten sollen? Die Antwort kann nicht zweifelhaft sein, und es handelte sich desshalb nur noch um die Frage, ob dann bei allen jenen aus anderen Werken zusammengelesenen Stellen auch jedesmal der betreffende Commentar, die Abhandlung, das Wörterbuch u. s. w. zu citiren war? Das Buch hätte dadurch allerdings ein recht hübsches, gelehrtes Aussehen bekommen, was wäre aber dadurch gewonnen worden? Nichts anderes als Breite, eben das, worauf die Hauptrüge des Herrn Recensenten schliesslich hinausläuft.

Der Verfasser läugnet auch diese theilweise Breite im ersten Hefte durchaus nicht, sie liegt aber nicht da, wo

sie der Herr Beurtheiler zu suchen scheint, nämlich in der
Verwerthung einiger schon früher gewonnener
Resultate zur Begründung einer neuen Ansicht,
sondern in der Heranziehung einiger Belegstellen, die eben,
wie es bei solchen Dingen zu geschehen pflegt, nicht für
Jeden in gleicher Weise beweiskräftig sind. Ich habe übrigens auf die Schwierigkeit in der Auswahl bei einem so
reichen Materiale ja schon selbst in der Vorrede zum ersten
Hefte S. 4 hingewiesen und zudem dürfte diese „Breite"
im ersten Theile doch auch wenigstens einigermassen dadurch
entschuldigt sein, dass es mir, wie wol Jeder auf den ersten
Blick sieht, dort nicht ausschliesslich an dem Nachweise
gleichklingender Phrasen und Wendungen lag, sondern
nebenbei auch an einem vergleichenden, durch angeführte
Thatsachen begründeten Ueberblick über die Entwicklung
der römischen Elegie im Zusammenhange, an dem es uns
bisher noch fehlte. Ein ähnlicher Nebenzweck fällt nun im
zweiten Hefte bei der Behandlung des Epos naturgemäss
fort, und ich darf darum, da ich mir überdies bei der Auswahl aus meinen Sammlungen noch viel mehr Gewalt an-
that, wol hoffen, dass die „Breite" weggefallen sein wird.
Aber von der Anführung einiger schon früher, ja von den
Alten selbst bemerkten Erscheinungen konnte ich natürlich doch auch da und eben im Interesse meiner Arbeit
nicht abgehen.

Ich bekenne es vielmehr ganz offen, dass ich von
Servius, Macrobius, Heinsius, Burmann, Eichstädt, Forbiger,
Heyne, Wagner, Gierig, Bach, Lörs, Hofmann, Lachmann,
Merkel, Haupt, Teuffel, Vahlen, Ribbeck, Munro, Holtze
u. a. Vieles gelernt, um es mit dem von mir neu Aufge-
fundenen zu vereinigen und für meinen Zweck auszubeuten.

Wie leicht es mir da gewesen, die Quellen und im Gegensatze dazu das frisch Entdeckte mit schriftstellerischer Selbstgefälligkeit auszustellen, will ich nur an ein Paar Beispielen nachweisen. Wo ist in einem früheren Werke die nicht nur speziell für unsere Aufgabe, sondern gewiss auch allgemein interessante Thatsache betont, dass der Vers des Ennius Annal. 399 sich durch alle vier Dichter in ganz entschiedenen Anklängen verfolgen lässt? Auf Verg. 3, 175 hat allerdings schon Macrobius Sat. 6, 1 hingewiesen, dabei blieb es aber auch bis herunter zu den neueren Commentaren, wo u. A. Munro auch Lucr. 6, 944 vergleicht, während hingegen auf die ovidische Stelle meines Wissens in dieser Beziehung noch gar nicht aufmerksam gemacht wurde [1]).

Ganz etwas Aehnliches ist es auch um den Vers 101 des Ennius. Auch hier geht bereits Macrobius l. c. in der Heranziehung von Verg. 9, 422 voran, aber selbst noch in Ribbeck's Vergilausgabe treffen wir bei Aufzählung der auctores und imitatores des Vergil nur den ennianischen Vers und einen aus Silius, der viel weiter hergeholt und der Natur der Sache nach viel weniger interessant ist, als es Ov. Fast. 4, 239 gewesen wäre. Ebenso machen Burmann, Gierig und Merkel bei ihrer Behandlung der Fasti an der Stelle von dem Vorgange des Ennius gar keine Erwähnung.

In gleicher Weise fand ich die an Lucr. 5, 885 sich anschliessenden Verse noch niemals zusammenge-

---

1) Bach und Lörs z. B. haben bei dem in Rede stehenden Verse Ovid's Met. 9, 173 nur eine Bemerkung zu caeruleus, Burmann spricht über fluit und die Varianten.

stellt. In Ribbeck's Index z. B. fehlt zu Verg. 10, 324 Lucrez als auctor und unter den imitatores begegnen nur einige spätere Dichter, während doch gerade hier Ovid's Nachahmung so sehr in die Augen fällt. Derartiges liesse sich durch Reihen von Beispielen verfolgen und gerade dadurch würde es am besten ersichtlich werden, wie Vieles hier, abgesehen von dem Grundgedanken, auch in der Beweisführung entweder ganz neu oder bei der manchmal zur Vollständigkeit nothwendigen Herbeiziehung schon bekannter Belegstellen gebessert und ergänzt worden ist. Ich hätte aber dadurch wieder das Büchlein unmässig ausdehnen müssen und dabei nicht meinem Zwecke, sondern nur einer gewissen Eitelkeit gedient. Doch nun genug davon; mein Standpunkt und mein Vorgehen bei der Arbeit dürfte nun wol klar und hoffentlich auch gerechtfertigt sein, was eben, wie gesagt, der einzige Grund dieser Erwiederung war.

Es bleibt mir hier, nachdem ich die Gelehrten, aus deren Schriften ich gelernt, schon oben erwähnt, nur noch übrig, einigen Herren, die meinem Unternehmen direkt die freundlichste Theilnahme zuwendeten und mich durch Rath und That unterstützten, meinen tiefgefühlten Dank auszusprechen. Ich nenne von den im Inlande wirkenden meinen unvergesslichen Lehrer Prof. Dr. K. Schenkl in Graz, dem ich eigentlich die Anregung zu dieser Arbeit verdanke, die Professoren Dr. B. Jülg und Dr. J. Müller in Innsbruck, von denen mich ersterer mit Werken aus seiner reichhaltigen Bibliothek, letzterer ausserdem noch mit manchen wertvollen Bemerkungen unterstützte, und von Gelehrten im Auslande Herrn Prof. Dr. W. S. Teuffel in Tübingen, welcher mir mit überraschender, ganz unverdienter Freundlichkeit in einem Schreiben seine Ansichten über das erste Heft und das in Zukunft zu Bessernde gütigst mittheilte. Grosser Dank gebührt endlich auch der Vorstehung der k. k. Universitätsbibliothek in Innsbruck für ihre liebenswürdige Zuvorkommenheit und Dienstfertigkeit.

Schliesslich habe ich noch zu bemerken, dass ich bezüglich der Abbreviaturen und der Art zu citiren, das im ersten Hefte Angenommene festhalte und ich verweise in dieser Beziehung auf den Schluss der dortigen Vorrede Hinzuzufügen ist nur, dass Ennius nach Vahlen, Lucrez nach Bernays, Vergil nach Jahn angeführt wird [1]), und dass ich bei den Citaten aus letzterem, da wo es sich um die Aeneis handelt, der Einfachheit wegen bloss Verg. mit der betreffenden Zahl schreibe, indem ja schon durch genaue Bezeichnung der übrigen Werke jede Verwechslung ausgeschlossen ist [2]). Der hie und da sich findende Hinweis auf das erste Heft deutet, was ich hier ausdrücklich betonen muss, nie auf Wiederholungen, die stets auf das gewissenhafteste vermieden wurden, sondern hat lediglich den Zweck, eine leichtere Uebersicht zu vermitteln an solchen Stellen,

---

1) In den seltenen Fällen, wo ich mir eine kleine Abweichung erlaubte, ist dies ausdrücklich gesagt.

2) Die sogenannten carmina minora habe ich in der vorliegenden Arbeit nie berücksichtigt, erstens, weil nach den neuesten Forschungen die Unächtheit wol in den meisten Punkten als erwiesen zu betrachten sein dürfte und dann weil selbst in den wenigen Fällen, wo noch ein Zweifel bestehen kann, die Untersuchungen bereits so gründlich und die Verzeichnisse der nachgeahmten Stellen so reichhaltig sind, dass ein weiteres Eingehen auf die Sache an diesem Orte wol kaum einen erheblichen Vortheil hätte bringen können. Vgl. K. Schenkl, Kritische Bemerkungen zu den sogenannten Carmina minora des Vergilius; Zeitschrift f. d. österr. Gymnasien 1867. 11. Heft, S. 771.

wo entweder Ergänzungen oder verwandte Erscheinungen
auf dem Gebiete der Epik und Elegie vorkommen.

Das versprochene Verzeichniss aller behandelten Stellen liefere ich, um die Veröffentlichung dieses Theiles nicht
noch länger zu verzögern, im Verein mit einigen wichtigeren
Nachträgen und mit dem Verhältnisse Ovid's zu Horaz in
einer kleinen dritten Lieferung.

Und so empfehle ich denn auch dieses Büchlein dem
Wolwollen und einer gütigen Beurtheilung aller Freunde
derartiger Studien!

Innsbruck, 4. Jänner 1871.

Wenn wir uns erinnern, wie einseitig und undankbar die augusteischen Dichter zum grossen Theile über den alten Vater Ennius aburtheilten [1], so möchten wir fast versucht sein, gleich von vorneherein anzunehmen, dass Ovid, der elegante Salondichter, gewiss am auffallendsten dieses Urtheil vertreten, und sich vor allen Anklängen an ennianische Dichtungen recht behutsam in Acht nehmen werde. Und doch ist dem nicht so. Ovid ist erstens in seinen Aeusserungen über den alten Dichter gemässigter als mancher Andere seiner Zeitgenossen, ja einmal finden wir sogar eine ziemlich gerechte Würdigung. Ich stelle die diesbezüglichen Stellen hier zusammen:

Am. 1, 15, 19:

> Ennius arte carens animosique Actius oris
> Casurum nullo tempore nomen habent.

A. A. 3, 409:

> Ennius emeruit, Calabris in montibus ortus,
> Contiguus poni, Scipio magne, tibi.

Trist. 2, 423:

> Utque suo Martem cecinit gravis Ennius ore,
> Ennius ingenio maximus, arte rudis:

---

1) Vgl. W. S. Teuffel, Röm. Lit. S. 128 Anm. 1.

Was da gerügt wird, ist eben der Mangel an Kunst, an vollendeter Form, aber diese Rüge ist stets ganz leidenschaftslos und durch eine gewisse Anerkennung abgeschwächt, besonders in den letzten Versen, wo das dichterische Talent so entschieden hervorgehoben wird. Um wie vieles schroffer sind in dieser Beziehung die Aussprüche eines Properz und Horaz!

Aber nicht nur das; es finden sich zweitens bei Ovid auch Verse und einzelne Wendungen, die ganz unläugbar an Ennius erinnern. Dabei kommt freilich auch der interessante Fall vor, dass ein und derselbe ennianische Vers nicht nur bei Ovid, sondern auch bei Lucrez und Vergil in verschiedenen Variationen wiederkehrt und es läge daher nahe, zu vermuthen, dass die diesbezüglichen Reminiscenzen bei Ovid nicht direkt auf Ennius zurückgehen, sondern durch die beiden anderen Dichter vermittelt wurden. Eine solche Folgerung aus jener Thatsache zu ziehen, wäre aber entschieden falsch, da Ovid's Dichtungen ausserdem noch an ein paar Stellen so unzweifelhafte Anspielungen auf Ennius enthalten, dass wir nicht daran zweifeln können, Ovid habe den alten Dichter gar wol studiert und öfters unmittelbar aus der Quelle geschöpft. Wir werden daher nicht fehl gehen, wenn wir auch hier wieder[1]) den gesunden geraden Sinn unseres Dichters anerkennen, der im Bewusstsein seiner eigenen Leistungen nicht anstand, zu gestehen, wem er Manches verdanke und wer ihm die Wege geebnet. Ich gebe nun zum Beweise des Gesagten meine Belege, so weit es thunlich ist, ohne fernere Bemerkungen. Nur das muss ich noch voransenden, dass bei Beurtheilung der Anzahl der betreffenden Stellen auch auf die verhältnissmässig geringe Anzahl der Fragmente aus den Annales Rücksicht genommen und so das Urtheil festgestellt werden muss.

---

1) Vgl. 1. Heft S. 55.

Enn. 399:

    Tum timido manat ex omni corpore sudor

Lucr. 6, 944:

    Manat item nobis e toto corpore sudor

Verg. 3, 175:

    Tum gelidus toto manabat corpore sudor

Ov. Met. 9, 173:

    Caeruleusque fluit toto de corpore sudor

Enn. 101:

    . . . nam`mi calido das sanguine poenas

Verg. 9, 422:

    Tu tamen'interea calido mihi sanguine poenas
    Persolves

Verg. 10, 617:

    . . Teucrisque pio det sanguine poenas

Ov. Fast. 4, 239:

    . . . meritas do sanguine poenas

Enn. 51:

    . . et blanda voce vocabam

Lucr. 4, 709:

    . clara consuetum voce vocare

Verg. 6, 506:

    . et magna Manes ter voce vocavi

Verg. 10, 873:

    . . Aenean magna ter voce vocavit

Ov, Met. 10, 3:

    . et Orphea nequiquam voce vocatur

Ov. Met. 10, 507:

    . . potest parientis voce vocari

Enn. 313:

    Unus homo nobis cunctando restituit rem

Verg. 6, 846:

    Unus qui nobis cunctando restituis rem

Ov. Fast. 2, 242:

    Cui res cunctando restituenda foret

Enn. 548:

    Inde patefecit radiis rota candida caelum

Ov. Met. 9, 795:

    Postera lux radiis latum patefecerat orbem

Vgl. Verg. 4, 119:

    Extulerit Titan radiisque retexerit orbem

Verg. 5, 65:

    Aurora extulerit radiisque retexerit orbem

Enn. 394:

    . vetusta virum non est satis bella moveri

Verg. 6, 820:

    . natosque pater nova bella moventes

Ov. Am. 2, 12, 21:

    . . iterum nova bella movere

Ov. Am. 2, 6, 25:

    . . . non tu fera bella movebas

Enn. 260:

    . . . populi rumore secundo

Verg. 8, 90:

    . iter inceptum celerant rumore secundo

Verg. 10, 266:

    . . fugiuntque Notos clamore secundo

Ov. Met. 8. 420:

    Gaudia testantur socii clamore secundo

Enn. 588:

    . . . funduntque elatis naribus lucem

Verg. 12, 115:

    Solis equi, lucemque elatis naribus efflant

Ov. Met. 2, 84:

    . . quadrupedes animosos ignibus illis,

    . . . . quos ore et naribus efflant

Ov. Met. 7, 104:

    . adamanteis vulcanum naribus efflant

Vgl. Ov. Met. 3, 686:

    . et acceptum patulis mare naribus efflant [1]

---

[1] Vgl. 1. Heft, S. 34.

— 5 —.

Enn. 231:

  .   .   totam quatit ungula terram

Enn. 281:

  .   summo sonitu quatit ungula terram

Enn. 419:

  .   .   et plausu cava concutit ungula terram

Verg. 8, 596:

   Quadrupedante putrem sonitu quatit ungula càmpum

Verg. 11, 875:

   Quadrupedoque putrem cursu quatit ungula campum

Ov. Met. 6, 218:

  .   .   .   .   .   .   campus

   Assiduis pulsatus equis   .   .   .

   Duraque mollierat subiectas ungula glebas

Enn. 559:

  .   premitur pede pes

Verg. 10, 361:

  .   haeret pede pes

Ov. Met. 9, 43:

  .   .   .   .   .   .   eratque

   Cum pede pes iunctus

Enn. 339:

  .   .   si quid te adiuero curamve levasso

Lucr. 2, 365:

   Derivare queunt animum curaque levare

Ov. Met. 5, 500:

  .   .   cum tu curaque levata

   Et vultus melioris eris

Enn. 463:

   Semianimesque micant oculi

Ov. Met. 3, 33:

   Igne micant oculi

Ov. Met. 8, 284:

   Sanguine et igne micant oculi

Vgl. Met. 1, 498. 15, 674. A. A. 2, 721. Lucr. 3, 289. Verg. 12, 102.

Enn. 66:

> Unus erit quem tu tolles in caerula caeli
> Templa

Ov. Met. 14, 814:

> Unus erit, quem tu tollas in caerula caeli

Ov. Fast. 2, 487:

> Unus erit, quem tu tolles in caerula caeli

Enn. 95:

> .   .   .   simul aureus exoritur sol

Ov. Met. 7, 663:

> .   .   .   .   Jubar aureus extulerat sol

Enn. 37:

> Talia commemorat lacrimans

Ov. Met. 7, 863:

> .   haec lacrimans heros memorabat

Enn. 271:

> Belli ferratos postes portasque refregit

Ov. Met. 6, 597:

> .   Euhoeque sonat, portasque refringit

Enn. 299:

> Haudquaquam quemquam semper fortuna secuta est

Ov. Met. 7, 518:

> Flebile principium melior fortuna secuta est

Vgl. Verg. 6, 62:

> Hac Troiana tenus fuerit fortuna secuta

Enn. 340:

> .   .   .   .   et versat in pectore fixa

Ov. Met. 6, 227:

> .   .   .   medioque in pectore fixa

Enn. 264:

> (Heu) quianam dictis nostris sententia flexa est

Ov. Met. 11, 439:

> Quod tua si flecti precibus sententia nullis
> .   potest

Enn. 527:

    . .   accedit muros Romana iuventus

Enn. 538:

    Optima cum pulchris animis Romana iuventus

Enn. 459:

    . sese exsiccat somno Romana iuventus

Ov. A. A. 1, 459:

    Disce bonas artes, moneo, Romana iuventus

Enn. 357:

    Quippe solent reges omnes in rebus secundis

Ov. A. A. 2, 437:

    Luxuriant animi rebus plerumque secundis

Enn. 142:

    Heu quam crudeli condebat membra sepulcro

Verg. 6, 152:

    Sedibus hunc refer ante suis et conde sepulcro

Ov. Met. 7, 618:

    . . . .   aut me quoque conde sepulchro

Vgl. Verg. 3, 67. Met. 8, 235.

Enn. 94:

    . . . .   longe pulcherruma praepes
    Laeva volavit avis

Ov. Met. 14, 576:

    . . .   tum primum cognita praepes
    Subvolat

Es folgen nun einige Stellen, die kurze einleitende
Bemerkungen erfordern. Der Vers

Enn. 462:

Oscitat in campis caput a cervice revulsum

scheint mir Veranlassung und Urbild gewesen zu sein zu
dem bisher noch nie besprochenen, aber bei den römischen
Dichtern auffallend häufig vorkommenden Gebrauche, den
Hexameterschluss mit dem Ablativ von cervix und einem
angefügten mit re gebildeten Compositum zu bilden. Ich

gebe die wichtigsten dieser Verse nach ihrer Verwandtschaft geordnet:

Verg. Georg. 4, 523:

   . . marmorea caput a cervice revulsum

Verg. 8, 633:

   . illam tereti cervice reflexam

Ov. A. A. 3, 779:

   . . . paulum cervice reflexa

Verg. 1, 402:

   . et avertens rosea cervice refulsit

Ov. Hal. 106:

   Et super aurata sparulus cervice refulgens

Lucr. 1, 35:

   . . . tereti cervice reposta

Ov. Met. 10, 558:

   . . . posita cervice reclinis

Ov. Her. 15, 231:

   . . . versa cervice recumbo

Ov. ex P. 2, 8, 65:

   . caput e nostra citius cervice recedet

Ov. Met. 15, 698:

   Impositaque premens puppim cervice recurvam

Der später so gerne gebrauchte Versausgang lumina
solis oder lumine solis scheint in seinem Ursprunge ebenfalls auf Ennius zurückzugehen:

Enn. 290:

   . . obstipo lumine solis

Lucr. 2, 108:

   . . et splendida lumina solis

Lucr. 5, 462:

   . . radiati lumina solis

Vgl. Lucr. 1, 5; 989. 2, 162; 654. 5, 979. 6, 1195.

Verg. 7, 130:

   . . et primo laeti cum lumine solis

Ov. Met. 1, 767:

   . . spectansque ad lumina solis

Ov. Trist. 2, 325:

   . .   .   radiantia lumina solis

Die Bezeichnung des Jupiter als πατὴρ ἀνδρῶν τε ϑεῶν τε wurde den späteren Dichtern auch schon durch Ennius vermittelt:

Enn. 566:

  . . . . .   divumque hominumque pater

Vgl. Ov, Met. 14, 807:

  . .   divumque hominumque parentem

Vergil's Verse Aen. 8, 630—34 sind nach der Bemerkung des Servius: „sane totus hic locus Ennianus est" auf Ennius zurückzuführen [1]). Daher müssen folgende zwei Stellen hier ihren Platz finden:

Verg. 8, 634:

  . .   et corpora fingere lingua

Ov. Fast. 2, 418:

  Et fingit lingua corpora bina sua

Für die Stellen von der Aufheiterung des Himmels beim Lächeln einer Gottheit war Vorbild:

Enn. 445:

  Juppiter hic risit tempestatesque serenae
  Riserunt omnes risu Jovis omnipotentis

Vgl. Verg. 1, 254:

  . subridens hominum sator atque deorum
  Vultu, quo coelum tempestatesque serenat

Ov. Fast. 4, 5:

  . . . . .   risit, et aether
    Protinus ex illa parte serenus erat

Ortsbeschreibungen werden bei den Epikern so gerne

---

1) Vgl. Ennius ed. Vahlén p. 13.

mit „est locus“ eingeleitet; auch dies kann schon aus
Ennius belegt werden;
Vgl. Enn. 23. Verg. 1, 530. 3, 163. Ov, Fast. 4, 337 u. ö.

Auch die bei den spätern Dichtern und besonders bei
Ovid so beliebten Farben- und Zahlengegensätze [1] finden
sich in ihren Anfängen bereits in den ennianischen Dich-
tungen:
Enn. 355:
Et simul erubuit ceu lacte et purpura mixta
Vgl. Verg. 12, 68:
   . . . aut mixta rubent ubi lilia multa
Alba rosa: tales virgo dabat ore colores
Ov. Am. 2, 5, 37:
Quale rosae fulgent inter sua lilia mixtae

Enn. 297:
   . . multa dies in bello conficit unus
Lucr. 5, 997:
At non multa virum sub signis milia ducta
Una dies dabat exitio
Ov. Fast. 2, 235:
Una dies Fabios ad bellum miserat omnes:
Ad bellum missos perdidit una dies.

Was endlich die Gleichnisse anbelangt, so kommt das
schon von den Griechen gebrauchte [2] und bei den Römern
sehr beliebte vom Jagdhund ebenfalls bereits bei Ennius
vor. Ich stelle die diesbezüglichen Verse zur Vergleichung
zusammen:
Enn. 344:
Sicut si quando vinclis venatica velox

---

1) S. 1. Heft. S. 54; 114; 58 Anm. 2.
2) Vgl. Hom. Il. 22, 189. Appollon. Rhod. 2, 278.

Apta solet canis forte feram sei nare sagaci
Sensit, voce sua nictit ululatque ibi acute
Verg. 12, 749:
Inclusum veluti si quando flumine nactus
Cervum . . . . .
Venator cursu canis et latratibus instat;
Ille autem . . . . .
Mille fugit refugitque vias, at vividus Umber
Haeret hians, iam iamque tenet, similisque tenenti
Increpuit malis, morsuque elusus inani est
Ov. Met. 1, 533:
Ut canis in vacuo leporem cum Gallicus arvo
Vidit, et hic praedam pedibus petit, ille salutem:
Alter inhaesuro similis iam iamque tenere
Sperat . . . . .
Alter . . . . ipsis
Morsibus eripitur
Ov. Trist. 5, 9, 27:
Utque canem pavidae nactum vestigia cervae
Luctantem frustra copula dura tenet

Zum Schlusse gebe ich noch einige Beispiele von
Wortverbindungen, die Ennius und Ovid gemein sind:
belli fortuna. Enn. 205. Ov. Met. 8, 12.
celeri passu. Enn. 74. Ov. Fast. 2, 205.
compellare voce. Enn. 45. Ov. Met. 14, 839.
ferri acumen. Enn. 364 Ov. Met. 12, 84.
ferro superare. Enn. 220. Ov. A. A. 2, 743.
pede pulsare. Enn. 1. Ov. A. A. 1, 112. Fast. 6, 330.
Saturnia terra. Enn. 25. Ov. Fast. 5, 625.
somno vinctus. Enn. 5. Ov. Met. 11, 238.
spumae albae, albentes. Enn. 507. Ov. Met. 15,
519. 7, 415.
tenera aura. Enn. 21. Ov. Trist. 3, 8, 7.

II.

Der Name Lucretius bezeichnet auf dem Gebiete der
römischen Poesie einen so entschiedenen Fortschritt in
jeder Beziehung, dass derselbe nicht mehr weggeläugnet
werden konnte.

Wir finden daher schon im Alterthume fast durch-
gehends ganz unverholene Anerkennung der Leistungen
dieses Dichters, besonders von Seite der Augusteer, auf
die er einen unverkennbaren Einfluss ausgeübt[1]). Das hier
im Allgemeinen Gesagte gilt ganz vorzüglich auch von
Ovid. Ich gebe zuerst wieder dessen Hauptstellen über
den in Rede stehenden Vorgänger:

Am. 1, 15, 23:

> Carmina sublimis tunc sunt peritura Lucreti,
> Exitio terras cum dabit una dies

Trist. 2, 425:

> Explicat ut causas rapidi Lucretius ignis,
> Casurumque triplex vaticinatur opus

Vgl. Trist. 2, 261.

Es muss uns hier schon auffallen, dass Ovid bei Erwähnung dieses Dichters, ganz ähnlich wie bei der Tibull's,
dessen eigene Worte und Wendungen einflicht, was auf

---

1) Vgl. W. S. Teuffel, Röm. Lit. S. 327. Bernhardy S. 215.
Bähr S. 193.

.eine ganz besondere, zur Schau gestellte Vertrautheit mit den betreffenden Werken hindeutet; denn wir finden in den citirten Versen klare Anspielungen auf Lucr. 5, 93 ff. und 1, 1 ff. Diese Vertrautheit und ihre Einwirkung auf die Dichtungen Ovid's im Einzelnen nachzuweisen, ist nun unsere Aufgabe.

Der Stoff ist, wie vorauszusehen, hier wieder ziemlich reichhaltig; ich notire zuerst Allgemeines, d. h. auf den Inhalt mit anklingender Form bezügliches, in möglichster Kürze.

Aufzählung der Weltbestandtheile:

Lucr. 5, 92:

Principio maria ac terras caelumque tuere

Lucr. 5, 593:

Quod maria ac terras omnis caelumque rigando

Ov. Met. 1, 5:

Ante mare et terras et quod tegit omnia, caelum

Weltuntergang:

Lucr. 5, 92:

Principio maria ac terras caelumque tuere:

94: Tris species tam dissimilis, tria talia texta,

Una dies dabit exitio, multosque per annos

Sustentata ruet moles et machina mundi

Ov. Met. 1, 256:

Esse quoque in fatis reminiscitur, adfore tempus,

Quo mare, quo tellus, correptaque regia caeli

Ardeat et mundi moles operosa laboret

Mitleidiges Herabblicken auf das Irregehen der anderen Menschen:

Lucr. 2, 9:

Despicere unde queas alios passimque videre

Errare atque viam palantis quaerere vitae

Ov. Met. 15, 150:

> Palantesque homines passim ac rationis egentes
> Despectare procul

Anrede an das Menschengeschlecht:
Lucr. 5, 1192:

> O genus infelix humanum

Ov. Met. 15, 153:

> O genus attonitum gelidae formidine mortis

Abnützung durch die Zeit[1]):
Lucr. 1, 311:

> Quin etiam multis solis redeuntibus annis
> Anulus in digito subter tenuatur habendo,
> Stilicidi casus lapidem cavat, uncus aratri
> Ferreus occulte decrescit vomer in arvis,
> Strataque iam volgi pedibus detrita viarum
> Saxea conspicimus

Ov. A. A. 1, 473:

> Ferreus adsiduo consumitur anulus usu,
> > Interit adsidua vomer aduncus humo.
> Quid magis est saxo durum, quid mollius unda?
> > Dura tamen molli saxa cavantur aqua

Ov. ex P. 4, 10, 5:

> Gutta cavat lapidem. consumitur anulus usu:
> > Atteritur pressa vomer aduncus humo

Ov. ex P. 2, 7, 39:

> . . . . . . utque caducis
> > Percussu crebro saxa cavantur aquis

43: Nec magis assiduo vomer tenuatur ab usu,
> > Nec magis est curvis Appia trita rotis

Vgl. Lucr. 4, 1278.

---

1) Vgl. 1. Heft S. 60.

Von der immer erneuernden Natur:
Lucr. 1, 628:
    Denique ni minimas in partis cuncta resolvi
    Cogere consuesset rerum natura creatrix,
    Jam nil ex illis eadem reparare valeret
Ov. Met. 15, 252:
    . . . . . rerumque novatrix
    Ex aliis alias reparat natura figuras

Flussvögel:
Lucr. 2, 344:
    Et variae volucres . . . ,
    Concelebrant circum ripas
Ov. Met. 2, 252:
    Et quae . celebrarant carmine ripas
    Flumineae volucres
Vgl. Verg. 7, 32:
    . . . variae circumque supraque
    Assuetae ripis volucres

Vom Blitze:
Lucr. 2, 214:
    Nunc hinc nunc illinc abrupti nubibus ignes
    Concursant
Ov. Met. 6, 695:
    Ut medius nostris concursibus insonet aether,
    Exiliantque cavis elisi nubibus ignes
Ov. Met. 8, 339:
    . ut excussis elisi nubibus ignes
    Zum Versausgange vgl. noch:
Verg. 3, 199:
    . ingeminant abruptis nubibus ignes
Verg. 4, 209:
    . . caecique in nubibus ignes
Verg. 1, 42:
    . Jovis rapidum iaculata e nubibus ignem

Zur Sache selbst in mehr oder weniger anklingender Form:

Lucr. 6, 94 ff. Ov. Met. 11, 435. 15, 70; 811.

Alles merkt schon von Natur aus die ihm zu Gebote stehenden Mittel:

Lucr. 5, 1031:

> Sentit enim vim quisque suam quoad possit abuti.
> Cornua nata prius vitulo quam frontibus extent,
> Illis iratus petit atque infestus inurget.
> At catuli pantherarum scymnique leonum
> . . . . . morsuque repugnant

1037: Alituum porro genus alis omne videmus
> Fidere et a pinnis tremulum petere auxiliatum

Ov. Hal. 2:

> . . vitulus sic namque minatur,
> Qui nondum gerit in tenera iam cornua fronte,
> . . . pugnant virtute leones,
> Et morsu canis . . . . .
> Concussisque levis pinnis sic evolat ales.
> . . . . . omnibus hostem
> Praesidiumque datum sentire et noscere teli
> Vimque modumque sui.

Unmögliches:

Lucr. 3, 620:

> . . . . . neque flamma creari
> Fluminibus solitast neque in igni gignier algor

Ov. Trist. 1, 8, 4:

> Unda dabit flammas et dabit ignis aquas

Lucr. 3, 748:

> Effugeret canis Hyrcano de semine saepe
> Cornigeri incursum cervi

Ov. A. A. 1, 272:

> Maenalius lepori det sua terga canis

Vgl. Lucr. 3, 782. 840. 5, 128.

Wie diese Stellen der zwei Dichter einerseits, obwol der betreffende Gebrauch bekanntlich ein allgemeiner ist[1]), doch durch die auffallende Aehnlichkeit auf einander hinweisen, andererseits aber hier und dort in einem anderen Zusammenhange stehen, ebenso und in noch sichtbarerer Weise ist dies mit den nun folgenden Versen der Fall. Die Wendung, die Lucrez mit edler Begeisterung beim Uebergange zu einem neuen wichtigen Abschnitte anwendet, hat Ovid in eine der schlüpfrigsten Stellen seiner Ars verflochten:

Lucr. 5, 110:

> Qua prius adgrediar quam de re fundere fata
> Sanctius et multo certa ratione magis quam
> Pythia quae tripode a Phoebi lauroque profatur

Ov. A. A. 3, 789:

> Sed neque Phoebei tripodes, nec corniger Ammon
> 　　Vera magis vobis, quam mea Musa, canet

Es scheint, dass sich unser Dichter wirklich in ähnlichen Ueberraschungen gefallen habe, da wir ja auch schon früher eine Stelle Tibull's in einem ebenso seltsamen Zusammenhange in den Amores wiedergefunden haben[2]).

Zu den bekannten Stellen über die Entschuldigung und Beschönigung der Gebrechen der Geliebten gab für die Römer schon Lucrez das Vorbild, 4, 1151 ff. Ovid schliesst sich in A. A. 2, 657 ff. manchmal ziemlich enge an ihn an. Man vergleiche z. B. nur:

---

1) Vgl. 1. Heft, S. 109.

2) 1. Heft, S. 70.

Zingerle, Ovidius.

Lucr. 4, 1158:

>Ischnon eromenion tum fit, cum vivere non quit
>Prae macie

Ov. A. A. 2, 660:

>Sit gracilis, macie quae male viva sua est.

Lucr. 4, 1152:

>Nigra melichrus est

Ov. A. A. 2, 657:

>. . . . Fusca vocetur,
>Nigrior Illyrica cui pice sanguis erit

Vgl. Horat. Sat. 1, 3, 44 ff.

Erwähnung des ausgeschlossenen Liebhabers[1]):

Lucr. 4, 1169:

>At lacrimans exclusus amator limina saepe
>Floribus et sertis operit

Ov. A. A. 3, 69:

>Tempus erit, quo tu, quae nunc excludis amantes
>72: Sparsa nec invenies limina mane rosa

Ov. R. A. 36:

>. et exclusus flebile cantet amans

Dass die berühmte Beschreibung der Pest bei Lucr. 6, 1136 ff. den späteren Dichtern (ausser Ovid besonders Verg. Georg. 3, 471 ff.) bei ähnlichen Darstellungen häufig vor Augen schwebte, ist bekannt genug.

Ich notire für Ovid beispielshalber nur ein Paar der bisher weniger verglichenen Verse, das Uebrige sammt Vergil der Selbstvergleichung überlassend:

Lucr. 6, 1139:

>. . . . . morbus
>1141: Incubuit tandem populo

---

1) Vgl. 1. Heft, S. 92.

Ov. Met. 7, 523:

    Dira lues   .   populis   .   .

    Incidit

Lucr. 6, 1219:

    . . languebant pleraque morbo

Ov. Met. 7, 547:

    Omnia languor habet

Lucr. 6, 1228:

    . . quod ubi se quisque videbat

    Implicitum morbo . . . .

1231:. . animam amittebat ibidem

Ov. Met. 7, 581:

    Hic, illic, ubi mors deprenderat, exhalantes

Lucr. 6, 1276:

    Nec mos ille sepulturae remanebat in urbe

1281: Namque suos consanguineos aliena rogorum

    Insuper extructa ingenti clamore locabant

    . . multo cum sanguine saepe

    Rixantes

Ov. Met. 7, 606:

    Corpora missa neci nullis de more feruntur

    Funeribus , ...

610: Deque rogis pugnant, alienisque ignibus ardent

Was Lucrez über die Erde unmittelbar nach ihrer
Entstehung und über die ersten Menschen sagt, scheint
unläugbaren Einfluss ausgeübt zu haben auf die Beschreibung des goldenen Zeitalters, die bei späteren Dichtern so
beliebt wurde; wir haben über diesen Gegenstand bei Tibull, Ovid und Vergil schon im ersten Hefte dieser Studien S. 64 gehandelt und ich füge daher hier nur einiges
aus Lucrez Hiehergehörige zur Vervollständigung des ganzen
Bildes an.

Lucr. 2, 1156:

    Sed . tellus . . . . .

> Praeterea nitidas fruges   .   .
> Sponte sua primum mortalibus ipsa creavit

Vgl. Verg. Georg. 1, 127.   Ov. Met. 1, 101.
Lucr. 5, 934:

> .   .   .   .   .   quod terra crearat
> Sponte sua, satis id placabat pectora donum

Ov. Met. 1, 103:

> Contentique cibis nullo cogente creatis

Vgl. für den Ausdruck Verg. Georg. 2, 10:

> .   aliae, nullis hominum cogentibus, ipsae
> Sponte sua veniunt

Lucr. 5, 936:

> Glandiferas inter curabant corpora quercus

Ov. Met. 1, 104:

> .   .   .   .   legebant

106: Et quae deciderant patula Jovis arbore glandes

In A. A. 2, 475 singt Ovid über die Einfachheit der ersten Menschen:

> Silva domus fuerat, cibus herba, cubilia frondes

Der Vers ist entschieden eine Reminiscenz aus
Lucr. 5, 813:

> Terra cibum pueris, vestem vapor, herba cubile
> Praebebat

Für den Versausgang bei Ovid vergleiche man ausserdem noch gleich hier:
Lucr. 5, 985:

> .   .   instrata cubilia fronde

Ueber Phaëthon:
Lucr. 5, 397:

> Avia cum Phaethonta rapax vis solis equorum
> Aethere raptavit toto   .   .   .
> At pater omnipotens[1])   .   .   .   .

---

1) Dieser Versanfang wird sehr beliebt. Vgl. noch: Verg. 1. 60
6, 592. 7, 770. Ov. Met. 1, 154. 2, 401. 3, 336. 9, 271. u. ö.

Magnanimum Phaethonta repenti fulminis ictu
Deturbavit equis in terram, solque   .

403 : Disiectosque redegit equos iunxitque trementis

Ov. Met. 2, 205 :

. .   rapiuntque per avia currum.

304 : At pater omnipotens   .   .   .   .

311 : Intonat, et dextra libratum fulmen ab aure
Misit in aurigam, pariterque animaque rotisque
Expulit   .   .   .   .   .

398 : Colligit amentes ed adhuc terrore paventes
Phoebus equos

Eine in der römischen Poesie sehr häufig wiederkehrende Erscheinung ist die Schilderung des Bacchus-
und Cybeledienstes. Sie begegnet etwa nicht blos bei den
jüngern, sondern auch schon bei den älteren Dichtern;
wir haben sie bereits bei Catull, aber nur im Vorbeigehen,
erwähnt [1]) und daher benütze ich die von Lucrez gebotene
Gelegenheit, die auffallendsten der diesbezüglichen Stellen
aus allen Dichtern hier zu vergleichen.

Lucr. 2, 618 :

Tympana tenta tonant palmis et cymbala circum
Concava

Cat. 64, 261 :

Plangebant aliae proceris tympana palmis

Ov. Met. 4, 29 :

. .   inpulsaque tympana palmis
Concavaque aera sonant

Lucr. 2, 619 :

.   .   raucisonoque minantur cornua cantu

---

1) 1. Heft, S. 52. Vgl. S. 24.

Cat. 64, 263:

   Multis raucisonos efflabant cornua bombos

Lucr. 2, 636:

   Armati in numerum pulsarent aeribus aera

Ov. Fast. 4, 184:

   Aeraque tinnitus aere repulsa dabunt

Ov. Met. 3, 532:

   . . . . aerane tantum
   Aere repulsa valent

Cat. 64, 262:

   Aut tereti tenuis tinnitus aere ciebant

Ov. Met. 6, 589:

   Nocte sonat Rhodope tinnitibus aeris acuti

Cat. 64, 264:

   . horribili stridebat tibia cantu

Ov. Am. 3, 13, 11:

   . . praesonuit sollemni tibia cantu

Verg. 7, 396:

   Pampineasque gerunt incinctae pellibus hastas

Ov. Met. 3, 667:

   Pampineis agitat velatam frondibus hastam

Verg. 7, 390:

   . etenim molles tibi sumere thyrsos

Ov. Met. 4, 7:

   . . manibus frondentes sumere thyrsos

Verg. 7, 403:

   Solvite crinales vittas

Ov. Met. 4, 6:

   . . . crinales solvere vittas

Die Schilderung der Unterwelt mit ihren bekannten, fast immer mit stehenden Ausdrücken beschriebenen Strafen, wurde auch schon von Lucrez, natürlich aber in einem ganz anderen Zusammenhange als bei den übrigen Dichtern, behandelt. Vgl. Lucr, 3, 977 ff. Zur Ergänzung des im ersten Hefte S. 77 über diesen Gegenstand Gesagten diene z. B.

Lucr. 3, 986:

Qui non sola novem dispessis iugera membris

989: Nec praebere cibum proprio de corpore semper

Manche Gleichnisse des Lucrez werden in auffallend ähnlicher Form auch wieder von Ovid angewendet, so das vom Schmelzen des Wachses am Feuer und von der durch den Luftdruck sich erhitzenden Bleikugel.

Lucr. 6, 515:

.   .   .   . quasi igni
Cera super calido tabescens

Ov. Met. 3, 487 :

.   .   . sed ut intabescere flavae
Igne levi cerae

Lucr. 6, 178:

.   .   . plumbea vero
Glans etiam longo cursu volvenda liquescit

Ov. Met. 14, 825:

.   . ceu lata plumbea funda
Missa solet medio glans intabescere caelo

Lucr. 6, 306:

Non alia longe ratione ac plumbea saepe
Fervida fit glans in cursu, cum   .   .
.   . ignem concepit in auris

Ov. Met. 2, 727 :

Non secus exarsit, quam cum Balearica plumbum

Funda iacit . volat illud et . .

. . . . sub nubibus invenit ignes[1])

Das Angeführte dürfte genügen, um ein kleines Bild
zu geben von dem allgemeinen Einflusse der lucrezischen
Darstellungsweise auf gewisse Partieen des Ovid: damit
sóll aber natürlich nicht gesagt sein, dass nicht auch noch
vieles Andere und vielleicht ebenso Wichtiges erwähnt
werden könnte, wie z. B. das Lob der Venus bei Lucr. 1,
1 ff. und Ov. Fast. 4, 91 ff., die entschieden ähnliche Erwähnung des Epicur bei Lucr. 1, 66 ff. und des Pythago-
ras bei Ov. Met. 15, 60 ff. Dass solche Anklänge überhaupt da sehr häufig begegnen, wo die ovidischen Gedichte
ebenfalls Physikalisches behandeln oder den Lehrton annehmen, ist von vorneherein klar. Vgl. darüber z. B.
ausser den schon notirten diesbezüglichen Stellen noch
Lucr. 1, 783 ff.; Ov. Met 15, 250 ff. — Lucr. 5, 458;
Ov. Met. 1, 26. Hätte ich dies Alles besprechen wollen,
so hätte ich mir wol voraussichtlich den Vorwurf der
Weitschweifigkeit zugezogen und ich musste mich daher
auf eine Auswahl beschränken, bei der ich nur auf das
Auffallendste, auf das bisher noch wenig oder gar nicht
Verglichene und endlich auf Solches Rücksicht nahm, was
mir auch für andere Dichter und für die ganze Färbung
der römischen Poesie von Wichtigkeit zu sein schien.

Wir kommen nun zu dem, was sich mehr oder ganz
ausschliesslich auf die Form bezieht, zu den eng verwandten Versen, Versausgängen und Phrasen. Das Resultat
der betreffenden Forschungen ist nun, dass ziemlich voll-
ständiger Gleichklang von Versen bei Lucrez und Ovid

---

1) Stellen über die letztere Sache an sich, aber nicht in Form
der Vergleichung und in so ähnlicher Fassung kommen auch bei anderen Schriftstellern vor. Vgl. über diesen Glauben der Alten Munro
zu Lucrez 6, 179. Ladewig zn Verg. 9, 588.

verhältnissmässig selten ist, dass aber andererseits gewisse
von Lucrez gebildete Lieblingsausgänge für den Hexameter
und mehrere seiner Wortzusammenstellungen und Wendungen auf Ovid einen gewaltigen Einfluss ausgeübt haben.
Indem ich hier nur noch auf einige schon bei Ennius angegebene Verse zurückweise, reihe ich das übrige Materiale ohne Weiteres in der Art an, dass ich das voran-
stelle, was sich auch aus Vergil belegen lässt und das Andere dann in möglichster Uebersicht für das Urtheil jedes
Einzelnen ordne:

a. Gleiche Versausgänge:

Lucr. 5, 885:

> .   .   .   .   . iuventas
> Occipit et molli vestit lanugine malas

Verg. 10, 324:

> .   . flaventem prima lanugine malas

Ov. Met. 9, 398:

> .   . dubiaque tegens lanugine malas

Ov. Met. 12, 291:

> .   .   . prima tectus lanugine malas

Ov. Met. 13, 754:

> Signarat dubia teneras lanugine malas

Lucr. 6, 645:

> . pavida complebant pectora cura

Verg. 1, 227:

> .   . tales iactantem pectore curas

Verg. 4, 448:

> . et magno persentit pectore curas

Verg. 6, 85:

> .   . mitte hanc de pectore curam

Ov. ex P. 1, 8, 53:

> .   . ne solitis insistant pectora curis

Ov. ex P. 1, 2, 57:

> .   . perpetuis liquefiunt pectora curis

Ov. R. A. 259:

    . recantatas deponent pectora curas

Lucr. 1, 19:

Omnibus incutiens blandum per pectora amorem

Lucr. 1, 924:

Et simul incussit suavem mi in pectus amorem

Verg. 3, 298:

    . miroque incensum pectus amore

Ov. Her. 4, 23:

    . . vixque subit primos rude pectus amores

Ov. Met. 13, 946:

Alteriusque rapi naturae pectus amore

Lucr. 2, 639:

Aeternumque daret matri sub pectore volnus

Verg. 1, 36:

    . . aeternum servans sub pectore vulnus

Verg. 4, 67:

    . et tacitum vivit sub pectore vulnus

Verg. 4, 689:

    . infixum stridit sub pectore vulnus

Ov. Met. 7, 842:

    . . medioque tenens in pectore vulnus

Luer. 4, 1093:

Sic in amore Venus simulacris ludit amantis

Verg. 1, 352:

    . . . vana spe lusit amantem

Ov. Am. 2, 19, 33:

Siqua volet regnare diu, deludat amantem

Lucr. 4, 1171:

    . . et foribus miser oscula figit

Verg. 2, 490:

    . tenent postes atque oscula figunt

Ov. Met. 4, 141:

    .   et gelidis in vultibus oscula figens

Lucr. 3, 893:

    .   nec dulces occurrent oscula nati
Praeripere

Verg. Georg 2, 523:

    .   dulces pendent circum oscula nati

Ov. A. A. 2, 69:

    .   volaturus parvo dedit oscula nato

Ov. Met. 8, 211:

    . . . .   dedit oscula nato

Ov. Met. 4, 222:

    . . . .   carae dedit oscula natae

Ov. Met. 6, 504:

    .   pariterque suae dabat oscula natae

Lucr. 6, 247:

    . .   nam caelo nulla sereno

Lucr. 4, 210:

    . .   caelo stellante serena
Sidera

Ov. Met. 2, 321:

    . . .   de caelo stella sereno

Verg. Georg. 1, 260:

    . . . .   coelo properanda sereno

Verg. 3, 518:

    . . .   coelo constare sereno

Ov. Met. 1, 168:

    . . .   caelo manifesta sereno

Lucr. 1, 6:

    . .   te fugiunt venti, te nubila caeli

Lucr. 1, 278:

    . . . .   quae denique nubila caeli

Lucr. 5, 466:

    . .   subtexunt nubila caelum

Lucr. 6, 214:

.   .   cum rarescunt quoque nubila caeli

Verg. 3, 586 :

.   .   obscuro sed nubila coelo

Ov. Met. 5, 286:

Fusca repurgato fugiebant nubila caelo

Ov. Am. 1, 8, 9:

.   .   toto glomerantur nubila caelo

Ov. Fast. 2, 493:

.   .   et removent subeuntia nubila caelum

Lucr. 3, 1030:

Et contemsit equis insultans murmura ponti

Verg. 1, 124:

.   magno misceri murmure pontum

Ov. Trist. 1, 11, 7:

.   .   .   inter fera murmura ponti

Ov. Met. 11, 330:

.   .   haud aliter, quam cautes murmura ponti[1])

Lucr. 1, 8:

.   .   tibi rident aequora ponti

Verg. Georg. 1, 469:

.   .   .   tellus quoque et aequora ponti

Ov. Met. 2, 872:

.   .   .   mediique per aequora ponti

Vgl. Lucr. 2, 772; 781. 6, 440; 628.

Lucr. 5, 374:

Nec soli terraeque neque altis aequoris undis

Ov. Met. 1, 341:

Omnibus audita est telluris et aequoris undis

Ov. Am. 2, 11, 1:

.   .   .   mirantibus aequoris undis

Ov. Met. 5, 498:

.   .   .   .   tantique per aequoris undas

Vgl. Ov. Met. 13, 779. ex P. 3, 6, 29. A. A. 1, 723.

---

1) Vgl. 1. Heft, S. 33.

Lucr. 2, 1:

.   .   . turbantibus aequora ventis

Lucr. 2, 766:

.   . cum magni commorunt aequora venti

Lucr. 5, 266:

. quod validi verrentes aequora venti

Verg. 1, 43:

.   . evertitque aequora ventis

Ov. Met. 11, 433:

.   . emissi tenuerunt aequora venti

Ov. Trist. 1, 4, 5:

.   . quantis nigrescunt aequora ventis

Ov. Trist. 4, 4, 57:

.   . iactantur moderatis aequora ventis

Ov. ex P. 2, 3, 27:

.   . nimboso tumuerunt aequora vento

Vgl. Lucr. 5, 388. 6, 624.

Lucr. 2, 254:

.   . quod fati foedera rumpat

Verg. 12, 582:

.   .   .   . haec iam altera foedera rumpi

Ov. Her. 4, 17:

.   .   . socialia foedera rumpam

Lucr. 1, 1104:

. haec rebus erit pars ianua leti

Verg. 2, 661:

.   .   . patet isti ianua leto

Ov. Met. 1, 662:

.   .   .   . praeclusaque ianua leti

Vgl. Lucr. 5, 373.

Lucr. 5, 63:

.   .   . eum quem vita reliquit

Verg. 6, 735:

.   . supremo quum lumine vita reliquit

Ov. Met. 11, 327:

    .   . cum sanguine vita reliquit

Lucr. 4, 1006:

    .   . capiuntur, proelia miscent

Lucr. 5, 439:

    .   . turbabat proelia miscens

Verg. 10, 23:

    .   . . atque ipsis proelia miscent

Verg. Georg. 3, 220:

    .   . multa vi proelia miscent

Ov. Met. 5, 156:

    .   . renovataque proelia miscet

Ov. Her. 18, 141:

    .   . latoque mari tua proelia misce

Lucr. 6, 464:

    .   . ad summa cacumina montis

Verg. 3, 274:

    .   . . nimbosa cacumina montis

Ov. Met. 6, 311:

    .   . . . Ibi fixa cacumine montis

Ov. Met. 8, 797:

    .   . . rigidique cacumine montis

Lucr. 6, 28:

    .   . . recto contendere cursu

Verg. 5, 291:

    .   . . . rapido contendere cursu

Ov. Met. 4, 303:

    .   . . nec quae contendere cursu

Lucr. 5, 781:

    .   . circum collis camposque per omnis

Verg. 2, 498:

    Fertur in arva furens cumulo, camposque per omnes

Ov. Hal. 81:

    . tumulosque canis camposque per omnes

Lucr. 4, 535:

    .   .   nigrai noctis ad umbram

Lucr. 5, 972:

    .   .   palantes noctis in umbris

Verg. 9, 314:

    .   .   .   noctisque per umbram

Verg. Georg. 1, 366:

    .   .   .   noctisque per umbram

Ov. Ib. 153:

    .   .   .   tacitis ego noctis in umbris

Lucr. 4, 1206:

    .   .   .   et materno sanguine crescunt

Verg. 4, 191:

    .   .   Troiano sanguine cretum

Verg. 3, 608:

    .   .   .   .   quo sanguine cretus

Verg. 2, 74:

    .   Hortamur fari, quo sanguine cretus

Ov. Met. 5, 85:

    .   Semiramio . sanguine cretum

Ov. Met. 13, 31:

    .   .   .   .   Quid sanguine cretus

Sisyphio

Lucr. 1, 733:

    Ut vix humana videatur stirpe creatus

Verg. 10, 543:

    .   .   Vulcani stirpe creatus

Ov. Met. 1, 760:

    .   .   si modo sum caelesti stirpe creatus

Ov. Met. 3, 543:

    .   .   memores, qua sitis stirpe creati

Ov. Met. 14, 699:

    .   .   humili de stirpe creatus

Lucr. 4, 56:

.   teretis ponunt tunicas aestate cicadae

Lucr 5, 800:

.   ut nunc teretis aestate cicadae

Ov. A. A. 1, 271:

Vere prius volucres taceant, aestate cicadae

Lucr. 1, 258:

.   .   et candens lacteus umor

Ov. Met. 9, 358:

.   nec sequitur ducentem lacteus humor

Ov. Met. 15, 79:

.   .   nec vobis lacteus humor
Eripitur

Ov. ex P. 3, 3, 97:

.   neque mutatur nigra pice lacteus humor

Lucr. 1, 352:

.   .   .   .   usque ab radicibus imis

Ov. Met. 15, 548:

.   .   montisque iacens radicibus imis

Lucr. 3, 325:

.   communibus inter se radicibus haerent

Ov. Met. 1, 551:

.   .   .   .   pigris radicibus haeret

Vgl. Lucr. 5, 554.

Lucr. 3, 410:

Dum modo ne totum corrumpas luminis orbem

Ov. Met. 2, 752:

Vertit ad hanc torvi dea bellica luminis orbem

Lucr. 4, 990:

.   et crebro redducunt naribus auras

Ov. Hal. 77:

.   .   elatis rimantur naribus auram

Lucr. 4, 841:

> . . . foedareque membra cruore

Ov. Met. 2, 607:

> . puniceo perfudit membra cruore

Lucr. 5, 1221:

> . . percussi membra timore

Ov. Met. 7, 630:

> . . . Pavido mihi membra timore
> Horruerant

Lucr. 4, 581:

> . . taciturna silentia rumpi

Ov. Met. 1, 208:

> . . . sermone silentia rupit

Ov. Met. 11, 598:

> . . nec voce silentia rumpunt

Lucr. 4, 458:

> . . . severa silentia noctis

Ov. Met. 7, 184:

> . . . per muta silentia noctis

Lucr. 3, 826:

> . . . . atque oblivia rerum

Lucr. 6, 1211:

> . . quosdam cepere oblivia rerum

Ov. ex P. 2, 4, 29:

> . . nostrarum veniant oblivia rerum

Ov. Trist. 5, 7, 67:

> . quaero miserarum oblivia rerum [1])

Lucr. 4, 840:

> . . conferre manu certamina pugnae

---

1) Vgl. 1. Heft, S. 28.

Ov. Met. 12, 180:

   .   .   .   cuius certamine pugnae
Cognitus

Lucr. 5, 263:

   .   .   .   .   magnus decursus aquarum
Lucr. 6, 609:

   .   quo sit tantus decursus aquarum
Ov. Met. 15, 266:

   .   .   .   vallem decursus aquarum
Fecit
Vgl. Lucr. 5, 943.

Lucr. 5, 548:

   .   .   prima concepta ab origine mundi
Ov. Met. 1, 3:

   .   .   primaque ab origine mundi
Ov. Trist. 2, 559:

   .   .   prima surgens ab origine mundi

Lucr. 5, 676:

   .   .   .   .   cecidere ab origine prima
Ov. ex P. 4, 8, 17:

   .   .   .   equites ab origine prima

Lucr. 5, 648:

At nox obruit ingenti caligine terras
Ov. Met. 1, 599:

Cum deus inducta latas caligine terras
Occuluit
Ov. Met. 7, 528:

   .   caelum spissa caligine terras
Pressit

Lucr. 3, 304:

   .   suffundens caecae caliginis umbra

Ov. Met. 4, 455:

  .   .   agnorunt inter caliginis umbras

Lucr. 5, 808:

Convertebat ibi natura foramina terrae

Lucr. 6, 592:

  .   .   .   .   per crebra foramina terrae

Ov. Met. 6, 697:

  .   .   cum subii convexa foramina terrae

Lucr. 6, 662:

  .   quia sunt multarum semina rerum

Ov. Met. 1, 9:

Non bene iunctarum discordia semina rerum

Ov. Met. 1, 419:

  .   .   fecundaque semina rerum

Ov. Fast. 4, 787:

  .   .   cunctarum contraria semina rerum

Vgl. Lucr. 1, 59; 176. 2, 678; 755; 833; 1059; 1072. 5, 913 .
6, 789; 1091 u. ö.

Lucr. 3, 486:

  .   .   .   .   ut fulminis ictu,
Concidit

Lucr. 5, 400:

  .   .   repenti fulminis ictu

Ov. ex P. 3, 1, 51:

Notior est factus Capaneus a fulminis ictu

Vgl. Lucr. 6, 386; 406.

Lucr. 2, 144:

Primum aurora novo cum spargit lumine terras

Ov. Met. 2, 149:

  .   .   .   sine me dare lumina terris

Ov. Met. 15, 786:

Lurida sollicitis praebebat lumina terris

Lucr. 2, 194:

   .   .   . nostro cum missus corpore sanguis

Ov. Met. 14, 754:

   .   . calidusque e corpore sanguis

Lucr. 4, 1185:

   .   .   . corpus cum corpore iungit

Ov. Met. 10, 464:

   .   .   .   . devotaque corpora iunxit

Ov. Met. 4, 74:

   .   .   .   . toto nos corpore iungi

Lucr. 5, 33:

   .   .   . immani corpore serpens

Ov. Met. 11, 639:

   .   .   .   . fit longo corpore serpens

Lucr. 3, 891:

Urgerive superne obtritum pondere terrae

Ov. Met. 5, 354:

Saepe remoliri luctatur pondera terrae

Vgl. Ov. Met. 4, 243.

Lucr. 6, 692:

   .   . mirando pondere saxa

Ov. Fast. 2, 367:

   .   .   . et misso pondere saxi

Lucr. 3, 72:

   .   . in tristi funere fratris

Ov. R. A. 573:

   .   .   .   . Pari, funera fratrum

Lucr. 5, 817:

   .   .   . crescunt et robora sumunt

Lucr. 5, 892:

   .   .   .   . nec robora sumunt

Ov. Trist. 5, 2, 7:

   .   .   .   .   nec tempore robora sumpsit

Lucr. 4, 180:

   .   in aetheriis dispersus nubibus austri

Ov. Fast. 2, 71:

   .   .   .   adopertus nubibus auster

Vgl. Lucr. 4, 908.

Lucr. 6, 268:

   Si non extructis foret alte nubibus aether

Ov. Met. 13, 582:

   .   .   latuitque in nubibus aether

Lucr. 5, 1203:

   .   super stellisque micantibus aethera fixum

Ov. Met. 2, 204:

   .   .   .   altoque sub aethere fixis

   Incursant stellis

Lucr. 2, 30:

   .   .   .   sub ramis arboris altae

Ov. Met. 15, 404:

   .   .   ramos levat arboris altae

Vgl. Lucr. 5, 1391.

Lucr. 3, 2:

   .   .   .   inlustrans commoda vitae

Ov. ex P. 1, 8, 29:

   .   .   .   urbanae commoda vitae

Lucr. 3, 324:

   .   .   .   custos et causa salutis

Ov. Her. 10, 143:

   .   .   .   .   si non ego causa salutis

Vgl. Lucr. 3, 348.

Lucr. 5, 1336:

>   .   .   varium genus omne ferarum

Ov. Met. 10, 705:

>   .   .   .   .   cumque his genus omne ferarum

Ov. Her. 10, 1:

>   Mitius inveni quam te genus omne ferarum

Vgl. Lucr. 1, 163.

Lucr. 5, 1292:

>   .   .   .   species est falcis ahenae

Ov. Met. 7, 227 :

>   .   .   curvamine falcis aënae

Lucr. 5, 1324:

>   .   .   .   caedebant dentibus apri

Ov. Met. 10, 550:

>   .   .   .   in aduncis dentibus apri

Lucr. 5, 1397:

>   Tum caput atque umeros plexis redimire coronis

Ov. Fast. 3, 269:

>   .   .   .   frontem redimita coronis

Ov. Am. 3, 11, 29:

>   .   .   .   puppis redimita corona

Ov. Her. 6, 115:

>   .   .   Bacchi coniunx redimita corona [1])

Lucr. 2, 1005:

>   .   .   convertant formas mutentque colores

Ov. Hal. 33:

>   .   .   .   .   sumit mutatque colorem

Vgl. Lucr. 1, 768.

Lucr. 2, 335:

>   .   .   quam sint variata figuris

---

1) Vgl. 1. Heft, S. 11.

Ov. Met. 11, 241:

   .   .   .   variatis saepe figuris

Vgl. Lucr. 2, 484; 491.

Lucr. 4, 1080:

   Quod fieri contra totum natura repugnat

Ov. Met. 3, 376:

   .   .   .   . natura repugnat

Lucr. 4, 703:

   .   .   .   .   et vestigia quaerunt

Ov. Met. 6, 560:

   .   .   . dominae vestigia quaerit

Vgl. Ov. Hal. 78.

Lucr. 3, 557:

   .   .   .   . vitaque fruuntur

Ov. Met. 1, 585:

   .   .   . nescit, vitane fruatur

Lucr. 6, 356:

   .   .   . et vincla relaxant

Ov. Fast. 2, 321:

   .   .   .   . tunicarum vincla relaxat

Lucr. 2, 45:

   .   .   . mortisque timores

   Tum vacuum pectus lincunt

Ov. Met. 7, 604:

   .   .   .   . mortisque timorem

   Morte fugant

Lucr. 6, 1127:

   .   .   . mixtas hinc ducimus auras

Ov. Trist. 5, 9, 11:

   .   .   .   . quod ducimus auras

Lucr. 2, 33:

 . conspergunt viridantis floribus herbas

Lucr. 5, 1394:

 . pingebant viridantis floribus herbas

Ov. Am. 3, 5, 9:

 . petens variis immixtas floribus herbas

Ov. Met. 5, 266:

 . et innumeris distinctas floribus herbas

Lucr. 5, 1199:

 . . . nec aras sanguine multo

Ov. Met. 8, 401:

 . . glomerataque sanguine multo

Lucr. 3, 442:

 . . detracto sanguine venis

Ov. A. A. 3, 503:

 . . . nigrescunt sanguine venae

Vgl. Ov. Met. 2, 824. 5, 436. 7, 334.

Lucr. 5, 1009:

 . . . . . ignemque pararunt

Ov. Met. 3, 698:

 . . ferrumque ignesque parantur

Lucr. 3, 603:

 . . non omnem possit durare per aevom

Lucr. 5, 61:

 . . . magnum durare per aevom

Ov. ex P. 4, 8, 7:

 . . . longum modo duret in aevum

Lucr. 5, 1126:

 Quam regere imperio res velle et regna tenere

Ov. Her. 14, 61:

 . . . patruelia regna tenendo

Ov. Trist. 2, 19:

 . . . Teuthrantia regna tenenti

Ov. Ib. 325:

  .   .   .   Phliasia regna tenentem

Ov. Ib. 343:

  .   .   Rhodopeïa regna tenenti

Ov. Met. 5, 277:

  .   .   .   iniustaque regna tenebat

Ov. Met. 10, 15:

  .   .   inamoenaque regna tenentem

Ov. Met. 10, 35:

  .   .   longissima regna tenetis

Ov. Met. 11, 284:

  .   .   .   nec inhospita regua tenemus

Ov. Met. 13, 649:

  .   .   .   .   locumque et regna tenentem

Lucr. 2, 966:

  .   .   .   .   fit blanda voluptas

Lucr. 5, 178:

  .   .   donec retinebit blanda voluptas

Ov. Fast. 4, 99:

  .   .   .   .   nisi blanda voluptas

b. **Anklingende Verse oder Verstheile ohne ganz strenge Gleichheit im Ausgange:**

Lucr. 6, 681:

    Flamma foras vastis Aetnae fornacibus efflet

Verg. Georg. 1, 472:

    Vidimus undantem ruptis fornacibus Aetnam

Ov. Met. 15, 340:

    Nec quae sulphureis ardet fornacibus Aetne

Lucr. 1, 2:

  .   .   caeli subter labentia signa

Verg. 3, 515:

    Sidera   .   .   tacito labentia coelo

Ov. Fast. 3, 113:

    Non illi caelo labentia signa tenebant

Lucr. 2, 258:

.　　.　　.　　quo ducit quemque voluntas

Verg. Ecl. 2, 65:

.　.　.　.　trahit sua quemque voluptas

Ov. A. A. 1, 749:

.　.　.　.　curae sua cuique voluptas

Lucr. 6, 104:

Tam tenues quam sunt nebulae fumique volantes

Verg. Georg. 2, 217:

Quae tenuem exhalat nebulam fumosque volucres

Ov. Met. 1, 602:

Et noctis faciem nebulas fecisse volucres

Lucr. 1, 920:

Et lacrimis salsis umectent ora genasque

Verg. 1, 465:

.　.　largoque humectat flumine vultum

Verg. 11, 90:

It lacrimans, guttisque humectat grandibus ora

Ov. Met. 9, 656:

.　et humectat lacrimarum gramina rivo

Lucr. 3, 57:

.　verae voces tum demum pectore ab imo
.　Eliciuntur

Verg. 1, 485:

.　.　ingentem gemitum dat pectore ab imo

Ov. Met. 10, 402:

.　.　.　suspiria duxit ab imo
Pectore

Vgl. Verg. 2, 288. 1, 371. 6, 55. Ov. Met. 2, 655.

Lucr. 5, 784:

Crescendi magnum inmissis certamen habenis

Verg. Georg. 2, 364:

.　.　laxis per purum immissus habenis

Verg. 5, 662:

.   Furit immissis Vulcanus habenis

Verg. 6, 1:

.   .   .   classique immittit habenas

Ov. Met. 1, 280:

Fluminibus vestris totas inmittite habenas

Lucr. 5, 966:

Saetigerisque pares subus

Verg. 7, 17:

Setigerique sues

Ov. Met. 10, 549:

Saetigerosque sues

Vgl. Ov. Fast. 1, 352.

Lucr. 6, 1079:

Nec tibi tam longis opus est ambagibus usquam

Ov. Met. 4, 476:

.   .   ‚Non longis opus est ambagibus‘ inquit

Lucr. 3, 937:

.   .   capis securam, stulte, quietem.

Ov. Fast. 6, 331:

.   .   placidamque capit secura quietem

Lucr. 5, 859:

Principio genus acre leonum

Ov. Fast. 4, 215:

.   .   Cur huic genus acre leones

Lucr. 5, 882:

Ubera   .   .   .   lactantia quaeret

Ov. Met. 7, 321:

.   .   lactantiaque ubera quaerit

Vgl. Ov. Met. 6, 342.

Lucr. 1, 288:

> Dat. sonitu magno stragem, volvitque sub undis
> Grandia saxa

Ov. Met. 8, 551:

> . . . obliquaque volvere magno
> Murmure saxa solent

Vgl. Ov. Met. 1, 285. Verg. 2, 305.

Lucr. 5, 735:

> . . . . et veris praenuntius ante
> Pennatus graditur zephyrus

Ov. Fast. 2, 853:

> . an veris praenuntia venit hirundo

Lucr. 3, 3:

> Te sequor . . . . inque tuis nunc
> Ficta pedum pono pressis vestigia siguis

Ov. Met. 3, 17:

> Subsequitur, pressoque legit vestigia gressu

Vgl. Verg. 6, 197.

Lucr. 6, 26:

> . . . quo tendimus omnes

Ov. Met. 10, 34:

> Tendimus huc omnes

Lucr. 5, 863:

> Lanigeraeque simul pecudes et bucera saecla

Ov. Met. 6, 395:

> Lanigerosque greges armentaque bucera pavit

Vgl. Lucr. 2, 662, 6, 1234.

Lucr. 3, 128:

> . . . . ventus vitalis . .
> . qui nobis moribundos deserit artus

Ov. Ib. 125:

> . . cruciatos spiritus artus
> Deserat

Lucr. 4, 1198:

   .   .   .   nisi mutua gaudia nossent

Ov. Am. 2, 3, 2:

   Mutua nec Veneris gaudia nosse potes

Lucr. 5, 462:

   .   .   radiati lumina solis

Ov. Met. 4, 192:

   .   .   .   Quid nunc, Hyperione nate,

   .   .   .   radiataque lumina prosunt

Lucr. 5, 209:

   .   et terram pressis proscindere aratris

Ov. Her. 16, 139:

   .   .   curvo proscindere litus aratro

---

c. Proben aus meiner Sammlung von gemeinsamen Phrasen und Wortverbindungen:

Aeneadum genitrix. Lucr. 1, 1. Ov. Trist. 2, 261.

Aëra per tenerum. Lucr. 2, 146. Verg. 9, 699. Ov. Met.
4, 616. Trist. 5, 2, 26.

Aëriae aurae.. Lucr. 1, 771. 3, 405. 5, 501. Verg. 5,
520. Ov. Met. 9, 219. 10, 178. 14, 127.

Aetherius sol. Lucr. 3, 1042. 5, 215; 281; 267; 389.
Verg. 8, 68. Ov. Mèt. 1, 435.

Aetheria nubes. Lucr. 6, 98. Ov. Met. 15, 804.

Altaria fumant. Lucr. 6, 752. Ov. Fast. 2, 193. Her. 1, 25.

Avia nemora. Lucr. 5, 1384. 2, 144. avia nemorum Ov.
Met. 1, 479.

Bibula arena. Lucr. 2, 376. Verg. Georg. 1, 114. Ov.
Met. 13, 901. Her. 18, 201.

Caeca cupido. Lucr. 3, 59. Ov. Met. 3, 620.

Caeca nox. Lucr. 1, 1107. Verg. Georg. 3, 260. Ov.
Met. 10, 476. Trist. 3, 6, 32.

Caecae latebrae. Lucr. 1, 408. Ov. Met 1, 388.

Caecum vulnus (von der Liebe). Lucr. 4, 1112. Ov. Her.
4, 20.

Conamen sumere. Lucr. 6, 326; 1039. Ov. Met. 8, 366.

Conubia Veneris. Lucr. 3, 774. Ov. Am. 2, 7, 21.

Curas solvere (vom Schlafe) Lucr. 4, 905. Ov. Met.
10, 368.

Decerpere flores. Lucr. 1, 928. 4, 3. Ov. Fast. 5, 255.

Effluere manibus. Lucr. 6, 795. Ov. Met. 3, 39.

Exhalare nebulam. Lucr. 5, 463. Verg. Georg. 2, 217.
Ov. Met. 4, 434. 11, 596. 14, 370. 13, 603.

Emicat alte (vom Blute). Lucr. 2, 195. Ov. Met. 4, 121.

Fera vis venti. Lucr. 6, 592. Ov. Met. 15, 299.

Genitalia corpora. Lucr. 1, 167; 58. 2, 62; 548. Ov.
Met. 15, 239.

Latus haurire. Lucr. 5, 1322. Verg. 10, 314. Ov. Met.
5, 126. 9, 412[1]).

Leti frigus. Lucr. 3, 401. 4, 921. letale frigus. Ov.
Met. 2, 611.

Leti via. Lucr. 2, 918. Ov. Met. 11, 792.

Lingua vibrat (von der Schlange). Lucr. 3, 655. Verg.
2, 211. Ov. Met. 3, 34. 15, 684

Liquidus aether. Lucr. 5, 500. Ov. Met. 1, 67. R. A. 6.

Lucidus aër. Lucr 4, 338. Ov. Fast. 1, 105.

Molle gramen. Lucr. 2, 29. 5, 1390. Ov. Fast. 6, 328.

Natura rerum. Lucr. 1, 25. 3, 1070. u. ö. Ov. Met. 15, 6.

Naturae foedus. Lucr. 2, 302. 1, 586. 5, 310. Ov. Met.
10, 353.

Noctes vigilare. Lucr. 1, 142. (noctes vigilare serenas) Ov.
Her. 12, 169 (noctes vigilantur amarae) Vgl. Ov.
Fast. 4, 167. A. A. 1, 735.

Nonne vides (als Versanfang). Lucr. 2, 207; 263. 4, 120;
805; 1193; 1278. 5, 382; 556; 600; 644. 6, 806;
900. Verg. Georg. 3, 103. Ov. Met. 15, 362; 382.

---

1) Vgl. über die Phrase Haupt zu Ov. Met. 5, 126.

Pabula laeta. Lucr. 1, 14; 257. 2, 364; 596; 875 u. ö. Ov. Am. 3, 5, 28.

Patulae nares. Lucr. 5, 1074. Verg. Georg. 1, 376. Ov. Met. 3, 686.

Pedes bisulci. Lucr. 2, 356. Ov. Met. 7, 113.

Pingere floribus. Lucr. 5, 1394. Ov. Fast 4, 430.

Placida quies Lucr. 1, 463. Ov. Met 9, 469. Fast. 1, 205. 6, 331.

Placidum pectus. Lucr. 6, 75. Verg. 1, 521. Ov. Met. 15, 657.

Quassare caput. Lucr. 2, 1164. Verg. 7, 292. 12, 894. Ov. Hal. 41.

Radiantia sidera. Lucr. 4, 211. Ov. Met. 7, 325.

Sidera micant. Lucr. 5, 516. Ov. Met. 7, 188; 325. Fast. 2, 266.

Solis vapor. Lucr. 1, 1032. 6, 236 u. ö. Ov. Met. 10, 126.

Taciturna silentia. Lucr. 4, 581 Ov. A. A. 2, 505.

Velare tempora (corona, vom Dichter). Lucr. 4, 5. Ov. ex P. 4, 14, 55.

Versare lumina (vom Sterbenden). Lucr. 6, 1179. Ov. Met. 6, 247. 7, 579.

Vertere glebas. Lucr. 1, 211. 5, 210. Ov. Met. 5, 477.

Volatile telum. Lucr. 1, 970. Ov. Met. 7, 841.

A. A. 1, 169. (Bei Verg. 4, 71 und 8, 694 v. ferrum.)

III.

Hat Ovid, wie wir nun gesehen, schon von einem Ennius und Lucretius so Manches gelernt, sowol für die Behandlung seiner Stoffe, als ganz besonders für seine
Phraseologie und seinen Versbau, so ist es wol gleich
klar, welch' grossen Einfluss Vergilius auf ihn ausüben
musste, derjenige seiner Vorgänger, der gerade durch Cor-
rectheit und Eleganz in Sprache und Versbau für den poetischen Sprachgebrauch der Römer mustergültig geworden
ist[1]). Auch hier wieder weisen schon die Stellen, in denen
unser Dichter ausdrücklich auf Vergil zu sprechen kommt,
auf ein so enges Verhältniss hin; sie sind voll begeisterter
Anerkennung mit ganz bedeutenden Wortanklängen und
Anspielungen, ähnlich wie wir sie bei Lucrez und vorzüglich bei Tibull gefunden:

Am. 1, 15, 25:

> Tityrus et fruges Aeneïaque arma legentur,
> Roma triumphati dum caput orbis erit.

A. A. 3, 337:

> Et profugum Aenean, altae primordia Romae,
> Quo nullum Latio clarius extat opus.

---

1) W. S. Teuffel, Röm. Lit. S. 391.

R. A. 395:

> Tantum se nobis elegi debere fatentur,
>   Quantum Vergilio nobile debet epos.

Trist. 2, 533:

> Et tamen ille tuae felix Aeneidos auctor
>   Contulit in Tyrios arma virumque toros,
> Nec legitur pars ulla magis de corpore toto,
>   Quam non legitimo foedere iunctus amor.

Wir haben viele Verse aus Vergil schon bei der Besprechung der früheren Dichter mitverglichen; dennoch aber bleibt uns auch hier noch, selbst wenn wir nur auf das Allerwichtigste eingehen, eine Fülle von Materiale. In der Anordnung desselben gehe ich im Ganzen wieder so vor, wie bisher; nur muss ich beim allgemeinen Theile hier von vorneherein strenge unterscheiden zwischen ein Paar grösseren Partieen, die einige Bemerkungen erfordern, und zwischen den kleineren Stellen, die ich wieder nur mit Voranstellung eines Schlagwortes vergleiche.

Grössere Abschnitte und ganze Situationen aus Vergil's Dichtungen finden sich bei Ovid öfter in entschieden anklingender Form wieder; manchmal stehen sie in gleichem oder ähnlichem Zusammenhange wie dort, bisweilen aber werden sie in recht überraschender Weise und in ächt ovidischer Manier bei einer ganz anderen Gelegenheit und zu einem durchaus verschiedenen Zwecke angebracht. Zur ersteren Kategorie gehören vorzüglich viele auf den trojanischen Sagenkreis bezügliche Stellen aus den Verwandlungen, welche aneinandergereiht in manchen Theilen wirklich wie ein Auszug aus der vergilischen Aeneis sich ausnehmen. Ich gebe hier nur einige Proben:

Scene nach Troja's Fall:

Ov. Met. 13, 410:

> .   Tractata comis antistita Phoebi
> Non profecturas tendebat ad aethera palmas

Verg. 2, 403:

> .   trahebatur passis Priameïa virgo
> Crinibus   .   .   .   .   .
> Ad coelum tendens ardentia lumina   .
> .   nam teneras arcebant vincula palmas

Ov. Met. 13, 412:

> Dardanidas matres patriorum signa deorum,
> Dum licet, amplexas

Verg. 2, 515:

> Hic Hecuba et natae   .   .   .

517: Condensae et divûm amplexae simulacra sedebant

Schicksal des Polydoros:

Ov. Met. 13, 430:

> .   .   .   Polymestoris illic
> Regia dives erat, cui te commisit alendum
> Clam, Polydore, pater, Phrygiisque removit ab armis

Verg. 3, 49:

> Hunc Polydorum   .   .   .   .   .
> Infelix Priamus furtim mandarat alendum
> Threïcio regi, quum iam diffideret armis

Aeneas bei Anius und Antwort des Orakels:

Ov. Met. 13, 631:

> Intrat Apollineam, sociis comitantibus, urbem.
> Hunc Anius, quo rege homines, antistite Phoebus
> Rite colebatur, temploque domoque recepit

Verg. 3, 79:

> .   Egressi veneramur Apollinis urbem.
> Rex Anius, rex idem hominum Phoebique sacerdos

82: Occurrit

Ov. Met. 13, 678:

> Qui petere antiquam matrem cognataque iussit
> Litora

Verg. 3, 96:

   .   .   antiquam exquirite matrem

Sturm nach der Abfahrt von Creta; Strophaden; Weiterfahrt.

Ov. Met. 13, 709:

Saevit hiems, iactatque viros: Strophadumque receptos
Portubus infidis exterruit ales Aëllo.
Et iam Dulichios portus, Ithacamque, Samonque,
Neritiasque domos, regnum fallacis Ulixis,
Praeter erant vecti.

Verg. 3, 195:

Noctem hiememque ferens   .   .   .   .

197: .   dispersi iactamur gurgite vasto.

209: Servatum ex undis Strophadum me litora primum
Accipiunt   .   .   .   .   .

270: Iam medio apparet fluctu   .   .
Dulichiumque, Sameque, et Neritos ardua saxis.
Effugimus scopulos Ithacae, Laërtia regna,
Et terram altricem saevi exsecramur Ulixi.

Scylla und Charybdis:

Ov. Met. 13, 730:

Scylla latus dextrum, laevum inrequieta Charybdis
Infestant

Verg. 3, 420:

Dextrum Scylla latus, laevum implacata Charybdis
Obsidet

Die Flotte nach Karthago verschlagen:

Ov. Met. 14, 77:

   .   Libycas vento referuntur ad oras

Verg. 1, 158:

   .   .   et Libyae vertuntur ad oras

A e n e a s mit S i b y l l a in der U n t e r w e l t; W e i s -
s a g u n g:

Ov. Met. 14, 113:

   .   .   .   .   .   Dixit. et auro
Fulgentem ramum silva Iunonis Avernae
Monstravit

Verg. 6, 136:

   .   .   .   .   Latet arbore opaca
Aureus et foliis et lento vimine ramus
Iunoni infernae dictus sacer

Ov. Met. 14, 119:

Quaeque novis essent adeunda pericula bellis

Verg. 6, 890:

Exin bella viro memorat, quae deinde gerenda

A c h a e m e n i d e s und der C y c l o p:

Ov. Met. 14, 166:

Iam suus, et spinis conserto tegmine nullis,
Fatur Achaemenides

Verg. 3, 594:

Consertum tegumen spinis; at cetera Graius

614: Nomen Achemenides

Ov. Met. 14, 196:

   .   et elisi trepident sub dentibus artus

Verg. 3, 627:

   .   et tepidi tremerent sub dentibus artus

Ov. Met. 14, 211:

   .   .   eiectantemque cruentas
Ore dapes, et frusta mero glomerata vomentem

Verg. 3, 632:

   .   saniem eructans et frusta cruento
Per somnum commixta mero

Ov. Met. 14, 218:

Hanc procul aspexi longo post tempore navem

Verg. 3, 651:

>   .   .   hanc primum ad litora classem
> Conspexi venientem

Ankunft in Latium (Tiber):

Ov. Met. 14, 447:

>   .   .   lucosque petunt, ubi   .   .
> In mare cum flava prorumpit Thybris arena

Verg. 7, 29:

>   .   .   .   ingentem ex aequore lucum
> Prospicit: hunc inter   .   .Tiberinus   .
>   .   .   .   multa flavus arena,
> In mare prorumpit

Gesandtschaft des Turnus an Diomedes:

Ov. Met. 14, 457:

> At Venulus frustra profugi Diomedis ad urbem
> Venerat

Verg. 8, 9:

> Mittitur et magni Venulus Diomedis ad urbem

Vgl. Verg. 11, 226:

>   .   .   maesti magna Diomedis ab urbe
> Legati responsa ferunt

Ueber Hector und Aeneas:

Ov. Met. 13, 665:

> Non hic Aeneas, non   .   .   .
> Hector erat, per quos decimum durastis in annum

Verg. 11, 289:

> Hectoris Aeneaeque manu victoria Graiûm
>   .   .   in decimum vestigia retulit annum

In ähnlicher Weise ist das vierte Buch der Aeneis in der siebenten Heroide entschieden benützt. Man vergleiche z. B.:

Ov. Her. 7, 93:

>   Illa dies nocuit, qua nos declive sub antrum
>   Caeruleus subitis compulit imber aquis.
>   .   .   nymphas ululasse putavi.

Verg. 4, 165:

>   Speluncam Dido dux et Troianus eamdem
>   Deveniunt   .   .   .   .   .   .

168: .   summoque ulularunt vertice Nymphae.

>   Ille dies primus leti primusque malorum
>   Causa fuit

Ov. Her. 7, 125:

>   Quid dubitas vinctam Gaetulo tradere Iarbae

Verg. 4, 326:

>   .   aut captam ducat Gaetulus Iarbas

Ov. Her. 7, 178:

>   Pro spe coniugii tempora parva peto:
>   .   .   .   .   .   dum tempore et usu
>   Fortiter edisco tristia posse pati

Verg. 4, 431:

>   Non iam coniugium antiquum   .   .   .

433: Tempus inane peto   .   .   .

>   Dum mea me victam doceat fortuna dolere

Als weitere Belege für diese erste Gattung erwähne
ich beispielshalber noch die dem Vergil nachgebildeten und
bei ganz ähnlicher Situation angebrachten Monologe der
erzürnten Juno bei Ovid; z. B.

Ov. Met. 3, 265:

>   .   .   .   si sum regina Iovisque
>   Et soror et coniunx

Verg. 1, 46:

>   Ast ego, quae divûm incedo regina, Iovisque
>   Et soror et coniux

Vgl. Ov. Met. 2, 512 ff. 3, 261 ff. 4, 422 ff. Verg. 1, 36 ff. 7,
292 ff.

Endlich die ebenfalls auch formell anklingende Behandlung der Hippolytussage:

Ov. Met. 15, 498:

.   .   sceleratae fraude novercae
Occubuisse neci

Verg. 7, 765:

.   .   .   .   postquam arte novercae
Occiderit

Ov. Met. 15, 534:

.   .   .   Quam postquam fortibus herbis
Atque ope Paeonia   .   .   recepi

Verg. 7, 769:

Paeoniis revocatum herbis

Ov. Met. 15, 544:

.   .   nunc idem Virbius esto

Verg. 7, 777:

.   versoque ubi nomine Virbius esset

Ich lasse es für die erste der oben erwähnten Gattungen mit diesen Beispielen genügen, obwol ich noch viele andere anreihen könnte, und gehe zur zweiten Kategorie über.

Ein Beleg dafür, wie geschickt unser Ovid vergilische Stellen auch bei nicht. vollständig gleicher Situation für seine Zwecke auszubeuten versteht, ist die Benützung der zweiten Ecloge in der bekannten Schilderung des verliebten Cyclopen Met. 13, 780 ff. Allerdings gehen hier beide Dichter auf Theokrit Jd. 11. zurück und man könnte darum mit eben so grossem Rechte darauf hinweisen, wie klug Vergil bei einer verschiedenen Situation den griechischen Dichter zu gebrauchen wusste, ja man könnte sogar geltend machen, dass Ovid hier dem Theokrit näher stehe als Vergil. Aber es handelt sich da nicht um den Stoff allein, sondern auch um die Form, um das römische Gewand, und in dieser Beziehung war Vergil gewiss in mancher Hinsicht

Vermittler und Bindeglied. Man halte nur Stellen zusammen wie:

Ov. Met 13, 784:

    Sumptaque arundinibus compacta est fistula centum

Verg. Ecl. 2, 36:

    Est mihi disparibus septem compacta cicutis

    Fistula

Ov. Met. 13, 829:

    Lac mihi semper adest niveum

Verg. Ecl. 2, 22:

    Lac mihi non aestate novum, non frigore defit

Ov. Met. 13, 817:

    Prunaque   . . . . .

    . . . novasque imitantia ceras

Verg. Ecl. 2, 53:

    Addam cerea pruna

Der Vers 52 aus der nämlichen Ecloge Vergil's wird von Ovid in der ihm ganz eigenen, überraschenden Weise wieder in die Ars verflochten:

Verg. Ecl. 2, 52:

    Castaneasque nuces, mea quas Amaryllis amabat

Ov. A. A. 2, 267:

    . . . aut quas Amaryllis amabat..

    At nunc castaneas non amat illa.. nuces

Noch interessanter, weil das auffallende griechische Vorbild wegfällt, ist die Partie Ov. Met. 4, 432 ff. Verg. 7, 323 ff. Das ganze Motiv des Hinabsteigens der Juno in die Unterwelt und des Aufrufes und der Wirkung der Furie, von Vergil in die Aeneassage verflochten, wird von Ovid nach Theben in den Kreis der Bacchusmythen verlegt.

Der Ausdruck ist hier oft äusserst ähnlich und lässt gar keinen Zweifel an Reminiscenzen zu; z. B.:

Ov. Met. 4, 451:

    .   .   .   .   .   . sorores

Nocte vocat genitas

Verg. 7, 331:

    .   .   .   . virgo sata Nocte

Ov. Met. 4, 490:

   .   . aditumque obsedit Erinys

Verg. 7, 343:

   .   . tacitumque obsedit limen Amatae

Ov. Met. 4, 495:

Inde duos mediis abrumpit crinibus angues

507: .   .   . praecordiaque intima movit

Verg. 7, 346:

Huic dea caeruleis unum de crinibus anguem [1] .

Coniicit, inque sinum praecordia ad intima subdit

Ov. Met. 4, 498:

Inspirantque graves animas

Verg. 7, 351:

Vipeream inspirans animam

Ov. Met. 4, 510:

Sic victrix iussique potens

---

[1] Zu diesem Versausgange vergleiche ausser den schon im ersten Hefte S. 77 citirten Stellen noch:

Verg. 7, 450:

    . et geminos erexit crinibus angues.

Ov. Met. 4, 792:

    . alternis inmixtos crinibus angues.

Ov. Am. 3, 12, 23:

   .   .   .   . nos crinibus angues.

Verg 7, 541:

Promissi dea facta potens   .   .   .

544: Iunonem victrix affatur

Ov. Met. 4, 513;

Clamat: ,Io, comites

Verg. 7, 400:

Clamat: „Io matres

Ov. Met. 4, 523:

,Euhoe Bacche‘ sonat

Verg. 7, 389:

Evoe Bacche fremens

Die bei Ovid Met. 15, 439 ff. ganz überraschend ein-
gefügte Rede des Helenus an Aeneas, welche zunächst an
Verg. 3, 374 ff. mahnt, enthält Anklänge an verschiedene
Verse der Aeneis:

Ov. Met. 15, 439:

„Nate dea

Verg. 3, 374:

„Nate dea

Ov. Met. 15, 440:

.   .   non tota cadet te sospite Troia

Verg. 8, 470:

.   .   .   quo sospite numquam

Res equidem Troiae victas   .   .   fatebor

Ov. Met. 15, 441:

Flamma tibi ferrumque dabunt iter

Verg. 2, 633:

.   dant tela locum, flammaeque recedunt

Vgl. Ov. Fast. 4, 800. ex P. 1, 1, 34.

Was Venus bei Vergil am Schlusse des ersten Buches

zu ihrem Sohne spricht, wird von Ovid bei Behandlung des Raubes der Proserpina mit nicht sehr bedeutenden Aenderungen wiederholt:

Ov. Met. 5, 364:

   .   .   . natumque amplexa volucrem

„„Arma manusque meae, mea, nate, potentia‘“, dixit,

„„Illa, quibus superas omnes, cape tela, Cupido

Verg. 1, 663:

Ergo his aligerum dictis affatur Amorem:

„Nate, meae vires, mea magna potentia, solus,

„Nate, patris summi qui tela Typhoïa temnis

Wie bei Vergil an zwei Stellen eine Gottheit zu einem bestimmten Zwecke sich in eine alte Frau verwandelt, ebenso geschieht dies zweimal bei Ovid, in einem auderen Zusammenhange, aber mit unläugbarer Formähnlichkeit:

Ov. Met. 3, 275:

   .   .   . posuitque ad tempora canos,

Sulcavitque cutem rugis   .   .   .

   .   .   . vocem quoque fecit anilem,

Ipsaque erat Beröe

Verg. 7, 416:

   . in vultus sese transformat aniles,

Et frontem   .   rugis arat; induit albos

419: Fit Calybe

Verg. 5, 620:

Fit Beroë

Vgl. Ov. Met. 6, 26.

Die bei Vergil auf dem Grabhügel des Polydoros sich abspinnende Scene vom Hervorquellen des Blutes aus Baumzweigen hatte Ovid bei der Verwandlung der Heliaden vor Augen Vgl. z B.:

Ov. Met. 2, 358:

   .   .   . truncis avellere corpora temptat,

360: Sanguineae manant, tamquam de vulnere, guttae

Verg. 3, 24:

.   viridemque . . convellere silvam

Conatus . . . . .

28: .   huic atro liquuntur sanguine guttae

Ebenso überraschend ist die Beschreibung des zahmen Hirsches aus Verg. 7, 482 ff. von Ovid bei Behandlung der Cyparissussage benützt.

Ov. Met. 10, 110:

Ingens cervus erat . . .

117: Isque . . . .

.   celebrare domos, mulcendaque colla

Quamlibet ignotis manibus praebere solebat.

122: . . tu liquidi ducebas fontis ad undam:

Tu modo texebas varios per cornua flores

Verg. 7, 483:

Cervus erat . . . cornibus ingens

488: Mollibus intexens ornabat cornua sertis,

. . puroque in fonte lavabat.

Ille, manum patiens . . .

. . rursusque ad limina nota

Ipse domum . . se nocte ferebat

Hier könnten endlich auch noch die Gleichnisse besprochen werden; da aber einerseits jene der Aeneis und der Metamorphosen schon von anderer Seite behandelt wurden[1]), und zweitens ein näheres Eingehen auf diesen Stoff uns hier zu weit führen würde, beschränke ich mich auf ein Beispiel dieser Art, das für uns noch aus einem ganz besonderen Grunde interessant ist und dann zugleich als Beleg dafür dienen kann, wie Gleichnisse der Aeneis auch in anderen Dichtungen Ovid's wiederkehren:

---

1) Vgl. besonders: Sobieski, Vergil und Ovid nach ihren Gleichnissen in der Aeneide und den Metamorphosen. Progr. Lemberg 1861

Ov. Fast. 2, 341:

> Attonitusque metu rediit, ut saepe viator
> Turbatum viso rettulit angue pedem

Verg. 2, 378:

> .   retroque pedem cum voce repressit.
> Improvisum aspris veluti qui sentibus anguem
> Pressit humi nitens, trepidusque repente refugit

Die ganze ovidische Stelle ist eine der schlüpfrigeren; wir haben es daher hier ohne Zweifel wieder mit einer jener schalkhaften, wolberechneten Reminiscenzen zu thun, von denen wir bereits früher bei Lucrez gesprochen. Hiemit schliesse ich meine Bemerkungen ab, da ich schon durch diese wenigen Beispiele das oben Behauptete zur Genüge bewiesen zu haben glaube und es nicht im Plane dieses Büchleins liegen darf, alles Derartige auszuführen. Ich lasse nun nur noch Einiges in der knappesten Form folgen.

Verschlimmerung nach dem goldenen Zeitalter:

Ov. Met. 1, 130:

> In quorum subiere locum fraudesque dolique
> Insidiaeque et vis et amor sceleratus habendi

Verg. 8, 327:

> Et belli rabies et amor successit habendi [1])

Ov. Met. 1, 147:

> Lurida terribiles miscent aconita novercae

1) Der Versschluss wurde ziemlich beliebt; vgl.

Ov. Fast. 1, 195:

> Tempore crevit amor, qui nunc est summus, habendi

Ov. A. A. 3, 541:

> .   .   .   nec amor nos tangit habendi

Verg. Georg. 4, 177:

> .   innatus apes amor urget habendi

Hor. Epist. 1, 7, 85:

> .   .   et amore senescit habendi

Vgl. für die Form Verg. Georg. 2, 128:

> Pocula si quando saevae infecere novercae

Ov. Met. 1, 414:

> Inde genus durum sumus . .
> Et documenta damus, qua simus origine nati

Verg. Georg. 1, 63:

> Unde homines nati, durum genus

Gigantenkampf:

Ov. Met. 1, 154:

> Tum pater omnipotens misso perfregit Olympum
> Fulmine, et excussit subiecto Peliou Ossae

Verg. Georg. 1, 281:

> Ter sunt conati imponere Pelio Ossam

283: Ter Pater exstructos disiecit fulmine montes

Vgl. Ov. Fast. 1, 307. 3, 441. Am. 2, 1, 13[1]).

Atlas:

Ov. Met. 2, 296:

> . . . Atlas en ipse laborat,
> Vixque suis humeris candentem sustinet axem

Verg. 8, 136:

> . . . maximus Atlas
> . aetherios humero qui sustinet orbes

Vgl. noch Ov. Met. 6, 174. Verg. 4, 481.

Ueber Cäneus:

Ov. Met. 12, 531:

> Maxime vir quondam, sed nunc avis unica, Caeneu

Verg. 6, 448:

> It comes, et iuvenis quondam, nunc femina, Caeneus

---

1) Vgl. 1. Heft, S. 119.

Vom raubenden Adler:

Ov. Met. 6, 516:

Non aliter, quam cum pedibus praedator obuncis
Deposuit nido leporem Iovis ales in alto

Verg. 12, 247:

Namque volans   .   .   Iovis ales in aethra
250: Cycnum   .   pedibus rapit improbus uncis

Herabblicken aus der Höhe:

Ov. Met. 2, 178:

Ut vero summo despexit ab aethere terras
.   .   penitus penitusque iacentes

Verg. 1, 223:

.   .   .   .   quum   .   aethere summo
Despiciens mare   .   terrasque iacentes

Lauf der Gestirne als Zeitbestimmung:

Ov. Met. 6, 486:

Iam labor exiguus Phoebo restabat, equique
Pulsabant pedibus spatium declivis olympi

Verg. 10, 215:

.   .   .   .   .   curru
.   Phoebe medium pulsabat Olympum

Aurora:

Ov. Met. 3, 149:

.   .   .   .   Altera lucem
Cum croceis invecta rotis Aurora reducet

Verg. 12, 76:

.   .   .   Quum primum crastina coelo
Puniceis invecta rotis Aurora rubebit

Ov. Met. 2, 144:

.   Effulget tenebris aurora fugatis

Verg. 3, 521:

.   rubescebat stellis Aurora fugatis

Von einem Herumblickenden:

Ov. Met. 6, 169:

    Constitit. utque oculos circumtulit alta superbos

Verg. 2, 68:

    Constitit atque oculis   .   agmina circumspexit

Herbeischleppen eines Gefangenen:

Ov. Met. 3, 575:

    .   et tradunt manibus post terga ligatis

Verg. 2. 57:

    .   manus iuvenem interea post terga revinctum

Zeltlager:

Ov. Met. 8, 43:

    Candida Dictaei spectans tentoria regis

Ov. Met. 13, 249:

    Haud contentus eo petii tentoria Rhesi

Ov. A. A. 2, 137:

    Illic Sithonii fuerant tentoria Rhesi

Verg. 1, 469:

    Nec procul hinc Rhesi niveis tentoria velis

Aufzählung von Getödteten:

Vgl. Ov. Met. 13, 257 ff. Verg. 9, 762 ff.; besonders:

Ov. Met. 13, 258:

    Alcandrumque Haliumque Noëmonaque Prytaninque

Verg. 9, 767:

    Alcandrumque Haliumque Noëmonaque Prytanimque

Alle thun das Gleiche (Anaphora):

Ov. Met. 3, 617:

    Hoc Libys, hoc flavus   . .   Melanthus

    Hoc probat Alcimedon   .   .   .   .

620: Hoc omnes alii

Verg. 2, 394:

> Hoc Rhipeus, hoc ipse Dymas omnisque iuventus
> Laeta facit

Zeichen der Trauer bei Bejahrten:

Ov. Met. 8, 528:

> Pulvere canitiem genitor . .
> Foedat

Verg. 10, 844:

> Canitiem multo deformat pulvere

Verg. 12, 611:

> Canitiem immundo perfusam pulvere turpans[1])

Glücklich, der dies Unglück nicht erlebt:

Ov. Met. 13, 521:

> Felix morte sua est. nec te, mea nata, peremptam
> Aspicit

Verg. 11, 159:

> Felix morte tua, neque in hunc servata dolorem

Wirkung des Schreckens:

Ov. Met 7, 631:

> Horruerant, stabantque comae

Verg. 2, 774:

> Obstupui, steteruntque comae

Vgl. Verg. 3; 48. 4, 280.[2])

Welche Veränderung!

Ov. Met. 6, 273:

> Heu quantum haec Niobe Niobe distabat ab illa,
> Quae

---

1) Vgl. schon Catull. 64, 224: Canitiem terra atque infuso pulvere foedans.

2) Das homerische: ὀρθαὶ δὲ τρίχες ἔσταν. Il. 24, 359.

Verg. 2, 274:

> Hei mihi, . . quantum mutatus ab illo
> Hectore, qui[1])

***

Vom schwächenden Alter:

Ov. Trist. 4, 8, 23:

> . . tarda vires minuente senecta

Verg. 9, 610:

> . . . nec tarda senectus
> Debilitat vires

***

Unglückliche Vorzeichen:

Ov. Met. 10, 452:

> . . . . . . ter omen
> Funereus bubo letali carmine fecit

Ov. Met. 15, 791:

> Tristia mille locis Stygius dedit omina bubo

Verg. 4, 462:

> Solaque culminibus ferali carmine bubo

***

Ov. Met. 15, 792:

> Mille locis lacrimavit ebur

Verg. Georg. 1, 480:

> Et maestum illacrimat templis ebur

***

Ov. Met. 15, 794:

> . . . magnosque instare tumultus
> Fibra monet

Verg. Georg. 1, 464:

> . Ille etiam caecos instare tumultus
> Saepe monet[2])

***

1) Für Vergil war hier wahrscheinlich Vorbild Ennius Annal. 7:
Ei mihi qualis erat. Ovid aber scheint an dieser Stelle sicher die
vergilische vor Augen gehabt zu haben.

2) Hier ist mit Ov. Met. 15, 783 ff. ganz besonders Verg. Georg.

Vom Orakel:

Ov. Met. 15, 634:

> Et locus et laurus .   .   .   .   .
> Intremuere simul, cortinaque reddidit imo
> Hanc adyto vocem

Verg. 3, 90:

> .   .   .   .   tremere omnia visa repente,
> Liminaque laurusque dei   .   .
> .   .   et mugire adytis cortina reclusis

Ov. Met. 15, 677:

> Et ‚Deus en! deus eu!

Verg. 6, 46:

> „Tempus“ ait: „deus, ecce, deus!“

Von Opfernden:

Ov. Met. 7, 182:

> .   .   vestes induta recinctas,
> Nuda pedem

Verg. 4, 518:

> Unum exuta pedem vinclis, in veste recincta

Vgl. noch Ov. A. A. 1, 529:

> .   .   .   .   tunica velata recincta,
> Nuda pedem

Und für den Versausgang an letzterer Stelle:

Ov. Fast. 3, 645:

> .   .   .   tunica velata recincta

1, 464 ff. in den meisten Theilen zu vergleichen. Ich hätte die beiden Stellen, die uns einen der schlagendsten Beweise dafür liefern, wie Ovid den gleichen Gegenstand auch mit vielfach gleichem Ausdrucke behandelt, allerdings schon‑ oben anführen können, that aber dies geflissentlich nicht aus dem Grunde, weil hier eben auch Tibull in Betracht kommt, wie wir im 1. Hefte S. 76 gesehen.

Oelzweig:

Ov. Met. 7, 498:

.   ramumque tenens popularis olivae

Ov. Met. 8, 295:

.   cum ramis semper frondentis olivae

Ov. Her. 11, 67:

. .   ramisque albentis olivae

Ov. Met. 7, 277:

Arenti ramo   .   mitis olivae

Verg. 8, 116:

Paciferaeque manu ramum praetendit olivae.

Geschenke:

Ov. Met. 13, 681:

Crateram Aeneae, quam quondam miserat illi

Hospes ab Aoniis Therses Ismenius oris

Verg. 5, 536:

Cratera   . . , quem Thracius olim

.   .   .   .   .   Cisseus

.   .   dederat

Ov. Met. 13, 704:

. .   claramque auro gemmisque coronam

Verg. 1, 655:

.   et duplicem gemmis auroque coronam

Ov. Her. 3, 31:

Viginti fulvos operoso ex aere lebetas

Verg. 5, 266:

Tertia dona facit geminos ex aere lebetas

Eine Gottheit beklagt die Unsterblichkeit:

Ov. Met. 1, 661:

Nec finire licet tantos mihi morte dolores

Verg. 12, 879:

. . . .   cur mortis ademta est

Condicio? Possem tantos finire dolores

Vom Blicke der Gottheit:

Ov. Met. 13, 70:

Aspiciunt oculis superi mortalia iustis

Verg. 4, 372:

Nec Saturnius haec oculis pater adspicit aequis

Zürnender Blick:

Ov. Met. 9, 27:

Talia dicentem iandudum lumine torvo

Spectat, et accensae non fortiter imperat irae

Verg. 4, 362:

Talia dicentem iamdudum aversa tuetur,

.   .   .   .   totumque pererrat

Luminibus tacitis, et sic accensa profatur

Wiederanfachen des Feuers:

Ov. Met. 8, 641:

.   .   .   cinerem dimovit, et ignes

Suscitat hesternos

Verg. 5, 743:

Haec memorans cinerem et sopitos suscitat ignes

Verg. 8, 410:

.   cinerem et sopitos suscitat ignes

Für den Versausgang bei Vergil vgl. noch:

Ov. A. A. 3, 597:

.   extinctos iniuria suscitat ignes

Schäumen des Meeres:

Ov. Met. 11, 480:

Cum mare   .   .   tumidis albescere coepit

Fluctibus

Verg. 7, 528:

Fluctus uti primo coepit quum albescere ponto

Verg. Georg. 3, 237:

Fluctus uti medio coepit quum albescere ponto

Von einem Meerbusen oder Hafen:

Ov. Met. 11, 229:

Est sinus Haemoniae curvos falcatus in arcus

Ov. Her. 2, 131:

Est sinus, adductos modice falcatus in arcus

Verg. 3, 533:

Portus ab Euroo fluctu curvatus in arcum

Anrufung der Musen:

Ov. Met. 15, 622:

Pandite nunc, Musae

Ov. Met. 10, 148:

. . Musa parens . . . .

Carmina nostra move

Verg. 7, 641:

Pandite nunc Helicona, deae, cantusque movete

Und hätt' ich hundert Zungen!

Ov. Met. 8, 532:

Non mihi si centum deus ora sonantia linguis,

. . . . dedisset,

Tristia persequerer miserarum dicta sororum

Verg. 6, 625:

Non, mihi si linguae centum sint oraque centum,

627: Omnia poenarum percurrere nomina possim

Verg. Georg. 2, 43:

Non, mihi si linguae centum sint, oraque centum[1])

Kleines mit Grossem verglichen:

Ov. Met. 5, 416:

. . . Quod si componere magnis

Parva mihi fas est

---

1) Nachbildung aus dem Griechischen. Vgl. Hom, Il. 2, 489: οὐδ᾽ εἴ μοι δέκα μὲν γλῶσσαι, δέκα δὲ στόματ᾽ εἶεν. Nach Macrob. Sat. 6, 3 schon bei Hostius. Vgl. noch Ov. Trist. 1, 5, 53.

Verg. Georg. 4, 176:

   . .   si parva licet componere magnis

Vgl. Ov. Trist. 1, 3, 25. 1, 6, 28. Verg. Ecl. 1, 23.[1])

Beschönigung der Schuld:

Ov. Met. 7, 69:

   Coniugiumne vocas, speciosaque nomina culpae
   Inponis

Verg. 4, 172:

   Coniugium vocat: hoc praetexit nomine culpam

Vgl. Ov. Her. 5, 131.

Zum Schlusse sollen hier noch einige in der römischen Poesie überhaupt und dann besonders bei Ovid beliebt gewordene Erscheinungen, die ausführlicher schon im ersten Hefte besprochen wurden, auch aus Vergil näher belegt werden:

Zahlengegensätze: 1, 15. 4, 95.[2])

Unzählbarkeit bildlich ausgedrückt: ausser Georg. 2, 105. noch Aen. 7, 718[3]).

Bildliche Bezeichnung des Unbeständigen, Vergeblichen: 9, 312. 11, 795[4]).

Des Dauernden: 1, 607.[5])

Hiemit lasse ich es für den allgemeinen Theil genug sein; dass es sich übrigens auch hier für uns nur um eine passende Auswahl zum Beweise des oben Behaupteten handeln konnte und wie schwierig diese Wahl bei dem so ungemein

---

1) Wieder eine von beiden Dichtern in ganz ähnlicher Weise aus dem Griechischen übertragene Wendung. Vgl. Herodot. 2, 10: ὥς γε εἶναι σμικρὰ ταῦτα μεγάλοισι συμβαλεῖν. 4, 99. Thucyd. 4, 36 ὡς μικρὸν μεγάλῳ εἰκάσαι.

2) 1. Heft, S. 58. Vgl. 2. Heft, S. 10.

3) 1. Heft, S. 37.

4) 1. Heft, S. 39.

5) 1. Heft, S. 41.

reichen Stoffe wurde, das wird jeder billige Kenner selbst am Besten zu beurtheilen wissen.

Es folgt nun das ausschliesslich auf Phraseologie Bezügliche im Ganzen wieder in der bisher üblichen Ordnung:

a. **Verse und Verstheile mit gleichem Hexameterschlusse:**

Ov. Met. 3, 40:

.   et attonitos subitus tremor occupat artus

Verg. 7, 446:

.   .   .   subitus tremor occupat artus

Verg. 11, 424:

.   cur ante tubam tremor occupat artus

———

Ov. Her. 11, 27:

.   .   .   macies adduxerat artus

Verg. Georg. 3, 483:

.   .   sitis miseros adduxerat artus

———

Ov. Met. 1, 350:

Deucalion lacrimis ita Pyrrham affatur obortis

Verg. 3, 492:

Hos ego digrediens lacrimis affabar obortis

———

Ov. Met. 4, 684:

Lumina   .   .   lacrimis implevit obortis

Ov. Met. 10, 419:

Extulit illa caput, lacrimisque implevit obortis

Verg. 4, 30:

.   .   sinum lacrimis implevit obortis

Vgl. noch: Ov. Her. 8, 109. Fast. 4, 845. Met. 13, 539. 11, 458. Verg. 6, 867.

———

Ov. Met. 10, 716:

Abdidit, et fulva moribundum stravit arena

Verg. 5, 374:

Perculit et fulva moribundum extendit arena

Vgl. Verg. 9, 589.

———

Ov. Met. 12, 256:

    Cumque atro mixtos sputantem sanguine dentes

Verg. 5, 470:

    Ore eiectantem mixtosque in sanguine dentes

Ov. Met. 11, 495:

    Quippe sonant clamore viri, stridore rudentes

Verg. 1, 87:

    Insequitur clamorque virûm stridorque rudentum

Vgl. Ov. Trist. 1, 4, 9.

Ov. Her. 17, 77:

    Unda repercussae radiabat imagine lunae

Verg. 8, 23:

    Sole repercussum, aut radiantis imagine Lunae

Ov. ex P. 2, 2, 115:

    Nec tamen Aetnaeus vasto Polyphemus in antro

Verg. 3, 641:

    Nam, qualis quantusque cavo Polyphemus in antro

Vgl. Verg. 3, 617.

Ov. R. A. 577:

    .   .   media navim Palinurus in unda
    Deserit

Verg. 3, 202:

    Nec meminisse viae media Palinurus in unda

Vgl. Verg. 3, 562.

Ov. Fast. 1, 259:

    Ille manu mulcens propexam ad pectora barbam

Verg 10, 838:

    Colla fovet, fusus propexam in pectore barbam

Ov. ex P. 4, 4, 11:

    Nam mihi cum fulva tristis spatiarer arena

Ov. Met. 2, 573:

    Passibus, ut soleo, summa spatiarer arena

Verg. Georg. 1, 389:

    Et sola in sicca secum spatiatur arena

Ov. Met. 12, 38:

    Multaque perpessae Phrygia potiuntur arena

Ov. Met. 13, 729:

    Sub noctem potitur Zanclaea classis arena ·

Verg. 1, 172:

    Egressi optata potiuntur Troes arena

Ov. Met. 7, 749:

    Et potuisse   .   simili succumbere culpae

Verg. 4, 19:

    Huic uni forsan potui succumbere culpae

Ov. Met. 5, 341:

    „Prima Ceres unco glebam dimovit aratro

Verg. Georg. 2, 513:

    Agricola incurvo terram dimovit aratro

Ov. Met. 15, 731:

    .   .   laetoque deum clamore salutant

Verg. 3, 524:

    Italiam laeto socii clamore salutant

Ov. Met. 2, 610:

    .   et pariter vitam cum sanguine fudit

Verg. 2, 532:

    .   ac multo vitam cum sanguine fudit

Ov. Met. 8, 417:

    .   novo spumam cum sanguine fundit

Verg. 4, 621:

    .   .   hanc vocem extremam cum sanguine fundo

Vgl. Ov. Met. 13, 256.

Ov. Met. 2, 708:

    Hinc se sustulerat paribus Caducifer alis

Verg. 4, 252:

    Hic primum paribus nitens Cyllenius alis

Verg. 9, 14:

    Dixit, et in coelum paribus se sustulit alis

Verg. 5, 657:

    Quum dea se paribus per coelum sustulit alis

Ov. Met. 14, 577:

    .   et cineres plausis everberat alis

Verg. 12, 866:

    .   .   .   clipeumque everberat alis [1])

Ov. Met. 4, 616:

    Aëra carpebat   .   stridentibus alis

Verg. 1, 397:

    .   .   .   ludunt stridentibus alis

Ov. Met. 8, 28:

    Torserat adductis hastilia lenta lacertis

Ov. Her. 4, 81:

    Seu lentum valido torques hastile lacerto

Verg. 9, 402:

    Ocius adducto torquens hastile lacerto

Verg. 1J, 561:

    Dixit, et adducto contortum hastile lacerto

Ov. Met. 8, 743:

    Stabat in his ingens annoso robore quercus

Verg. 4, 441:

    Ac velut annoso validam quum robore quercum

Ov. Met. 1, 307:

    Quaesitisque diu terris, ubi sistere detur

---

1) Vgl. die ähnlichen Versausgänge bei Ovid im 1. Hefte, S. 28.

Verg. 3, 7:

> Incerti, quo fata ferant, ubi sistere detur

Ov. Met. 5, 317:

> Factaque de vivo pressere sedilia saxo

Verg. 1, 167:

> Intus aquae dulces vivoque sedilia saxo

Ov. Met. 13, 523:

> At, puto, funeribus dotabere, regia virgo

Verg. 7, 318:

> Sanguine Troiano et Rutulo dotabere, virgo

Ov. Met. 14, 241:

> Una tamen, quae nos ipsumque vehebat Ulixen

Verg. 1, 113:

> Unam, quae Lycios fidumque vehebat Oronten

Ov. Met. 11, 215:

> Bis periura capit superatae moenia Troiae

Verg. 5, 810:

> . . . . .   vertere ab imo
> . . .   periurae moenia Troiae

Ov. Met. 4, 39:

> ,Utile opus manuum vario sermone levemus

Verg. 8, 309:

> .   varioque viam sermone levabat

Ov. Met. 2, 311:

> .   et dextra libratum fulmen ab aure

Verg. 9, 417:

> Ecce aliud summa telum librabat ab aure

Vgl. Ov. Met. 2, 624.

Ov. ex P. 3, 6, 27:

> Iuppiter in multos temeraria fulmina torquet

Verg. 4, 208:

> .   .   an te, genitor, quum fulmina torques

Ov. Met. 10, 538:

> .   .   .   aut celsum in cornua cervum

Verg. 10, 725:

> .   .   aut surgentem in cornua cervum

Ov. Met. 2, 812:

> Saepe mori voluit, ne quicquam tale videret

Verg. 11, 417:

> .   .   qui, ne quid tale videret,
> Procubuit moriens

Ov. Met. 11, 516:

> .   cadunt largi resolutis nubibus imbres

Verg. Ecl. 6, 38:

> .   .   cadant summotis nubibus imbres

Ov. Met. 1, 269:

> .   .   inclusi funduntur ab aethere nimbi

Verg. 2, 113:

> .   .   toto sonuerunt aethere nimbi

Vgl. Verg. 5, 13.

Ov. Met. 6, 448:

> .   et fausto committitur omine sermo

Verg. 11, 589:

> .   .   infausto committitur omine pugna

Ov. Met. 15, 497:

> Fando aliquem Hippolytum vestras si contigit aures

Verg. 2, 81:

> Fando aliquod si forte tuas pervenit ad aures

Ov. ex P. 2, 9, 3:

> Fama loquax vestras si iam pervenit ad aures

Ov. Met. 5, 256:

> ,Fama novi fontis nostras pervenit ad aures

Ov. Met. 7, 694:

> .   .   si forte magis pervenit ad aures

Ov. Met. 9, 8:

> Nomine siqua suo tandem pervenit ad aures

Ov. A. A. 2, 449:

> .   simul invitas crimen pervenit ad aures

Ov. ex P. 2, 5, 33:

> Qui si forte liber vestras pervenit ad aures

Ov. Fast. 3, 661:

> Haec quoque   .   .   nostras pervenit ad aures
>   Fama

Verg. 2, 119:

> .   Vulgi quae vox ut venit ad aures

Vgl. Ov. Met. 10, 382. 8, 134. Verg. 9, 395.

Ov. Met. 5, 487:

> Tum caput Eleis Alpheïas extulit undis

Verg. 1, 127:

> .   summa placidum caput extulit unda

Verg. Georg. 4, 351:

> .   .   .   .   Arethusa   .
> Prospiciens summa flavum caput extulit unda

Vgl. Verg. 3, 215.

Ov. Am 1, 6, 49:

> .   an verso sonuerunt cardine postes

Verg. 2, 493:

> .   et emoti procumbunt cardine postes

Ov. Am. 1, 1, 29:

> Cingere litorea flaventia tempora myrto

Ov. Fast. 4, 15:

> Mota Cytheriaca leviter mea tempora myrto

Verg. Georg. 1, 28:

> .   cingens materna tempora myrto

Verg. 5, 72:

 . . velat materna tempora myrto

Ov. Am. 2, 12, 1:

Ite triumphales circum mea tempora laurus

Verg. 5, 246:

 . viridique advelat tempora lauro

Verg. 5, 539:

 . . cingit viridanti tempora lauro

Vgl. Verg. 3, 81.

Ov. ex P. 3, 2, 75:

 . . . dum velat tempora vittis

Ov. Fast. 3, 861:

 . . . . velati tempora vittis

Ov. Met. 5, 110:

 . albenti velatus tempora vitta

Ov. Met. 13, 643:

 . . niveis circumdata tempora vittis

Verg. 6, 665:

 . . nivea cinguntur tempora vitta

Verg. 2, 133:

 . . . et circum tempora vittae

Verg. 4, 637:

 . . tuque ipsa pia tege tempora vitta

Ov. A. A. 1, 535:

 . . tundens mollissima pectora palmis

Verg. 1, 481:

 . . et tunsae pectora palmis

Vgl. Ov. Met. 5, 473:

 . . . percussit pectora palmis

Ov. Met. 10, 723:

 . et indignis percussit pectora palmis

Ov. Her. 10, 15:

 . adductis sonuerunt pectora palmis

Ov. Met. 9, 175:

   . .   tendens ad sidera palmas

Verg. 1, 93:

   . .   duplices tendens ad sidera palmas

Vgl. Ov. Trist. 1, 11, 21:

   . .   tollens ad sidera palmas

Ov. Met. 6, 368:

   . . .   tollensque ad sidera palmas

Verg. 2, 153:

   Sustulit . .   ad sidera palmas [1])

Ov. Met. 7, 667:

   .   Sed adhuc regem sopor altus habebat

Verg. 8, 27:

   Alituum pecudumque genus sopor altus habebat

Ov. Met. 8, 703:

   Talia tum placido Saturnius edidit ore

Verg. 7, 194:

   Atque haec ingressis placido prior edidit ore

Für den Versschluss vgl. noch Ov. Met. 1, 637. Her. 14, 91.

Ov. Trist. 1, 2, 49:

   . . . .   fluctus supereminet omnes

Ov. Met. 3, 182:

   . . .   colloque tenus supereminet omnes

Verg. 1, 501:

   . .   gradiensque deas supereminet omnes

Verg. 6, 856:

   .   victorque viros supereminet omnes

Ov. Her. 5, 47:

   Non sic adpositis vincitur vitibus ulmus

Verg. Georg. 2, 221:

   Illa tibi laetis intexet vitibus ulmos [2])

---

1) Vgl. 1. Heft, S. 32.

2) Die übrigen diesbezüglichen Stellen aus Ovid s. im 1. Hefte, S. 23.

Ov. Met. 13, 630:

    .   et utilibus ventis aestuque secundo

    Intrat Apollineam   .   .   urbem

Vgl. Ov. Met. 13, 728.

Verg. 10, 687:

    Labitur   .   .   fluctuque aestuque secundo,

    Et patris antiquam Dauni defertur ad urbem

Vgl. Ov. Trist. 1, 2, 79:

    Non ut Alexandri claram delatus ad urbem

Ov. Met. 1, 484:

    Pulchra verecundo suffunditur ora rubore

Verg. Georg. 1, 430:

    At si virgineum suffuderit ore ruborem[1])

Ov. ex P. 1, 1, 71:

    Roditur ut scabra positum rubigine ferrum

Verg. Georg. 2, 220:

    Nec scabie et salsa laedit robigine ferrum

Ov. Fast. 2, 635:

    Iamque ubi suadebit placidos nox humida somnos

Verg. 2, 8:

    .   .   .   et iam nox humida coelo

    Praecipitat, suadentque cadentia sidera somnos

Ov. Fast. 2, 333:

    .   .   comites somno vinoque solutos

Verg. 9, 236:

    .   .   Rutuli somno vinoque soluti

---

1) Aehnliches bei Catull; 1. Heft, S. 53. Die anderen ovidischen Verse ebendort S. 102, wo noch Am. 3, 3, 5 zur Ergänzung beizufügen ist.

Ov. Met. 5, 658:

>   .   .   .   .   somnoque gravatum
> Adgreditur ferro

Verg. 6, 520:

>   .   .   confectum curis somnoque gravatum

Ov. Am. 2, 6, 31:

>   .   .   .   .   causaeque papavera somni

Verg. Georg. 1, 78:

>   .   .   perfusa papavera somno

Ov. ex P. 3, 3, 5:

> Nox erat et bifores intrabat luna fenestras

Verg. 3, 152:

> Plena per insertas fundebat luna fenestras [1])

Ov. Met. 14, 414:

>   .   .   .   variarum monstra ferarum

Verg. 6, 285:

>   .   praeterea variarum monstra ferarum

Ov. Met. 2, 1:

> Regia Solis erat sublimibus alta columnis

Verg. 7, 170:

> Tectum augustum, ingens, centum sublime columnis

Ov. Met. 13, 531:

> Quid moror interea crudelia vulnera lymphis
> Abluere

Verg. 4, 683:

>   .   .   .   Date, vulnera lymphis
> Abluam

Ov. Met. 10, 125:

> Mollia purpureis frenabas ora capistris

---

1) Auch bei Properz. Vgl. 1. Heft, S. 115.

Verg. Georg. 3, 399:

    Primaque ferratis praefigunt ora capistris

Ov. Met. 15, 11:

  . .   veteris non inscius aevi

Verg. 8, 627:

  . . . venturique inscius aevi

Ov. Met. 15, 815:

  . . ne sis etiamnum ignara futuri

Verg. 4, 508:

  . . . haud ignara futuri

Ov. Met. 11, 432:

  . . et, cum velit, aequora placet

Verg. 1, 142:

  . . et dicto citius tumida aequora placat

Ov. Met. 12, 94:

  . . . et totum temperet aequor

Verg. 1, 146:

  . . . . et temperat aequor

Ov. A. A. 2, 731:

  . . . . . totis incumbere remis

Verg. 5, 15:

  . . . validisque incumbere remis

Verg. 10, 294:

  . . . . validis incumbite remis

Ov. Fast. 3, 621:

  . . seu ratio te nostris appulit oris

Verg. 1, 377:

  . . Libycis tempestas appulit oris

Verg. 3, 338:

  . quisnam ignarum nostris deus appulit oris

6*

Verg. 3, 715:

    Hinc me digressum vestris deus appulit oris

Verg. 7, 38:

    .   .   .   .   .   advena classem

    Quum primum Ausoniis exercitus appulit oris

Ov. Met. 3, 538:

    .   .   .   qui longa per aequora vecti

Ov. Her. 16, 5:

    .   .   ventosa per aequora vectum

Verg. 6, 335:

    .   .   .   .   ventosa per aequora vectos

Verg. 3, 325:

    .   .   .   diversa per aequora vectae

Verg. 1, 376:

    .   .   .   diversa per aequora vectos

Verg. 6, 692:

    .   .   .   .   et quanta per aequora vectum

Ov. Met. 11, 194:

    .   .   .   liquidumque per aëra vectus

Verg. 7, 65:

    .   .   liquidum trans aethera vectae

Ov. A. A. 2, 343:

    .   .   sed opes adquirit eundo

Verg. 4, 175:

    .   .   viresque acquirit eundo

Ov. Her. 15, 195:

    .   .   .   .   nec dedignare maritum

Verg. 4, 536:

    Quos ego sim toties iam dedignata maritos

Ov. ex P. 4, 12, 3:

    .   .   non alium prius hoc dignarer honore

Ov. Met. 1, 194:

    Quos quoniam caeli nondum dignamur honore

Ov. Met. 3, 521:

Quem nisi templorum fueris dignatus honore

Ov. Met. 8, 568:

Quosque alios parili fuerat dignatus honore

Ov. Met. 13, 949:

. . exceptum socio dignantur honore

Verg. 1, 335:

. . Haud equidem tali me dignor honore

Ov. Met. 8, 740:

. et nullos aris adoleret honores

Verg. 3, 547:

Iunoni Argivae iussos adolemus honores

Ov. Met. 1, 647:

. . . et, si modo verba sequantur

Ov. Met. 11, 326:

. . nec vox temptataque verba sequuntur

Verg. 12, 912:

. . nec vox aut verba sequuntur

Ov. A. A. 1, 539:

. . . rupitque novissima verba

Verg. 4, 650:

. . dixitque novissima verba

Ov. Met. 2, 172:

Et vetito frustra temptarunt aequore tingui

Verg. Georg. 1, 246:

Arctos Oceani metuentes aequore tingui

Vgl. Ov. Met. 11, 455.

Ov. Met. 2, 440:

Tollere cum telis et quem suspenderat, arcum

Verg. 1, 318:

Namque humeris de more habilem suspenderat arcum

Ov. Met. 2, 854:

   .   .   .   armis palearia pendent

Verg. Georg. 3, 53:

   .   .   .   a mento palearia pendent

Ov. Trist. 4, 4, 45:

   .   .   .   pro quo nec lumen ademptum

Verg. 3, 658:

   .   .   .   .   cui lumen ademtum

Vgl. Ov. Met. 14, 197. 3, 337.

Ov. Met. 4, 49:

   .   .   .   .   nimiumque potentibus herbis

Verg. 7, 19:

   .   .   .   .   dea saeva potentibus herbis

Verg. 12, 402:

   .   .   .   Phoebique potentibus herbis

Ov. Met. 5, 7:

    Ventorum rabies motis exasperat undis

Ov. Am. 2, 11, 27:

    Quod si concussas Triton exasperet undas

Verg. 3, 285:

    Et glacialis hiems aquilonibus asperat undas

Ov. Met. 5, 129:

    Et Nasamoniaci Dorylas ditissimus agri

Verg. 1, 343:

    Huic coniux Sychaeus erat, ditissimus agri

Vgl. Verg. 10, 563.

Ov. Met. 5, 261:

   .   .   .   .   animo gratissima nostro

Verg. 12, 142:

   .   .   .   animo gratissima nostro [1])

---

1) Ich muss hier ausnahmsweise von Iahn's Text (carissima) abweichen, da mir das von Ribbeck, Ladewig u. a. aufgenommene gra-

Ov. Met. 6, 297:

  .   .   .   diversaque vulnera passis

Ov. Met. 13, 391:

  .   .   in pectus tum demum vulnera passum

Verg. 7, 182:

  .   .   .   .   pugnando vulnera passi

Ov. Met. 6, 310:

  .   .   et validi circumdata turbine venti

Ov. Trist. 1, 2, 25:

  .   .   fremunt inmani turbine venti

Verg. 2, 416:

  .   .   ceu quondam turbine venti [1])

Ov. Met. 6, 587:

  .   .   quo sacra solent trieterica Bacchi

Ov. R. A. 593:

  .   ut Edono referens trieterica Baccho

Verg. 4, 302:

  .   ubi audito stimulant trieterica Baccho

Ov. Met. 7, 246:

  .   .   invergens liquidi carchesia bacchi

Verg. Georg. 4, 380:

  .   .   „Cape Maeonii carchesia Bacchi

Verg. 5, 77:

  .   .   .   `. libans carchesia Baccho

Ov. Met. 8, 41:

  .   vel aeratas hosti recludere portas

Verg. 7, 617:

  .   .   tristesque recludere portas

---

tissima, abgesehen von der handschriftlichen Beglaubigung, gerade auch durch diesen unläugbaren ovidischen Versanklang über jeden Zweifel erhaben zu sein scheint.

   1) Vgl. 1. Heft, S. 33.

Ov. Met. 8, 120:   sed inhospita Syrtis

Verg. 4, 41:   et inhospita Syrtis

Ov. Met. 8, 421:   petunt dextrae coniungere dextram

Verg. 1, 408:   Cur dextrae iungere dextram

Verg. 8, 164:   et dextrae coniungere dextram

Vgl. Ov. Met. 6, 447.

Ov. Met. 9, 211:   latitantem rupe cavata

Verg. 1, 310:   in convexo nemorum sub rupe cavata

Ov. Met. 9, 441:   Qui, dum fuit integer aevi

Verg. 2, 638:   quibus integer aevi

Sanguis

Verg. 9, 255:   atque integer aevi

Ascanius

Ov. Met. 9, 690:   cum qua latrator Anubis

Verg. 8, 698:   Omnigenûmque deûm monstra et latrator Anubis

Ov. Met. 10, 66:   quem non pavor ante reliquit

Verg. 3, 57:   Postquam pavor ossa reliquit

Ov. Met. 11, 184:

> .   .   cupiens efferre sub auras

Verg. 2, 158:

> .   .   .   atque omnia ferre sub auras

Ov. A. A. 1, 43:

> Haec tibi non tenues veniet delapsa per auras

Ov. Am. 3, 5, 21:

> .   .   cornix pinnis delapsa per auras

Verg. 11, 595:

> .   at illa levis coeli delapsa per auras

Ov. Fast. 2, 509:

> .   et in tenues oculis evanuit auras

Verg. 4, 278:

> .   .   in tenuem ex oculis evanuit auram[1])

Ov. Fast. 5, 375:

> .   .   tenues secessit in auras

Verg. 2, 791:

> .   .   tenuesque recessit in auras[2])

Ov. A. A. 3, 179:

> .   .   .   croceo velatur amictu

Ov. Met. 10, 1:

> .   .   .   croceo velatus amictu

---

[1]) Die übrigen hiehergehörigen Stellen aus Ovid sammt Verg. 9, 658 s. im 1. Hefte, S. 27 und Anm.

[2]) Es sei übrigens hier noch bemerkt, dass ähnliche Versausgänge, wenn auch nicht mit so entschiedenem Gleichklange, häufig schon bei Lucrez begegnen. Z. B.:

Lucr. 3, 400:

> .   .   .   .   et discedit in auras

Lucr. 3, 222:

> .   .   suavis diffugit in auras

Vgl. Eichstädt, S. 336.

Ov. Fast. 3, 363:

     .   atque caput niveo velatus amictu

Verg. 3, 545:

    Et capita ante aras Phrygio velamur amictu

Ov. Trist. 2, 99:

    .   .   .   imoque sub aequore mergit

Ov. Met, 13, 878:

    .   .   vicino pavefacta sub aequore mergor

Ov. Met. 14, 548:

    .   .   .   medioque sub aequore mergit

Verg. 6, 342:

    .   .   medioque sub aequore mersit

Ov. Met. 13, 948. Verg. 6, 348.

Ov. Trist. 4, 10, 111:

    .   .   finitimis quamvis circumsoner armis

Ov. Trist. 5, 3, 11:

    .   .   .   .   Geticis circumsonor armis

Verg. 8, 474:

    .   .   .   et murum circumsonat armis

Ov. Met. 13, 677:

    .   .   .   adeuntque oracula Phoebi

Ov. Met. 15, 631:

    .   .   Delphos adeunt, oracula Phoebi

Verg. 2, 114:

    .   .   scitantem oracula Phoebi

Ov. Met. 11, 302:

    .   .   .   bis septem nubilis annis

Ov. Met. 14, 335:

    Haec ubi nubilibus primum maturuit annis

Verg. 7, 53:

    Iam matura viro, iam plenis nubilis annis

Ov. Trist. 1, 11, 23:

    .   .   nihil est nisi mortis imago

Ov. Am. 2, 9, 41:

  .   .   .   .   gelidae nisi mortis imago

Ov. Met. 10, 726:

  .   .   .   repetitaque mortis imago

Verg. 2, 369:

  .   .   .   et plurima mortis imago

Ov. Am. 3, 3, 27:

  .   fatifero Mavors accingitur ense

Verg. 7, 640:

  .   .   fidoque accingitur ense [1])

Ov. Trist. 3, 1, 33:

  .   .   .   video fulgentibus armis
Conspicuos postes

Ov. ex P. 4, 7, 31:

  .   .   conspicuus longe fulgentibus armis

Verg. 2, 749:

  .   .   .   et cingor fulgentibus armis

Verg. 6, 217:

  .   decorantque super fulgentibus armis

Ov. Fast. 4, 881:

  .   .   sumptisque ferox Mezentius armis

Verg. 8, 482:

  .   et saevis tenuit Mezentius armis

Verg. 10, 768:

Talis se vastis infert Mezentius armis

Ov. Met. 15, 471:

  .   contra borean ovis arma ministret

Verg. 1, 150:

  .   .   .   .   furor arma ministrat

---

1) Für die Wortverbindung in der ovid. Stelle vgl. noch
Verg. 8, 621: Fatiferumque ensem

Ov. Met. 15, 238:

. . . ..animos adhibete!.. docebo

Verg. 11, 315:

. et paucis - animos adhibete - docebo

Ov. A. A. 1, 267:

. . . dociles advertite mentes

Ov. Ib. 69:

. . huc vestras omnes advertite mentes

Verg. 5, 304:

. . . laetasque advertite mentes

Verg. 8, 440:

. . et huc advertite mentem

Ov. Met. 15, 140:

. . et monitis animos advertite nostris

Verg. 2, 712:

. . quae dicam, animis advertite vestris

Ov. Trist. 3, 8, 13:

. . . . Augustum numen adora

Ov. ex P. 3, 1, 163:

. . ante omnis Augustum numen adora

Ov. Met. 11, 540:

. . . hic votis numen adorat

Verg. 3, 437:

Iunonis magnae primum prece numen adora

Ov. A. A. 1, 81:

. . . facto de marmore templo

Ov. ex P. 3, 6, 25:

. . . facto de marmore templo

Verg. 4, 457:

. fuit in tectis de marmore templum

Verg. 6, 69:

. . . . solido de marmore templum

Ov. Met. 15, 576:

  .   .   . trepidantia consulit exta

Verg. 4, 64:

  .   . spirantia consulit exta

Ov. A. A. 2, 519:

  .   .   . tot sunt in amore dolores

Verg. 5, 5:

  .   . duri magno sed amore dolores

Ov. Trist. 5, 7, 21:

  .   .   .   .   . suorum oblitus amorum

Verg. 5, 334:

  .   .   . non ille oblitus amorum

Ov. Her. 11, 113:

  .   .   . miserabile pignus amoris

Ov. Met. 8, 92:

  .   .   .   .   . Cape pignus amoris

Verg. 5, 572:

  .   .   . monumentum et pignus amoris

Ov. Her. 16, 189:

  .   .   . potius coepto pugnemus amori

Verg. 4, 38:

  .   . placitone etiam pugnabis amori

Ov. Met. 6, 240:

  .   .   . finem inposuere labori

Verg. 2, 619:

  .   .   . finemque impone labori

Ov. Met. 4, 531:

  .   . inmeritae neptis miserata labores

Verg. 6, 56:

  . graves Troiae semper miserate labores

Ov. Trist. 3, 5, 43:

  . non possum nullam sperare salutem

Verg. 2, 354:

    Una salus victis nullam sperare salutem

Verg. 1, 451:

    .   hic primum Aeneas sperare salutem

Ausus

Ov. Met. 2, 87 :

    .   .   cervixque repugnat habenis

Verg. 11, 600 :

  .   .   et pressis pugnat habenis

Ov. Met. 15, 347 :

    .   .   .   et habentem semina flammae

Verg. 6, 6 :

    .   .   .   quaerit pars semina flammae

Ov. Her. 7, 113 :

    .   .   coniunx mactatus ad aras

Ov. Met. 15, 114 :

    .   .   .   Bacchi mactandus ad aras

Verg. 2, 202 :

    .   taurum ingentem mactabat ad aras

Ov. A. A. 2, 261 :

    .   .   .   pretioso munere dones

Verg. 5, 361 :

    .   .   .   praestanti munere donat

Ov. Met. 3, 438 :

    .   .   .   sed opaca fusus in herba

Verg. 1, 214 :

    .   .   .   .   fusique per herbam

Verg. 5, 102 :

    .   .   .   .   fusique per herbam

Verg. 9, 164 :

    .   .   .   fusique per herbam

Ov. Am. 3, 5, 17:

   .   .   .   .   revocatas ruminat herbas

Verg. Ecl. 6, 54:

   .   .   .   pallentes ruminat herbas

Vgl. Ov. Hal. 119.

Ov. Hal. 3:

Qui nondum gerit in tenera iam cornua fronte

Verg. Ecl. 6, 51:

Et saepe in levi quaesisset cornua fronte

Ov. A. A. 3, 427:

   .   .   .   nemorosis montibus errant

Verg. Ecl. 6, 52:

   .   .   .   tu nunc in montibus erras

Ov. Trist. 3, 12, 15:

   .   .   .   .   turgescit in arbore ramus

Verg. 6, 187:

   .   .   .   .   ille aureus arbore ramus

Ov. Met. 7, 226:

   .   et placitas partim radice revellit

Verg. 12, 787:

   .   .   alta ab radice revellit

Ov. Met. 3, 311:

   .   .   .   ..si credere dignum est..

Verg. 6, 173:

   .   .   .   -si credere dignum est-

Verg. Georg. 3, 391:

   .   .   .   .   si credere dignum est

Ov. Met. 12, 322:

   .   .   .   .   .   Nec plura moratus

Verg. 5, 381:

   .   .   .   .   nec plura moratus

Vgl. Verg. 3, 610.

Ov. Met. 13, 638:

    .   .   .   positisque tapetibus altis

Verg. 9, 325:

    .   .   . qui forte tapetibus altis

Ov. Met. 14, 459:

    .   .   dotaliaque arva tenebat

Verg. 2, 209:

    .   .   .   .   Iamque arva tenebant

Verg. 6, 744:

    .   .   et pauci laeta arva tenemus

Ov. Met. 4, 578:

    Nigraque caeruleis variari corpora guttis

Ov. Met. 5, 461:

    .   .   variis stellatus corpora guttis

Verg. Georg. 4, 99:

    .   .   et paribus lita corpora guttis

Ov. Met. 9, 131:

    .   .   .   ‚neque enim moriemur inulti‘

Ov. Fast. 2, 233:

    .   .   .   .   sic non moriuntur inulti

Verg. 4, 659:

    .   .   .   .   .   „Moriemur inultae

Ov. Met. 13, 787:

    .   .   .   .   procul auribus hausi

Ov. Met. 14, 309:

    .   .   .   .   multa auribus hausi

Verg. 4, 359:

    .   .   vocemque his auribus hausi

Ov. A. A. 3, 387:

    .   .   .   .   Pompeias ire per umbras

Verg. 6, 461:

    .   .   .   .   quae nunc has ire per umbras

Ov. A. A. 3, 375:

.   .   resonat clamoribus aether

Verg. 5, 228:

.   .   resonatque fragoribus aether

Verg. 4, 668:

.   .   resonat magnis plangoribus aether

Ov. Met. 2, 794:

.   et tandem Tritonida conspicit arcem

Verg. 2, 226:

.   saevaeque petunt Tritonidis arcem

Ov. Trist. 4, 10, 27:

.   tacito passu labentibus annis

Verg. 2, 14:

.   .   tot iam labentibus annis

Ov. Met. 9, 61:

.   .   .   .   et arenas ore momordi

Verg. 11, 418:

.   .   et humum semel ore momordit

Ov. Met. 10, 203:

.   Quod quoniam fatali lege tenemur

Verg. 12, 819:

.   .   nulla fati quod lege tenetur

Ov. Met. 3, 176:

.   .   .   sic illum fata ferebant

Verg. 2, 34:

.   .   seu iam Troiae sic fata ferebant

Ov. Met. 14, 162:

.   .   ,Qui te casusve deusve

Servat

Verg. 9, 211:

    Si quis in adversum rapiat casusve deusve

Vgl. Verg. 12, 321.

Ov. Met. 7, 156:

    .   .   .   spolioque superbus

Verg. 2, 504:

    .   .   .   spoliisque superbi

Ov. Met 2, 412:

    .   .   .   .   ubi fibula vestem

Verg. 4, 139:

    .   .   .   subnectit fibula vestem

Ov. Met. 3, 490:

    .   et caeco paulatim carpitur igni

Verg. 4, 2:

    .   .   .   et caeco carpitur igni

Ov. Met. 13, 762:

    .   .   .   .   nostrique cupidine captus

Ov. Fast. 6, 119:

    .   .   .   visaeque cupidine captus

Verg. 4, 194:

    .   .   turpique cupidine captos

Ov. ex P. 4, 9, 73:

    .   .   .   .   .   laxate rudentes

Verg. 3, 267:

    .   .   iubet laxare rudentes

Um nicht zu ermüden und da das Angeführte schon mehr als hinreichend sein dürfte für unseren Zweck, breche ich hier wieder ab, obwol sich für solche gleichklingende Versausgänge natürlich noch gar Vieles beibringen liesse, wie z. B. Ov. Met. 7, 580. Verg. 1, 259. — Ov. A. A 3, 557. Verg. 5, 295. — Ov. Am. 3, 6, 39. Verg. 6, 800. —

Ov. Her. 3, 67. Verg. 2, 717. — Ov. Her. 6, 43. Met. 6,
428 Verg. 4, 166. — Ov. Her. 6, 45. Verg. 2, 337. - Ov.
Fast. 4, 459. Verg. 6, 428. — Ov. Fast. 1, 173. Verg. 6,
575. — Ov. Met. 14, 849. Verg. 8, 313. — Ov. Met. 15, 3.
Verg. 4, 188. — Ov. Am. 1, 4, 69. Verg. 4, 109. — Ov. Fast.
4, 819. Verg. 5, 755. — Ov. Fast. 1, 415. Verg. Georg.
4, 111. — Ov. Fast. 3, 469. Verg. 3, 16. - Ov. Met. 13, 454.
Verg 2, 132; u. s. w.

---

b. Anklingende Verstheile ohne strenge Rücksicht auf den Gleichlaut im Ausgange:

α. Versanfänge:

Ov. Met. 2, 30:

Et glacialis Hiemps

Verg. 3, 285:

Et glacialis hiems

Ov. Met. 2, 158:

Corripuere viam

Verg. 1, 418:

Corripuere viam

Ov. Met. 3, 52:

Vestigatque viros

Verg. 12, 482:

Vestigatque virum

Ov. Met. 13, 517:

Quidve moror

Verg. 4, 325:

Quid moror

Ov. Fast. 2, 837:

Brutus adest

Ov. Fast. 3, 577:

Frater adest

Ov. Fast. 4, 663:

Faunus adest

Ov. Met. 3, 102:

Pallas adest

Ov. Met. 3, 528:

Liber adest

Verg. 7, 577:

Turnus adest

Ov. Met. 3, 158:

Arte laboratum nulla

Verg. 1, 639:

Arte laboratae vestes

Ov. Met. 7, 699:

Non ita dis visum est

Verg. 2, 428:

Dîs aliter visum [1])

Ov. Met. 6, 548:

Audiat haec aether

Verg. 12. 200:

Audiat haec Genitor

Ov. Met. 1. 167:

Conciliumque vocat

Verg. 10, 2:

Conciliumque vocat

Ov. Met. 1, 132:

Vela dabant ventis

Verg. 1, 35:

Vela dabant laeti

Ov. Met. 10, 719:

Agnovit longe gemitum

---

1) Vgl. Hom. Odyss. 1, 234: *νῦν δ'ἑτέρως ἐβόλοντο θεοί.*

Verg. 10, 843:

>Agnovit longe gemitum

Ov. Met. 13, 99:

>Priamidenque Helenum

Verg. 3, 295:

>Priamiden Helenum

Ov. Met. 14, 634:

>Hic amor, hoc studium

Verg. 11, 739:

>Hic amor, hoc studium

Ov. Her. 9, 7:

>Hoc velit Eurystheus

Verg. 2, 104:

>Hoc Ithacus velit

Ov. Her. 13, 111:

>Excutior somno

Verg. 2, 302:

>Excutior somno

Ov. Met. 15, 524:

>Excutior curru

Verg. 10, 590:

>Excussus curru

Ov. Met. 2, 265:

>Ima petunt

Verg. 8, 67:

>Ima petens

Ov. Fast. 3, 585:

>Vela cadunt

Verg. 3, 207:

>Vela cadunt

β. Eng verwandte Phrasen an verschiedenen Versstellen:

Ov. Met. 1, 361:

.   .   .   .   si te quoque pontus haberet,

.   .   .   et me quoque pontus haberet

Ov. Fast. 6, 543:

.   .   .   natum quoque pontus habebit

Ov. Met. 11, 701:

Et sine me me pontus habet

Verg. 1, 555:

.   .   .   et te   .   .   .

Pontus habet Libyae

Ov. Met. 2, 754:

Ut   .   .   .   .   .   .

Aegida concuteret

Verg. 8, 353:

.   .   .   .   quum saepe nigrantem

Aegida concuteret

Ov. Met. 3, 118:

.   .   .   rigido de fratribus unum

Cominus ense ferit

Verg. 12, 304:

Sic rigido latus ense ferit

Ov. Met. 3, 555:

Sed madidi murra crines

Verg. 12, 99:

.   .   .   .   .   .   crines

.   .   .   myrrhaque madentes

Ov. Met. 5, 41:

> Tum vero indomitas ardescit vulgus in iras

Verg. 7, 445:

> Talibus Allecto dictis exarsit in iras

Ov. Met. 5, 51:

> Indutus chlamydem Tyriam, quam limbus obibat

Verg. 4, 137:

> Sidoniam picto chlamydem circumdata limbo

Ov. Met. 5, 65:

> ‚Nec longum pueri fato laetabere

Verg. 10, 740:

> „Victor, nec longum laetabere

Ov. Met. 5, 111:

> . . . non hos adhibendus ad usus

Verg. 4, 647:

> . non hos quaesitum munus in usus

Ov. Met. 6, 628:

> . oculi lacrimis maduere coactis

Verg. 2, 196:

> . . captique dolis lacrimisque coactis

Ov. Her. 11, 81:

> . . . lacrimas pudibunda profudi

Verg. 12, 154:

> . . . lacrimas oculis Iuturna profudit

Vgl. Ov. Met. 7, 91; Fast. 6, 605.

Ov. Met. 7, 47:

> . . Quin tuta times!

Verg. 4, 298:

 Omnia tuta timens

Ov. Met. 7, 112:

 . . praefixaque cornua ferro

Verg. 5, 557:

 Cornea . . praefixa hastilia ferro

Verg. 12, 489:

 . . . praefixa hastilia ferro

Ov. Met. 7, 171:

 . . . . . ‚Quod‘ inquit

 ‚Excidit ore pio, coniunx, scelus

Verg. 2, 658:

 . tantumque nefas patrio excidit ore

Ov. Met. 8, 349:

 . . auctor teli Pagasaeus Iason

Verg. 9, 420:

 . . . nec teli conspicit usquam

 Auctorem

Vgl. Ov. Met. 8, 418.

Ov. Met. 8, 617:

 . . Lelex, animo maturus et aevo

Verg. 9, 246:

 Hic annis gravis atque animi maturus Aletes

Ov. Met. 9, 160:

 Vinaque . patera fundebat

Verg. 5, 98:

 Vinaque fundebat pateris

Ov. Met. 9, 370:

 . . tales effundit in aëra questus

Verg. 5, 780:

> . talesque effundit pectore questus

Vgl. Verg. 8, 70.

Ov. Met. 10, 112:

> . . . demissaque in armos
> Pendebant tereti gemmata monilia collo

Verg. 7, 278:

> Aurea pectoribus demissa monilia pendent

Ov. R. A. 181:

> Pastor inaequali modulatur arundine carmen

Ov. Met. 11, 154:

> . . . modulatur arundine carmen

Verg. Ecl. 10, 51:

> Carmina, pastoris Siculi modulabor avena [1])

Ov. Met. 11, 316:

> . . . ...namque est enixa gemellos...

Verg. Ecl. 1, 14:

> . . . . . namque gemellos,
> . . . . . . connixa reliquit

Ov. Met. 11, 324:

> . . . . nervoque sagittam
> Inpulit

Verg. 12, 856:

> . . . nervo . . impulsa sagitta

Ov. Met. 12, 73:

> . . . iam curru instabat Achilles

Verg. 1, 468:

> . . instaret curru cristatus Achilles

Ov. Met. 12, 159:

> Sed noctem sermone trahunt

---

1) Vgl. 1. Heft, S. 69.

Verg. 1, 748 :

   . . et vario noctem sermone trahebat

Ov. Met. 12, 270:

Pars fluit in barbam concretaque sanguine pendet

Ov. Met. 14, 201:

   . . . concretam sanguine barbam

Verg. 2, 277:

Squalentem barbam et concretos sanguine crines

Ov. Met. 12, 558:

   . . Nelëi sanguinis auctor

Ov. Met. 13, 142:

   . . . nostri quoque sanguinis auctor

Verg. 7, 49:

   . . . tu sanguinis ultimus auctor

Ov. Met. 13, 44:

Nec comes hic Phrygias umquam venisset ad arces
Hortator scelerum

Verg. 6, 528:

   . . . . comes additur una
Hortator scelerum Aeolides

Ov. A. A. 3, 511:

   . . ...experto credite!..

Verg. 11, 283:

   . . experto credite

Ov. Met. 13, 597:

   . . . ...sic vos voluistis...

Verg. 5, 50:

   . . - sic dî voluistis -

Ov. Met. 14, 156:

   . . sacrisque ex more litatis

Verg. 4, 50:

   .   .   .   .   . sacrisque litatis

Ov. Met. 14, 243:

   .   . terris allabimur illis

Verg. 3, 131:

   .   .   . Curetum allabimur oris

Verg. 3, 569:

   .   . Cyclopum allabimur oris

Verg. 6, 2:

   .   .   . Cumarum allabitur oris

Ov. Met. 14, 336:

   .   . Laurenti tradita Pico est

Verg. 7, 171:

   .   .   . Laurentis regia Pici

Ov. Met. 14, 796:

   .   . fumant aspergine postes

Verg. 3, 534:

   .   . spumant adspargine cautes

Ov. Met. 15, 516:

   .   .   . arrectisque auribus horrent

Verg. 2, 303:

   .   . atque arrectis auribus adsto

Ov. Met. 15, 583:

Tu modo rumpe moras

Verg. 4, 569:

Eia age, rumpe moras

Verg. 9, 13:

Rumpe moras omnes

Verg. Georg. 3, 43:

Rumpe moras

Ov. Met. 4, 167:

     .   mediumque fuit breve tempus

Verg 9, 395:

    Nec longum in medio tempus

Ov. Am. 1, 2, 7:

    .   .   haeserunt tenues in corde sagittae

Verg. 12, 415:

    .   quum tergo volucres haesere sagittae

Ov. Am. 1, 9, 45:

    .   .   agilem nocturnaque bella gerentem

Verg. 11, 736:

    At non in Venerem segnes nocturnaque bella

Ov. Am. 3, 3, 33:

    Et quisquam pia tura focis inponere curat

Verg. 1, 48:

    .   .   Et quisquam   .   .   .

    .   .   .   aris imponet honorem

Ov. Her. 1, 30:

    Narrantis coniunx pendet ab ore viri

Verg. 4, 79:

    .   pendetque iterum narrantis ab ore

Ov. Her. 1, 35:

    Illic Aeacides, illic tendebat Ulixes

Verg. 2, 29:

    Hic Dolopum manus, hic saevus tendebat Achilles

Ov. Her. 3, 45:

    .   .   .   .   .   vidi,

    Et fueram patriae pars ego magna meae

Verg. 2, 5:

.   .   .   . .   .   vidi,
Et quorum pars magna fui
Vgl. Ov. Met. 14, 482.   A. A. 1, 170.

Ov. Her. 4, 83:

.   .   lato venabula . ferro
Verg. 4, 131:

.   .   .   lato venabula ferro

Ov. Her. 14, 125:

.   .   .   .   .   defunctaque vita
Corpora
Verg. Georg. 4, 475:

.   .   .   defunctaque corpora vita

Ov. ex P. 2, 1, 46:

In quibus et belli summa caputque Bato
Verg 12, 572:

Hoc caput . . haec belli summa

Ov. Fast. 1, 155:

Et tepidum volucres concentibus aëra mulcent
Verg. 7, 33:

.   .   volucres   .   .   .
Aethera mulcebant cantu

Ov. Fast. 1, 519:

Et iam Dardaniae tangent haec litora pinus
Verg. 4, 657:

.   .   .   .   si litora tantum
Numquam Dardaniae tetigissent nostra carinae

Ov. Fast. 3, 215:

Iam steterant acies ferro mortique paratae

Verg. 2, 333:

    .   stat ferri acies   .   .

    .   parata neci

Ov. Fast. 3, 288:   .

   .   .   et volgi pectora terror habet

Verg. 11, 357:

    Quod si tantus habet . .   pectora terror

Ov. Fast. 3, 359:

   .   et in solio .   consedit acerno

Verg. 8, 178:

   .   .   solioque invitat acerno

Ov. Fast. 3, 639:

   .   .   ante torum visa est adstare sororis

Verg. 3, 150:

  .   visi ante oculos adstare iacentis 1)

Ov. Fast. 3, 708:

    Et quorum sparsis ossibus albet humus

Ov. Fast. 1, 558:

    Squalidaque humanis ossibus albet humus

Verg. 12, 36:

   .   .   campique ingentes ossibus albent

Ov. Fast. 6, 103:

   .   .   .   .   obscurior aevo

    Fama

Verg. 7, 205:

   .   .   .   -fama est obscurior annis-

Ov. Fast. 6, 375:

   .   .   et lituo pulcher trabeaque Quirinus

---

1) Vgl. 1. Heft, S. 84.

Verg. 7, 187:

    Ipse Quirinali lituo parvaque sedebat
    Succinctus trabea

Ov. Met. 3, 484:

    .   .   .   ut   .   solet uva   .
    Ducere purpureum   .   .   colorem

Verg. Ecl. 9, 49:

    Duceret apricis in collibus uva colorem

Ov Her. 7, 162:

    Et senis Anchisae molliter ossa cubent

Verg. Ecl. 10, 33:

    .   O mihi tum quam molliter ossa quiescant

Ov. R. A. 281:

    .   .   .   .   non hic nova Troia resurgit

Ov. Fast. 1, 523:

    .   .   .   eversaque Troia resurges

Verg. 1, 206:

    .   illic fas regna resurgere Troiae

Ov. Trist. 3, 12, 21:

    Nunc ubi perfusa est oleo labente iuventus

Verg. 3, 281:

    Exercent patrias oleo labente palaestras

Ov. Trist. 3, 13, 21:

    .   .   .   ferali cincta cupresso

Verg. 6, 216:

    .   .   et ferales ante cupressos

Wir haben nun Beispiele der mannigfaltigsten Art für
alle nur möglichen Fälle betrachtet und somit kann ich es
bei diesen zwei Dichtern für überflüssig halten, noch eine
weitere Sammlung von gemeinsamen Phrasen, Wortzusam-

menstellungen u. s. w. anzureihen; es würde uns dies, wie wol Jedermann aus dem bereits gebotenen Materiale, das doch auch schon wenigstens auf den dritten Theil reduzirt wurde, leicht ersehen kann, viel zu weit führen und das Büchlein, seiner eigentlichen· Aufgabe entgegen, zu einem umfangreichen Phrasenbuche anschwellen.

Nur ein Paar Bemerkungen mehr allgemeiner Natur, die sich auf die Stellung gewisser Wortformen im Hexameter beziehen, muss ich hier am Schlusse noch nachsenden, da sie mir zur Ergänzung des im ersten Hefte S. 9 ff. über den ovidischen Versbau Gesagten nothwendig zu sein scheinen. Im häufigen Gebrauche der Adjektive auf bilis im fünften Fusse des Hexameter ist Vergil entschiedener Vorgänger Ovid's. Ich notire zum Beweise dafür, dass auch schon jener, wenn auch freilich nicht in dem Masse wie dieser, die Stellung liebte, nur die Belege aus der ersten Hälfte der Aeneis: miserabile 1, 111; ignobile 1, 149; intractabile 1, 339; mirabile 1, 652; lamentabile 2, 4; violabile 2, 154; mirabile 2, 174; ineluctabile 2, 324; memorabile 2, 583; mirabile 2, 680; mirabile 3, 26; lacrimabilis 3, 39; spirabile 3, 600; affabilis 3, 621; illaetabilis 3, 707; insuperabile 4, 40; tractabile 4, 53; memorabile 4, 94; mirabile 4, 182; tractabilis 4, 439; mutabile 4, 569; irremeabilis 5, 591; tolerabile 5, 768; exsaturabile 5, 781; inextricabilis 6, 27; venerabile 6, 408; irremeabilis 6, 425; inamabilis 6, 438; imitabile 6, 590.

Dass gerade auch dadurch bei den beiden Dichtern öfters Anklänge entstehen müssen, ist vorauszusehen. Z. B:

Ov. Met. 8, 44:

  .   .   . geri lacrimabile bellum

Verg. 7, 604:

  .   . inferre manu lacrimabile bellum [1]

---

1) Bei Lucrez ist die Zahl ähnlicher Beispiele noch eine ganz bescheidene und durchaus nicht auffallende. Im ersten Buche z. B. (das

Ebenso kommen Substantive auf men an der genannten Versstelle auch bereits bei Vergil vor; doch sind sie verhältnissmässig seltener und es fällt darum die vervielfältigte Anwendung dieser Stellung bei Ovid weit mehr in die Augen[1]). Dennoch aber wird auch hier mancher Gleichklang veranlasst; z. B.:

Ov. Her. 16, 17:

.   .   .   .   et adhuc sine crimine vixi

Verg. 4, 550:

.   .   .   .   sine crimine vitam

Ov. Met. 6, 542:

.   .   .   .   .   si numina divum

Verg. 2, 123:

.   .   .   quae sint ea numina divûm

Vgl. Met. 8, 739. Verg. 2, 336.

Ich gehe nun zum Schlussworte über Es wird sich da zunächst darum handeln, vorerst auch das Resultat der in diesem Hefte angestellten Untersuchungen genau zu bestimmen, um dann auf der gemeinsamen Grundlage des im ersten und zweiten Theile gewonnenen Endergebnisses weiterbauen zu können Was wir hier gefunden, lässt sich dahin bestimmen, dass bei Behandlung eines gleichartigen oder auch nur einigermassen ähnlichen Stoffes sehr häufig auch Anklänge in der Form begegnen, dass diese An-

---

1109 Verse hat, während das erste Buch der Aeneis deren bloss 756 enthält) zählte ich nur zwei, im 2. Buche (1174 V.) drei, im 3. (1092 V.) einen, im 4. (1279 V.) drei solcher Fälle.

1) Diese Erscheinung ist im Gegensatze zu der früher erwähnten bei Lucrez häufiger als bei Vergil (ich mache beispielshalber nur aufmerksam auf: foramen, glomeramen, momen, tegmen, velamen) und gerade darum sind diese zwei Fälle so interessant, weil sie uns wieder zeigen, wie gut es Ovid verstand, sich von allen seinen Vorgängern das ihm Bequeme anzueignen. Vgl. 1. Heft, S. 9.

klänge von Ovid öfters zweifellos ganz bewusst zu einem
bestimmten Zwecke oder auch ohne solchen gewählt wurden, und dass endlich gewisse Wendungen, Wortstellungen
und ganz besonders zahlreiche Versausgänge unserem
Dichter in auffallender Weise mit seinen Vorgängern und
dann diesen wieder untereinander gemein sind. Es muss
dies auf dem Gebiete der epischen Poesie viel mehr überraschen als auf dem der Elegie, da hier das Verhältniss
ein ganz anderes, das Gebiet ein viel weiteres ist, und
daher nach naheliegender Auffassungsweise alle jene Entschuldigungsgründe wegfallen müssten, die dort angeführt
werden konnten. Denn wer wollte es zu unseren Zeiten
einem talentvollen Epiker zutrauen, dass er, wenn er einen
schon von Anderen behandelten Gegenstand zu einem bestimmten Zwecke noch einmal erzählen muss, denselben
auch zum grossen Theile in der nämlichen Form wieder-
gebe, wie Ovid dies nicht selten mit den Stellen der Aeneis
gethan, oder dass bei Aufzählung von Gefallenen ein aus
lauter Eigennamen bestehender Vers eines Vorgängers ganz
unverändert in einem anderen Zusammenhange eingefügt
werde, wie wir dies ebenfalls bei unserem Ovid gefunden?
Oder wer sollte es entschuldigen, wenn vier Dichter der
Reihe nach, um den Ausbruch des Schweisses zu schildern,
sich nahezu derselben Worte und desselben Verses be-
dienen? Man wird bei ähnlichen Dingen doch wol nicht
immer zum Hinweis auf die sogenannten stehenden epischen
Verse die Zuflucht nehmen können oder wollen.

Und wie vieles Andere liesse sich aus dem Vorhergehenden — von dem des Raumersparnisses wegen Ueber-
gangenen gar nicht zu sprechen — hier noch anführen!
Wo begegnet Derartiges in solchem Masse in der griechischen Literatur? Am leichtesten erklärlich sind uns auf
diesem Felde nach unserem Geschmacke eben noch jene
Reminiscenzen, die zu einem bestimmten Zwecke, meist
um eine Ueberraschung zu bieten, angebracht wurden, wie

dies einigemale bei Ovid der Fall war. Aber wie dünn
gesät sind diese Fälle im Verhältnisse zu den anderen!
Es müssen also hier ganz gewichtige Gründe vorhanden,
es muss eine ganz eigene Combination von Umständen sein,
wodurch nicht nur der fleissige Sammler und Feiler Vergil,
sondern auch ein von der Natur so entschieden geschaffener
und mit Phantasie und Formtalent so reichlich begabter
Dichter wie Ovid bewogen wurde, sich Aehnliches zu er-
lauben Diese Gründe fallen mit der zweiten, der eigentlichen Schlussbetrachtung zusammen.

Es ist nach dem Gesagten wol kaum noch nöthig zu
bemerken, dass das hier Gewonnene mit dem Resultate
des ersten Heftes im Ganzen auf Eines hinausläuft. Fast
überall Selbstwiederholungen der einzelnen Dichter [1], häu-
figes Zurückgehen auf schon behandelte Situationen im
Grossen und Kleinen meist mit überraschender Beibehal-
tung der Form, ganze Reihen von Versen, Verstheilen und
Versausgängen, die sich von einem Dichter auf den anderen oder gar auf mehrere vererbt haben. Wenn wir es
nun gehörig betonen, dass es gerade das Gebiet des Epos
und der Elegie ist, auf dem diese Erscheinungen in so
überraschender Weise sich zeigen, so wird es uns nicht
mehr schwer sein, die richtige Fährte zu finden. Wir haben
es also gerade mit den beiden Dichtungsarten zu thun, in
denen, da alle die besprochenen Dichter bereits in die Zeit
nach der Einbürgerung der griechischen Versmasse in die
römische Literatur fallen, das Metrum ausschliesslich im
Hexameter oder im Distichon besteht. Und so kommen
wir denn auf das hinaus, worauf schon J. R. Köne in
seinem Buche: „Ueber die Sprache der römischen Epiker“

---

1) Ueber die Selbstwiederholungen Vergils vgl. z. B. noch Heins.
und Forbiger zu Ecl. 5, 37. Für Lucrez Forbiger Diss. de Lucr.
p. 10—54. Für Horaz verweise ich hier einstweilen auf Orelli und
Dillenburger zu Epist. 1, 1, 56.

hingewiesen, dass nämlich die lateinische Sprache in ihrem ganzen Bau und Wesen für das daktylische Versmass nicht sehr geeignet war, dass ihr der Rhythmus des griechischen Verses mit Gewalt aufgedrungen wurde, nachdem sie in ihrer Bildung einen Gang genommen, welcher dem, der zum Hexameter führt, schnurgerade entgegengesetzt war, und dass daher die römischen Epiker und Elegiker oft die mannigfaltigsten Wege versuchen mussten, um ihre Verlegenheit zu verdecken [1]). Wie Köne diesen Satz theoretisch an den einzelnen Wortformen, an der Deklination und Conjugation oft treffend nachgewiesen hat [2]), so haben wir ihn in grossen Umrissen bei Betrachtung ganzer Versreihen bestätigt gefunden und in seinen praktischen Folgen für die Werke der einzelnen Dichter sowol, als auch für das Verhältniss derselben zu einander näher kennen gelernt. Das ist der Standpunkt der beiden Bücher zu einander, die sich also wol gegenseitig ergänzen, in keinem Punkte aber, wie wol jeder Kenner sieht, sich wiederholen, da sie auf ganz verschiedenen Wegen zu dem nämlichen Resultate gelangt sind.

Es handelt sich nun aber schliesslich noch um den nähern Nachweis, wie gerade ganz vorzugsweise durch diesen Satz fast alle von uns aufgefundenen Erscheinungen sich einfach erklären. Eben dadurch, dass im Lateinischen gewisse Wortformen, die doch von jedem Dichter mehr oder weniger angewendet werden mussten, sich entweder ausschliesslich oder doch am bequemsten nur für eine be-

---

1) Vgl. Köne S. 4, 7, 248 u. ö.

2) Köne's Buch fand bekanntlich viele Widersacher und von mancher Seite wurde alles darin Niedergelegte als eitel Pedanterie verschrieen. Ein ruhiges Urtheil hingegen und eine billige Würdigung in vielen Punkten finden wir in Bernhardy's Literaturgeschichte S. 23 Anm. 12, obwol auch dort nach unseren Erfahrungen nun noch Einiges zu Gunsten Köne's abzuändern sein dürfte.

stimmte Stelle im Hexameter eignen, entstehen die Massen
von Gleichklängen in den einzelnen Theilen und besonders
am Schlusse der Verse. Wird nun gar noch von zwei
Dichtern der nämliche oder ein ähnlicher Gegenstand behandelt, so liegt bei der unvermeidlichen Nothwendigkeit,
oft auch den nämlichen Ausdruck zu gebrauchen, und bei
der häufigen Unmöglichkeit denselben an eine beliebige
Versstelle zu setzen, ein enger Anschluss an den Vorgänger
noch um so viel näher. Es kann dann weiter nur als eine
natürliche Folge von alledem angesehen werden, dass man
durch Erfahrung und Uebung überzeugt von dieser Unge-
schmeidigkeit der Sprache für den einmal angenommenen
und nicht zu umgehenden Rhythmus und von der Schwierigkeit wirklich gute Verse zu bilden, sich allmählig an
Wiederholungen und Anklänge gewöhnte, und entweder
einen selbstgeformten Vers, wenn er ganz besonderen Bei-
fall gefunden, noch einmal auftischte[1]), oder eine aner-
kannte Stelle eines anderen Dichters in überraschender
Weise irgendwo einflocht, oder endlich gar ganze Situationen aus dem Werke eines berühmten Vorgängers mit einigen nicht zu schwierigen Aenderungen in einem anderen
Zusammenhange benutzte, nur um sich so viel als möglich
über die Schwierigkeiten der Versifikation hinwegzuhelfen.
Dass es dann in solchen Fällen gewöhnlich auf eine gewisse geistreiche Ueberraschung abgesehen sein musste, die
den Mangel an Selbstständigkeit zu ersetzen hatte, und
dass gerade hierin Ovid Meister ist, haben wir schon öfter
bemerkt Damit wäre also eine Masse von Thatsachen,
die uns im Verlaufe unserer Untersuchungen so sehr aufgefallen sind, im Allgemeinen zum grossen Theile aufge-

---

1) In dieser Beziehung hat schon Orelli auf das Richtige hingedeutet in seiner treffenden Bemerkung zu dem in Hor. Epist. 1, 1, 56
aus Sat. 1, 6, 74 wiederholten Verse: Laevo suspensi loculos tabulam-
que lacerto.

hellt. Natürlich aber kann und soll dadurch nicht behauptet werden, dass manchmal nicht anch andere Ursachen mit einflossen und ganz insbesondere für Ovid wird das im ersten Hefte speziell über ihn und seine Dichtungsart Gesagte immer auch zugleich berücksichtigt werden müssen. Aber als Hauptgrund werden wir jetzt nach so vielen auffallenden Belegen doch wol das oben Dargelegte anzunehmen haben. Um aber Zweifeln hierüber noch mehr vorzubeugen und den Schein einer, wenn auch auf nicht zu verachtender Grundlage aufgebauten, Hypothese so viel möglich zu vermeiden, erlaube ich mir hier am Schlusse noch ein Paar Zeugnisse aus dem Alterthume selbst anzureihen, welche, da sie gerade einige wichtigere der oben behaupteten Sätze bekräftigen, auch für die Unterstützung des ganzen Urtheils nicht ohne Werth sein dürften. Wenn wir früher gesagt, dass die Römer selbst auf ihre Wiederholungen gar oft wol aufmerksam wurden und von ihrer Nothwendigkeit überzeugt sich mit der Zeit an dieselben ganz gewöhnten, so ist für eine solche Bemerkung die Stelle Macrobius Sat. 6, 1 ungemein interessant. Dort finden wir nämlich bereits eine kleine Zusammenstellung von anklingenden Versen aus Vergil und einigen älteren Dichtern und davor in der Einleitung unter Anderem die Sätze [1]): Etsi vereor, ne, dum ostendere cupio, quantum Vergilius noster ex antiquiorum lectione profecerit, et quos ex omnibus flores, vel quae in carminis sui decorem ex diversis ornamenta libaverit, occasionem reprehendendi vel imperitis, vel malignis ministrem, exprobrantibus tanto viro alieni usurpationem, nec considerantibus, hunc esse fructum legendi, aemulari ea, quae in aliis probes, et quae maxime inter aliorum dicta mireris, in aliquem usum tuum opportuna derivatione convertere . . . . . quis fraudi Vergilio vortat, si ad excolendum se quaedam ab antiquioribus

---

1) Ed. Eyssenhardt, p. 345. Bipont. 2, p. 151.

mutuatus sit? cui etiam gratia hoc nomine habenda est, quod nonnulla ab illis in opus suum, quod aeterno mansurum est, transferendo, fecit, ne omnino memoria veterum deleretur . . . Denique et iudicio transferendi et modo imitandi consecutus est, ut, quod apud illum legerimus alienum, aut illius esse malimus, aut melius hic, quam ubi natum est, sonare miremur.

Das Geständniss könnte nicht offener sein, die Entschuldigungsgründe freilich, mit denen der Römer seinen grössten Epiker zu rechtfertigen sichtlich sich abmüht, klingen uns manchmal wirklich naiv, aber sie kennzeichnen uns so recht die damalige Anschauungsweise in diesem Punkte, die wol daraus hervorging, dass die Erscheinnng einerseits feststand, die tiefern Gründe aber entweder wirklich nicht zum Bewusstsein gekommen oder von einem Römer nicht wol auszusprechen waren. Eng verwandt mit dieser ist die Stelle bei Gellius N. A. 1, 21, 7: Non verba autem sola, sed versus prope totos et locos quoque Lucreti plurimos sectatum esse Vergilium videmus[1].

Ein weiterer Passus, dessen Lectüre hier zur richtigen Würdigung der Sache in vieler Beziehung empfohlen werden kann, ist die dritte Suasoria des Rhetors Seneca. Ich citire daraus nur die Worte: Hoc autem dicebat Gallio, Nasoni suo valde placuisse: itaque fecisse, quod in multis aliis versibus Vergilius fecerat, non surripiendi causa, sed palam imitandi, hoc animo ut vellet agnosci[2]. Wer denkt da nicht an das, was wir oben über die absichtliche Wiederholung zum Zwecke der Ueberraschung angedeutet haben? Es liesse sich da noch ein anderes Urtheil schon aus viel älterer Zeit und von sehr geachteter Seite stammend anführen, nämlich das des Cicero über Ennius und dessen Verhältniss zu Nävius im Brutus 19, 76: Nec vero

---

1) Ed. Hertz, 1, p. 66.
2) Ed. Bipont. p. 25.

tibi aliter videri debet, qui a Naevio vel sumpsisti multa, si fateris, vel, si negas, surripuisti. Diese Worte mögen allerdings noch nicht so sehr auf das von uns hauptsächlich Betonte, auf die Benützung der Sprachmittel und Verstheile gehen, (da Nävius bekanntlich noch im saturnischen Masse dichtete, und gerade Ennius es war, der zuerst den Hexameter einführte) sondern vielleicht eher auf das Inhaltliche, Stoffliche (vielleicht bei Behandlung des bellum Punicum?): jedesfalls aber sind sie ein gewichtiges, auch für uns nicht ganz gleichgültiges Zeugniss dafür, dass die Nachahmung im Allgemeinen in der römischen Poesie schon frühe, ja fast unmittelbar nach dem Entstehen einer eigentlichen Literatur eine gewisse Rolle zu spielen anfieng [1]).

Aus dieser und ähnlichen Andeutungen, sowie aus dem Umstande, dass wir auch bei unseren Untersuchungen so häufig ein wirklich gar zu auffallendes, fast stereotypes Zurückgehen auf gewisse, schon behandelte Gegenstände gefunden, möchte man beinahe versucht sein zu schliessen, dass ausser dem von uns schon Vorgebrachten noch zwei Umstände der allgemeinsten Natur mit einwirkten, die darin beständen, dass die patrii sermonis egestas nicht bloss für Lucrez bei seinem Gegenstande, sondern für alle Dichter in gleicher Weise hemmend wirkte, dass die lateinische Sprache nach ihrer ganzen Entwicklung überhaupt zur Dichtersprache nicht sehr geeignet war, und dass dann zweitens der von Natur und durch Erziehung mehr praktische Römer sich auf dem Gebiete der Poesie nie durchaus zu der Vollkommenheit des beweglichen, phantasievollen Griechen emporschwingen konnte.[2])

---

1) Vgl. Bernhardy, Röm. Lit. S. 81 und Anm. 138. 1. Aufl.

2) Vgl. W. S. Teuffel, Röm. Lit. S. 1. Nach alledem, was wir hier selbst schon bei älteren Dichtern und dann bei jenen der besten Zeit gefunden, werden wir unser Urtheil über die formellen Nach-

Kehren wir aber nun endlich, nachdem wir, wie es bei solchen Arbeiten geschehen muss, auf ein viel weiteres Feld gerathen, als es ursprünglich beabsichtigt war, wieder zu unserem Ovid zurück, von dem wir ausgegangen, um mit einem Worte über ihn auch abzuschliessen, so wird uns wol kaum etwas Anderes übrig bleiben, als das schon am Schlusse des ersten Heftes abgegebene Gesammturtheil auf Grund der Untersuchungen im zweiten noch mehr festzuhalten. Denn gerade in den hier aufgedeckten, im Wesen der Sprache liegenden Schwierigkeiten, die sogar bei allen früheren Dichtern mehr oder weniger schon ganz ähnliche Selbstwiederholungen und Reminiscenzen hervorgerufen, finden wir einen neuen, oft gewiss nicht zu verkennenden Entschuldigungsgrund selbst für seine schwächste Seite und andererseits werden wir die geistreiche, auch hier oft zu Tage getretene Art nicht verkennen dürfen, mit der er sogar noch auf diesem Gebiete, wo eigentliche Selbstständigkeit und Originalität nach dem Gesagten wol fast unmöglich geworden, trotz aller Schwierigkeiten und trotz aller Vorgänger dem Entlehnten häufig durch die verschiedensten Mittel noch einen gewissen Reiz der Neuheit zu geben und durch eine gesunde Auswahl des Besten aus den Werken aller Vorgänger jene Gewandtheit zu erreichen versteht in allem Formellen, jene Leichtigkeit und Anmut, die wir an ihm immer bewundern werden [1]).

---

ahmungen im silbernen Zeitalter wol auch manchmal etwas modifiziren müssen.

1) Vgl. W. S. Teuffel, Röm. Lit. S. 450.

Nachträgliche Bemerkungen:

Seite 38 ist mit Lucr. 2, 335 noch Cat. 64, 50 zu vergleichen und in dieser Beziehung auf das erste Heft Seite 53 zu verweisen.

Seite 120 Anm. 1. musste ausdrücklich auf die e r s t e Auflage von Bernhardy's Literaturgeschichte aufmerksam gemacht werden, weil die betreffende, sehr richtige und für unsern Zweck wichtige Be merkung in der dritten Ausgabe (1855) abgeändert worden ist.

Niedermühlbichler, B., Liber precationum, metrice graeco
sermone conscriptus et hymnos plurimam partem con-
tinens. 1847. 1 fl. 32 kr.
— Epigrammata novi ex parte generis. 1844. 18 kr.
Pailler, W., Das Passionsspiel zu Brixlegg. 1868. 20 kr.
Pichler, Dr. A., Ueber das Drama des Mittelalters in
Tirol. 1850. 1 fl. 6 kr.
Platonis Protagoras. Mit Einleitung und Anmerkungen
zum Schul- und Privatgebrauche von Dr. T. W i l d a u e r.
1857. 72 kr.
Probst, Dr. J., Geschichte der Universität in Innsbruck,
seit ihrer Entstehung bis zum Jahre 1860. 1869. 5 fl.
Schöpf, J. B , Tirolisches Idiotikon. Nach dessen Tode
vollendet von J. A. H o f e r 1866 6 fl.
Sonklar v. Innstädten, K. A., Abhandlung über die
Heeres-Verwaltung der alten Römer im Frieden und
Krieg, in der besondern Beziehung auf die beiden
Hauptzweige der Heerversorgung: Besoldung und Ver-
pflegung 1847. 1 fl. 6 kr.
Steger, J, Platonische Studien. 1. Heft. 1869. 80 kr.
— Desselben II. Heft: Die Platon. Tugendlehre. 1870. 80 kr.
Wenig, J. B., Schola syriaca Complectens chrestoma-
thiam cum apparatu grammatico et lexicon chrestoma-
thiae accommodatum. Pars I. 1866. 3 fl. 60 kr.
— Zur allgemeinen Charakteristik der arabischen Poesie.
1870. 1 fl.
— Regulae de tono vocum arabicarum, exemplis illustratae
atque exercitationis specimine explanatae. 1870. 40 kr.
Wildauer, Dr. T., Festrede zu Schiller's hundertjährigem
Geburtstag. 1859 50 kr.
— Festrede zu Johann Gottlieb Fichte's hundertjährigem
Geburtstag. 1862. 30 kr.
Zingerle, Dr. J. V., Lusernisches Wörterbuch 1869. 1 fl.

Unter der Presse befinden sich:

Demattio, Dr. F., Le lettere in Italia prima del Secolo
di Dante.
— S. Jacobi Sarugensis sermo de Thamar ex Cod. Vat.
117 editus a J o s. Z i n g e r l e.
Monumenta Syriaca ex romanis Codicibus collecta. Vol. II.

I n n s b r u c k im Februar 1871.

WAGNER'sche Univ.-Buchhandlung.

OVIDIUS

UND SEIN

VERHÄLTNISS ZU DEN VORGÄNGERN

UND GLEICHZEITIGEN

RÖMISCHEN DICHTERN.

VON

Dr. ANTON ZINGERLE.

DRITTES HEFT:

OVID. — HORAZ.

STELLENWEISER.

INNSBRUCK.

VERLAG DER WAGNER'SCHEN UNIVERSITÆTS-BUCHHANDLUNG

1871.

Druck der Wagner'schen Buchdruckerei in Innsbruck.

Herrn

DR. W. S. TEUFFEL,

PROFESSOR AN DER UNIVERSITÄT ZU

TÜBINGEN,

IN

VEREHRUNG UND DANKBARKEIT

GEWIDMET.

Vorwort.

Da ich mich über Zweck, Anlage und Behandlung der
Arbeit, die mit dem vorliegenden dritten Hefte zum Abschlusse gebracht ist, im Allgemeinen schon früher deutlich
genug ausgesprochen, kann ich mich hier auf einige besondere Bemerkungen beschränken. Was zuerst die Abhandlung über das Verhältniss Ovid's zu Horaz betrifft, so
muss ich vor Allem betonen, dass ich dieselbe etwa nicht
aus Zufall, sondern nach einem wolberechneten Plane
separat und erst am Schlusse anfügte aus Gründen, die wol
von vorneherein leicht denkbar sind und überdies dem auf-
merksamen Leser sich gar bald entdecken werden, wesshalb
ich auf eine nähere Motivirung ohne Bedenken verzichten
kann. Ebenso bedarf es wol kaum einer ausdrücklichen
Versicherung, dass ich die fast unübersehbare horazische
Literatur für meinen besonderen Zweck nach
Kräften zu verwerthen suchte, in der Art jedoch, dass nur
auf das Allerbedeutendste oder auf Solches, was noch
irgend einer Bemerkung zu bedürfen schien, in der knappesten Form hingewiesen wurde. Dass übrigens ein Haupt-
bestreben auch hier dahin gieng, die Schrift ausser jenem
besonderen Zwecke auch noch durch eine mög-
lichst grosse Zahl neu entdeckter Beweis-

mittel um so interessanter und auch für verschiedene anderweitige Arbeiten brauchbar zu machen, dürfte bei nur einigermassen eingehender Prüfung leicht ersichtlich sein. Constatirung der von uns betonten Thatsache bei möglichster Kürze und zugleich mit vorzüglicher Rücksicht auf bisher noch nicht Verglichenes war überhaupt der Grundsatz, den ich fort und fort mit immer grösserer Bestimmtheit durchzuführen bestrebt war. Diesem Grundsatze opferte ich denn auch die in der Vorrede zum zweiten Hefte versprochenen Nachträge, die sich grösstentheils noch auf die Selbstwiederholungen Ovid's bezogen hätten, für welche meine Sammlungen indess ganz bedeutend angewachsen waren. Wie es nämlich einerseits meinem Zwecke gemäss nothwendig war, gerade auf jenen bisher viel zu wenig beachteten Punkt an geeigneter Stelle ausdrücklich aufmerksam zu machen und ihn durch eine Anzahl schlagender Belege unläugbar festzustellen, so wäre es andererseits am Ende eine Inconsequenz in der Anlage des ganzen Werkes, wenn ich noch einmal nach geschehener Constatirung weiteren Raum einer Sache gestatten würde, die für sich allein ein ganzes Buch füllen könnte. [1] Dafür habe ich den ebenfalls in Aussicht gestellten und von mehreren Seiten als wünschenswert bezeichneten Stellenweiser in kurzer Form und mit den üblichen Abkürzungen um so lieber angereiht, da er wesentlich dazu beitragen kann, die Arbeit auch für weitere Zwecke nutzbar zu machen. — Endlich noch, um Missverständnissen in jeder

---

1) Eine diesbezügliche separate Arbeit ist bereits angekündigt in der mir vom Herrn Verfasser W. R. Gebhardi freundlichst zugesendeten Dissertation: De Tibulli Propertii Ovidii distichis quæstionum elegiacarum specimen. Regimonti 1870. p. 27.

Beziehung vorzubeugen, eine nachträgliche Bemerkung über
meine Stellung zu den Ansichten von Köne und Grauert.
Ich glaube es zwar in den diesbezüglichen Stellen des
zweiten Heftes deutlich genug formulirt zu haben, will es
aber demungeachtet hier noch einmal betonen, dass ich
nur das G r u n d p r i n c i p der theoretischen Untersuchungen
Köne's zur Erklärung vieler von uns entdeckter Erscheinungen herbeizog und dasselbe durch letztere in gar mancher
Beziehung als praktisch erwiesen erklärte, dass ich aber
den weiteren in jenem Buche aus der (nun wol feststehen-
den) Thatsache gezogenen Consequenzen durchaus ferne
stehe. Dies gilt besonders von der Behauptung Grauert's,
dass gerade durch die Unfügsamkeit der lateinischen Sprache
gegenüber den griechischen Rhythmen der schnelle Verfall
der römischen Poesie ganz hauptsächlich motivirt sei.[1]
Hiefür gibt es noch ganz andere Gründe, die von Lucian
Müller trefflich entwickelt wurden[2] und ich möchte da
nach meinen Erfahrungen nur noch hinzufügen, dass die
römische Poesie, nachdem sie sich trotz jener Unge-
schmeidigkeit der Sprache und der dadurch schon in früher Zeit
verursachten, uns gewiss nicht wenig störenden Erscheinungen dennoch soweit entwickelt und zu einer solchen Blüthe
entfaltet hatte, wol auch eben so gut noch länger in der
eingeschlagenen Manier und mit den gewohnten formellen
Wiederholungen hätte fortbestehen können, wenn es ihr
am Ende in Folge der Zeitverhältnisse nicht auch noch am
passenden Stoffe und an der nöthigen dichterischen Freiheit
gefehlt hätte. Es wäre eine solche Fortentwicklung unter
gleichen Umständen verhältnissmässig um so leichter ge-

---

1) Köne spr. d. röm. ep. p. 308.
2) Luciani Muelleri de re metrica poetarum latinorum p. 408.

wesen, als gerade Ovid durch fleissiges Studium der Vorgänger und durch eigenes formales Talent das Widrige und Langweilige der durch das Metrum schon frühe motivirten Reminiscenzen zum grossen Theile auf die verschiedenste Art abgeschwächt und durch Sammlung des Passendsten von allen Seiten die metrische Kunst gewissermassen in ein neues Stadium eingeführt hatte. Wir haben diese Thatsache oft hervorgehoben und betonen sie noch einmal, da gerade hierin jeder Unbefangene, welcher die dem Dichter auf diesem Gebiete entgegenstehenden Schwierigkeiten kennt, trotz aller Wiederholungen und Mängel einen Hauptvorzug Ovid's erkennen muss. —

In Betreff der Citate in diesem Hefte ist noch zu bemerken, dass die aus Horaz sich durchweg auf die Ausgabe von Lucian Müller (Leipzig, Teubner 1870) beziehen, die wenigen Fälle ausgenommen, wo ausdrücklich das Gegentheil angegeben ist. Kleinere Stellen sind des Raumersparnisses wegen häufig nicht besonders ausgesetzt, sondern unmittelbar mit dem Texte verflochten, in der Weise jedoch, dass zur Bezeichnung eines neuen Versanfanges der grosse Anfangsbuchstabe jedesmal beibehalten wurde.

Zum Schlusse kann ich mich auch hier nicht enthalten, den Herren Professoren Dr. W. S. Teuffel und Dr. B. Jülg, sowie der Vorstehung der hiesigen k. k. Universitätsbibliothek meinen tiefgefühlten Dank für die freundliche Unterstützung bei meiner Arbeit öffentlich auszusprechen.

Innsbruck, 30. September 1871.

Dass sich bei Ovid auch manche Anklänge an die
Dichtungen des Horatius finden, kann nach dem Voraus-
gehenden nicht mehr überraschen. Die Thatsache blieb
auch nicht unbemerkt, dennoch aber hat es bisher Niemand
unternommen, eine nähere Untersuchung über den Gegenstand anzustellen und das einschlägige Materiale zu sammeln. Ich kann mich nicht enthalten, in dieser Beziehung
hier folgende Aeusserung des berühmten Kritikers Lucian
Müller zu citiren: Ceterum valde est optandum existere
aliquando, qui colligat exempla imitationis Horatianae
quotquot reperiuntur apud poetas, non quod putem fore ut
ex tali opere commodi quicquam ad verba Flacci emen-
danda redundet, sed ut tandem aperte appareat quo usu
ille quaque popularitate apud Romanos viguerit. Eum saepe
a satiricis expressum imitatione sat constat, praeterea ab
O v i d i o   a e q u a l i . . . . [1])

Die hier zuletzt angedeuteten Beziehungen zwischen
Horaz und Ovid sollen nun an dieser Stelle kurz nachgewiesen und dadurch zugleich der Grund gelegt werden zu
der von Lucian Müller gewünschten grösseren Arbeit über
die imitatio Horatiana.

Auch Horaz wird, wie die übrigen bisher behandelten

---

1) Q. Horatii Flacci carmina rec. Lucianus Mueller. Lipsiae 1870.
Praefatio p. XII.

Dichter von unserem Ovid in seinen Werken ausdrücklich erwähnt, aber nur einmal:

Trist. 4, 10, 49:

> Et tenuit nostras numerosus Horatius aures,
> Dum ferit Ausonia carmina culta lyra.

Finden wir auch in diesen Worten selbst gerade keine auffallende Anspielung auf irgend ein bestimmtes Gedicht des hier genannten Vorgängers, wie dies bei Erwähnung des Tibull, Lucrez und Vergil der Fall war, so ist es doch immerhin bemerkenswert, dass in der nämlichen Elegie ein Paar andere Verse Reminiscenzen aus Horaz und zwar aus einer und derselben Ode zu enthalten scheinen, die gleich hier kurz angedeutet werden sollen: Trist. 4, 10, 115: Ergo quod vivo, ... Gratia, Musa, tibi. Hor. carm. 4, 3, 24 (an die Muse): Quod spiro et placeo .. tuumst. Trist. 4, 10, 123: Nec ... Livor iniquo Ullum de nostris dente momordit opus. Hor. carm. 4, 3, 16: Et iam dente minus mordeor invido.

Die genannte Ode scheint, was bei der guten Gelegenheit wol auch schon an diesem Orte berührt werden darf, dem Ovid überhaupt sehr geläufig gewesen zu sein; ich erinnere nur noch an zwei Anklänge, die sich ebenfalls in den während der Verbannung geschriebenen Gedichten finden: Trist. 1, 6, 6: Siquid adhuc ego sum, muneris omne tui est. Hor. carm. 4, 3, 21: Totum muneris hoc tuist — ex P. 4, 16, 28: Pindaricae fidicen ... lyrae. Hor. carm. 4, 3, 23: Romanae fidicen lyrae.

Wir besprechen nun auch hier wieder zuerst Allgemeineres, was sich auf die Wahl der Stoffe und auf die anklingende Behandlung grösserer Partieen bezieht. Einiges hiehergehörige musste gelegentlich schon früher hier und dort berührt werden und es handelt sich daher an dieser Stelle um die Ergänzungen und um einen gedrängten Ueberblick über die diesbezüglichen Aehnlichkeiten mit Vermeidung aller Wiederholungen. Vor Allem ist da die Er-

scheinung zu erwähnen, dass in den lyrischen Gedichten
des Horaz, besonders dort, wo sie auf erotischem Gebiete
sich bewegen, auffallend oft gerade auch jene fast stehenden Motive begegnen, die wir bei Behandlung der Elegiker
überhaupt und bei Ovid insbesondere so häufig getroffen,
und dass in Folge dessen die genannten horazischen Dichtungen sich manchmal von der erotischen Elegie und ihren
Abarten wesentlich eben nur durch die Form und durch
das Metrum zu unterscheiden scheinen. [1]

Indem wir die Gründe hiefür einstweilen noch bei Seite
lassen und für das Schlusswort versparen, ist hier vorder-
hand für unseren nächsten Zweck nur die naturgemässe
Folge zu betonen, dass unter solchen Umständen auch bei
Horaz nicht selten jene Anklänge nach Form und Inhalt
belegbar sind, wie wir sie aus der Betrachtung der Elegie
im ersten Hefte noch gar wol kennen, und dass darum hie
und da wirklich der Gedanke nicht gar zu ferne läge, es
habe am Ende auch Horaz in dieser Beziehung auf einen
späteren Elegiker wie Ovid bisweilen eingewirkt oder wenigstens als Vermittler gedient.

Freilich wird es bei der grossen Zahl solcher Stellen
und der dadurch verursachten wechselseitigen Aehnlichkeit
so vieler Dichter immerhin schwer sein, dies Letztere gerade
von bestimmten Beispielen mit voller Sicherheit zu behaupten und wir begnügen uns daher, ohne auf nähere
diesbezügliche Untersuchungen einzugehen mit der für den
allgemeinern Zweck dieses Buches nothwendigen aber auch
genügenden Feststellung der Thatsache und mit der Angabe
von einigen der wichtigsten derartigen Erscheinungen bei

---

1) Vergl. Beinhardy röm. Lit. S. 538 und bes. S. 540 Anm. 429.
Was hier über Elegie und Odenpoesie der Römer als „blosse Variationen der Form" gesagt ist, passt ganz zu dem von uns Bemerkten
und kann wol ohne Bedenken theilweise auch auf die Anschauungen
der Augusteer ausgedehnt werden.

Horaz, denen stets eine der auffallendsten Parallelstellen aus Ovid und der Hinweis auf die den jedesmaligen Gebrauch bei den übrigen Dichtern behandelnde Partie im 1. Hefte beigegeben werden soll: Vergeltung der Sprödigkeit durch trostloses Alter. Hor. Carm. 1, 25, 1 ff. Ov. A. A. 3, 69. 1. H. S. 48. — Der ausgeschlossene Liebhaber dem Ungestüme der Witterung preisgegeben. Hor. Carm. 3, 10, 3. (Porrectum ante fores) Ov. Am. 2, 19, 21. (ante tuos proiectum . . postis) 1. H. S. 92. Vgl. 2. H. S. 18. — Streit und Misshandlung zwischen Liebenden. Hor. Carm. 1, 17, 27. (Et scindat . . . inmeritamque vestem) Ov. A. A. 3, 569. (Nec scindet . . tunicasve puellae) Hor. Carm. 1, 6, 18. Ov. A. A. 2, 452. 1. H. S. 95 ff. — Die dentis nota aus einem anderen Grunde auch bei Hor. Carm. 1, 13, 12 mit den stehenden Ausdrücken wie 1. H. S. 103. — Der unbestrafte falsche Schwur der Geliebten: Hor. Carm. 2, 8, 1 ff. Ov. Am. 3, 3, 1 ff. [1]) 1. H. S. 82. — Das Motiv: „Die Liebe zur Sclavin entehrt nicht" bei Hor. Carm. 2, 4, 1 ff. so humoristisch durchgeführt und bei Ovid Am. 2, 8, 9 ff. mit demselben Hinweis auf die alten Helden eingeflochten, dürfte wol fast ohne Bedenken auf einen direkten Einfluss zu beziehen sein. — Ueber die auch bei Horaz oft wiederkehrende Erinnerung an die Vergänglichkeit alles Irdischen s. 1. H. S. 46 und die dort citirten Stellen.

Dieses letzte Beispiel, das sich bei Horaz wie bei den übrigen Dichtern bald auf erotischem Gebiete vereint mit der Aufforderung zum Lebensgenusse, bald aber auch in anderem Zusammenhange findet, soll uns den Uebergang bilden zu ein Paar anderen ähnlichen Gemeinplätzen, die

---

1) Wenn auch die Fassung der ovidischen Stelle, ganz dem Charakter des Dichters gemäss, in einem Punkte viel leichtfertiger ist (vgl. Esse deos i, crede! und damit die Bemerkung Hofman-Peerlkamp's zum horazischen Crederem an d. St. S. 186), so bleibt desswegen das Motiv doch dasselbe und die Aehnlichkeit des Gedankenganges unläugbar.

mit kleinen Veränderungen bei verschiedenen Gelegenheiten hier und dort eingeflochten werden: Verwünschung der Schifffahrt auch bei Hor. Carm. 1, 3, 9. vgl. 1. H. S. 117. — Titanenkampf und Bergeaufthürmung mit den fast stereotypen Wortanklängen (Pelion inposuisse Olympo) Hor. Carm. 3, 4, 52 ff. Ov. Am. 2, 1, 13. 2. H. S. 62. 1. H. S. 119.[1]) — Als ich grosse Kämpfe besingen wollte, hat eine Gottheit es nicht verstattet. Hor. Carm. 4, 15, 1. Ov. Am. 1, 1, 1. Verg. Ecl. 6, 3. 1. H. S. 118. — Auch für die bei den vorangehenden Dichtern mehrmals schon besprochene und von ihnen bei den ungleichartigsten Anlässen angebrachte Behandlung des goldenen Zeitalters (1. H. S. 64 ff., 2. H. S. 19 ff.) treffen wir eine entsprechende Partie bei Horaz in Epod. 16, 43 ff. mit den stehenden, überall wiederkehrenden Zügen und mit manchen den diesbezüglichen ovidischen Stellen so ähnlichen Phrasen, dass der Schluss auf eine theilweise unmittelbare Einwirkung auf Ovid hier nicht ganz vermessen erscheinen könnte. Man vgl. beispielshalber nur:

Hor. Epod. 16, 47:

Mella cava manant ex ilice

Ov. Met. 1. 112:

Flavaque de viridi stillabant ilice mella

Hor. Epod. 16, 43:

Reddit ubi cererem tellus inarata

Ov. Met. 1, 109:

Mox etiam fruges tellus inarata ferebat[2])

Die beinahe ebenso häufige und auch fast stehend gewordene Beschreibung der Zaubermacht und des sacrum

---

1) Ursprüngliches Vorbild hier selbst für die Wortanklänge Hom. Od. 11, 315 Ὄσσαν ἐπ᾽ Οὐλύμπῳ μέμασαν θέμεν, αὐτὰρ ἐπ᾽ Ὄσσῃ Πήλιον. — Vgl. noch die übersichtliche Zusammenstellung bei Rappold, Beiträge zur Kritik der ovid. Metam. Leoben Pr. 1871, S. 21.

2) Vgl. H. Düntzer: Virgilius und Horatius, in den Jahn'schen Jahrbüchern 1869 S. 326.

magicum kann gleichfalls mit oft nicht unbedeutenden
Wortanklängen auch aus Horaz belegt werden. In ersterer
Beziehung s. 1. H. S. 76 Anm. und dazu !noch Epod. 17, 5
(caelo devocare sidera) und 77 (et polo Deripere lunam
vocibus possim meis , Possim crematos excitare mortuos.)
Ueber die magische Feier vgl. ausser Verg. Ecl. 8, 64 ff. bes.
Hor. Sat. 1, 8, 20 ff., Epod. 5 mit Ov. Met. 7, 180 ff.
Her. 6, 89 ff., wo die Aehnlichkeiten auch im Ausdrucke
manchmal ziemlich in's Einzelne gehen (z. B. Hor. Sat. 1,
8, 23 nigra succinctam . palla Canidiam pedibus nudis
passoque capillo. Ov. Met. 7, 182 vestes induta recinctas,
Nuda pedem . humeris infusa capillos. Her. 6, 89 passis
discincta capillis . — Hor. Epod. 5, 51 Nox et Diana, quae
silentium regis, Arcana cum fiunt sacra, Nunc nunc adeste .
Ov. Met. 7, 192 Nox . arcanis fidissima . . Tuque triceps
Hecate . . . adeste.) Nicht ganz uninteressant ist im Allgemeinen die Vergleichung der Figur der Canidia bei
Horaz mit jener der lena bei Ovid Am. 1, 8, 1 ff. — ver-
hassten Personen werden Zauberkünste angedichtet (vgl.
unsere „alte Hexe.")

Zu den hier berührten allgemeinen Erscheinungen gehört
auch das so oft wiederkehrende Thema von der Unsterblichkeit des Dichters. S. 1. H. S. 85 und Dillenburgers
treffliche Zusammenstellung in der Note zu Hor. Carm. 3,
30, 1 ff. Hier scheint ein directer Einfluss des Horaz auf
unseren Ovid (bes. Met. 15, 871 ff.) wol über jeden Zweifel
erhaben zu sein.[1]) (Vgl. z. B. ausser der sich vollständig
deckenden Gedankenfolge einzelne Ausdrücke wie Hor.
Carm. 3, 30, 1 Exegi monumentum Ov. Met. 15, 871
Jamque opus exegi Hor. l. c. 6 multaque pars mei Vitabit Li-
bitinam Ov. l. c. 875 Parte tamen meliore mei super alta
Astra ferar Ov. Am. 1, 15, 42 parsque mei multa super-
stes erit. Letzteres Gedicht Ovid's kann übrigens noch

---

1) Vgl. W. S. Teuffel Röm. Lit. S. 453.

bezüglich der **Aufzählung** der durch [das Lied unsterblich gewordenen Vorgänger mit Hor. Carm. 4, 9, 1 ff. verglichen werden u. s. w.)

Im Passus über die Beschönigung der Gebrechen des geliebten Gegenstandes schliesst sich Ovid formell zwar mehr an Lucrez an, aber doch ist Horaz als Mittelglied bei dieser auffallenden Nachahmung nicht ganz ausser Acht zu lassen. (Vgl. 2. H. S. 17.)

Schliesslich hier noch die Ergänzungen zu den Belegstellen aus Horaz für ein Paar früher behandelte bildliche Verstärkungen und zwar zu den loci *ἐκ τοῦ ἀδυνάτου* (Vgl. 1. H. S. 109 Anm.) noch Carm. 1, 33, 7. Epod. 5, 79. Epod. 16, 31 ff., als Ausdruck für das Beständige: Epod. 15, 7 ff. (1. H. S. 41 — 2. H. S. 71), für die Härte Carm. 1, 3, 9 (1. H. S. 42 ff.)

Nach diesem ersten Abschnitte des allgemeinen Theiles, der, wie schon angedeutet, neben dem nächsten Zwecke ganz besonders auch den erweiterten Standpunkt dieses Buches mit Rücksicht auf die ganze Färbung der römischen Poesie und das diesbezügliche Schlusswort im Auge hatte, gehen wir nun ohne Weiteres zu einigen Proben über, die ausschliesslich das Verhältniss Ovid's zu Horaz und dadurch hervorgerufene inhaltliche und zugleich formelle Aehnlichkeiten darlegen sollen.

Hieher gehören vor Allem Hor. Carm. 1, 10, 1 ff. und Ov. Fast. 5, 663 ff. Die Nachahmung von Seite Ovid's, der die bekannte Ode an Mercur theilweise an einer passenden Stelle der Fasti benützte, ist hier ganz unzweifelhaft und wurde schon von Bentley bemerkt. [1]) (Vgl. z. B. Hor. l. c. 1 facunde nepos Atlantis. Ov. l. c. 663 Clare nepos Atlantis. Hor. 19 superis deorum Gratus et imis. Ov. 665 superis imisque deorum Arbiter u. s. w.)

---

1) **Ed. III. p. 30**: Ovidii locus ex nostro manifeste expressus Fast. 5, 663.

Aehnlich ist die Beziehung zwischen Hor. Carm. 3, 23, 1 ff. und einigen Stellen Ovid's z. B. ex P. 4, 8, 37 ff. und bes. Fast. 4, 409 ff., wo beiderseits der Gedanke, dass ein guter Wille die Gottheit auch mit kleinen Opfern zufriedenstellen könne, theilweise mit Wortanklängen ausgedrückt ist. Am allerauffallendsten aber sind hier jedesfalls die Verse Hor. l. c. 20 Farre pio et saliente mica Ov. Fast. 4, 409 Farra deae micaeque . salientis honorem. Fast. 1, 338 Far erat et puri . mica salis, die ausserdem auch dadurch noch interessant sind, dass sie auch bei Lygdamus durch eine ganz entschiedene Parallelstelle vertreten sind. (3, 4, 10 Farre pio placant et saliente sale.) [1])

Hor. Carm. 3, 22, 2 finden wir zu uuserer Ueberraschung in Ov. Am. 2, 13, 19 wieder, in jener Elegie, die sonst in der ganzen Anlage so sehr an Tibull erinnert (vgl. 1. H. S. 58.) — Hor. l. c. Quae laborantes utero puellas . . audis Ov. Tuque laborantes utero miserata puellas.

Neben ähnlichen auf Gottheiten und Opfer bezüglichen Stellen, wo solche Reminiscenzen am Ende doch noch am leichtesten erklärlich und entschuldigt sind (vgl. 1. H. S. 66 Anm.), begegnen aber auch noch manche andere auf den verschiedensten Gebieten.

In den Stellen vom Lobe des Weines Hor. Carm. 3, 21, 13 ff. und Ov. A. A. 1, 237 ff. mögen die Aehnlichkeiten, die sich nicht blos auf die Gedanken, sondern theilweise in auffallender Art auch auf die Form beziehen (vgl. bes. Hor. 18 et addis cornua pauperi Ov. 239 tum pauper cornua sumit) wol nebenbei durch gemeinsame griechische Vorbilder motivirt sein. [2])

---

1) Vgl. L. Müller in seiner Horazausgabe Praef. p. XXXIII.

2) Einige derartige griech. Stellen in den Commentaren gesammelt; vgl. bes. Mitscherlich und Orelli zur genannten Ode. — Hor. 18 und Ov. 239 gehen wol auf die Versifizirung eines sprichwörtlichen

Spuren von Reminiscenzen aus Horaz scheinen sich ferner auch in der Schilderung des Landlebens Rem. Am. 169 ff. zu finden. Jedesfalls dürfte hier eine gewisse Beziehung auf Epod. 2 leichter nachzuweisen sein, als zwischen dieser letzteren Stelle und der dazu gewöhnlich citirten Verg. Georg. 2, 493 ff. [1] Ausser der streng durchgeführten zweigliederigen Eintheilung (Freuden des Landbaues und der Jagd) vgl auch Einzelnes wie Hor. 36 Ov. 208, Hor. 37 Ov. 170 und 200, Hor. 13 Ov. 195 u. ä.

Sehr bezeichnend aber für die Art der ovidischen Nachahmung sind wieder die viel zu wenig beachteten Verse Hor. Epist 1, 1, 2 ff. und Ov. Trist. 4, 8, 19 ff. Die nämlichen Bilder, die Horaz gebraucht, um dem Mäcenas begreiflich zu machen, dass er in Folge des vorgerückten Alters nicht mehr zur lyrischen Poesie zurückkehren könne, verflicht Ovid in jene Elegie, in der er davon spricht, dass er in seinen alten Tagen sich wol ein anderes, ruhigeres Leben als das im Pontus hätte erwarten dürfen Das alternde Pferd, die der Gottheit geweihten Waffen des ausgedienten Kämpfers, das Bild des Gladiators, Alles kehrt hier wieder, zum Theil mit Wortanklängen (z. B. Hor. 2 donatum iam rude Ov. 24 Me quoque donari iam rude tempus erat.) [2]

Ferner ist hier zu bemerken die Rede der Hypermnestra in Hor. Carm. 3, 11, 37 ff., die wol zweifellos auf Ovid bei Behandlung des nämlichen Stoffes in Her. 14, 1 ff. eingewirkt hat [3] (Hor. 38 Surge, ne longus tibi somnus,

---

Ausdrucks zurück (vgl. griech. $\varkappa \acute{\epsilon} \varrho \alpha \tau$' $\check{\epsilon} \chi \epsilon \iota \nu$) mit gleichzeitiger bewusster Anspielung auf die cornua des Liber. Gerade darum ist die Reminiscenz um so auffallender.

1) Vgl. H. Düntzer l. c. S. 316.

2) Ob vielleicht nicht auch Ov. ex P. 1, 5, 35 ff. (Jeder bleibt seiner Neigung und ich trotz des schlimmen Lohnes der Muse treu) eine schalkhafte Anspielung enthält auf Hor. Carm. 1, 1 (bes. v. 15 ff.)?

3) Die auffallende Aehnlichkeit zum Theile auch von Hofman-

unde Non tines, detur Ov. 73 Surge Nox tibi, ni properas, ista perennis erit Hor. 49 I, Dum favet nox Ov. 77 dum nox sinit, effuge Hor. 51 et nostri memorem sepulcro Scalpe querellam Ov. 128 Sculptaque sint titulo nostra sepulchra brevi u. s. w.)

Dieselbe Ode scheint dann noch an einer anderen gleichfalls mythologischen Stelle unserem Ovid vorgeschwebt zu haben. Die schöne Schilderung der Einwirkung des Orpheus auf die in der Unterwelt büssenden Heroen, die in Folge des Gesanges für den Augenblick ihre Strafen vergessen, ist nämlich in Hor. Carm. 3, 11, 21 ff. und Ov. Met. 10, 41 ff. so ähnlich gefasst, dass wir kaum an blossen Zufall denken können, um so weniger, da diese Darstellung sonst gewiss nicht zu den Gemeinplätzen gehört. [1]) (Hor. 21 Ixion . vultu Risit invito Ov. 42 stupuitque Ixionis orbis Hor. 22 stetit urna paullum Sicca Ov. 43 urnisque vacarunt Belides.)

Ein anderes Beispiel verwandter Art glaube ich in Hor. Carm. 3, 16, 1 ff. und Ov. Am. 3, 8, 29 ff. zu entdecken Denn abgesehen von der diesen Stellen eigenthümlichen malitiösen Deutung des Danaemythus und dessen Verwerthung für die Veranschaulichung der Alles bezwingenden Macht des Goldes weist auch die Ausführung im Einzelnen unläugbar auf nähere Beziehungen hin. (Hor. l. c. 1 turris ahenea Robustaeque fores Ov. l. c. 32 Aerati postes,

---

Peerlkamp ausdrücklich bemerkt, der aber eben desswegen die letzte Strophe der horaz. Ode für unächt erklärt als „versus conflati ex Horatio et Ovidio“ (p. 299.) Wenn wir bei den römischen Dichtern so vorgehen wollten, so dürften wir nach unseren Erfahrungen mit dem Streichen wol gar nicht fertig werden. S. ausserdem die testimonia aus dem Alterthume für die Stelle bei Keller und Holder I, 120.

1) Mitzuvergleichen ist nur noch Verg. Georg. 4, 484. Prop. 5, 11, 23 gehört trotz der ähnlichen Situation wegen des verschiedenen Zusammenhanges nicht hieher.

ferrea turris Hor. 8 Converso in pretium deo Ov. 29 Juppiter . . . . . . pretium virginis ipse fuit u. s. w.)

Wol nicht wegzuläugnen ist der Einfluss des Horaz auf Ovid auch in manchen jener Stellen, welche auf die Verherrlichung des Augustus sich beziehen. Bei dem Umstande, dass Ovid einerseits ziemlich häufig auf dieses Thema kommt und dass andererseits Horatius gerade auch hierin, so weit es auf solchem Gebiete möglich, mit feinem Geschmacke vorangegangen war, [1]) werden wir uns über solche Anklänge besonders in der allgemeinen Fassung um so weniger wundern können. Ich notire ein Paar Beispiele: Hor. Carm. 1, 2, 45 Serus in caelum redeas Ov. Trist. 5, 2, 52 Sic ad . . sidera tardus eas Ov. Met. 15, 868 Tarda sit illa dies et nostro serior aevo, Qua caput Augustum Accedat caelo. — Hor. Carm. 1, 12, 49 Gentis humanae pater atque custos, Orte Saturno (51) tu secundo Caesare regnes (57) Te minor latum reget aequus orbem, Tu gravi curru quaties Olympum. Ov. Met. 15, 858 Sic et Saturnus minor est Jove. Juppiter arces Temperat aetherias Terra sub Augusto. pater est et rector uterque. Vgl. Ov. Fast. 2, 130 ff. [2]) Ausserdem für die auffallende Aehnlichkeit des Gedankens Hor. Carm. 3, 5, 1 Caelo . credidimus Jovem Regnare; praesens divus habebitur Augustus Ov. Trist. 4, 4, 20 Quorum hic (Augustus) aspicitur, creditur ille (Juppiter) deus. Ebenso Hor. Carm 4, 14, 33 und Ov. Trist. 2, 174 [3]) u. ä.

Nun noch einige Gleichnisse und bildliche Ausdrücke, die den beiden Dichtern gemein und manchmal für das

---

1) Vgl. Bernhardy Röm. Lit. S. 569 Anm. 445.

2) Die Stellen Verg. Georg. 1, 500 ff. und 4, 560 ähneln den horazischen wol in einigen Gedanken, aber gewiss nicht derart in der Fassung im Einzelnen.

3) Wo die Reminiscenz wol über jeden Zweifel erhaben ist; vgl. Mitscherlich z. hor. St.

wechselseitige Verhältniss gewiss sehr bezeichnend sind: splendidior vitro Hor. Carm. 3, 13, 1. Ov. Met 13, 791.[1) — Hor. Epist. 2, 2, 176 velut unda supervenit undam Ov. Met. 15, 181 sed ut unda impellitur unda. — Hor. Carm. 3, 25, 8 Non secus in iugis Edonis stupet Euhias Ov. Trist. 4, 1, 41 Utque . Bacche Dum stupet Edonis . iugis — Hor. Carm 3, 15, 10 Thyias uti concita tympano Ov A A 3, 710 ut thyrso concita Baccha [2] — Hor. Carm. 1, 37, 17 accipiter velut Molles columbas Ov. Met. 5, 606 Ut solet accipiter trepidas urguere columbas. [3] — Der Wassersüchtige als Bild des Habsüchtigen [4] Hor. Carm. 2, 2, 13. Ov. Fast. 1, 215. — Anspielung auf Proteus als Bild für das Wechselnde, Veränderliche Hor. Sat. 2, 3, 73 Fiet aper, modo avis, modo saxum et, cum volet, arbor Ov. A. A. 1, 762 Nunc leo, nunc arbor, nunc erit hirtus aper — Ein sprichwörtliches Bild ganz ähnlich versifizirt in Hor. Sat. 1, 1, 110 Quodque aliena capella gerat distentius uber Ov. A. A. 1, 350 Vicinumque pecus grandius uber habet — Als wenigstens zum Theil in diese Kategorie gehörig dürften hier wol auch noch am passendsten angereiht werden die formell gewiss anklingenden Verse [5] in

Hor. Carm. 2, 5, 9:

.   Tolle cupidinem
Inmitis uvae: iam tibi lividos

1) Bei den andern hiehergehörigen Dichtern findet sich diese Verbindung meines Wissens nie; in der schon von den Schol. und nun gewöhnlich in den Commentaren angeführten Stelle Verg. Aen. 7, 759 steht das einfache vitreus.

2) Vgl. 1. H. S. 26.

3) Vorbild Hom. Il. 22, 139 ff. Vgl. Verg. Aen. 11, 721.

4) Wol auch nach einem griech. Muster. Vgl. Polyb. 13, 1.

5) Schon Bentley z. St. (Ed. III. p. 105) Qui locus (Ovidii) ex Horatiano hoc plane expressus videtur. Es sei übrigens hier bemerkt, dass eine properzische Stelle (1. H. S. 128) zum Wenigsten eben so sehr anklingt und das wird uns wieder den Massstab zur richtigen Beurtheilung derartiger Erscheinungen geben.

> Distinguet autumnus racemos
> Purpureo varius colore.

Ov. Met. 3, 484:

> . . aut ut variis solet uva racemis
> Ducere purpureum, nondum matura, colorem.

Ich schliesse nun hiemit ab, obwol es noch gar manche derartige Wendungen und Gedanken mit ziemlich ähnlicher Form gäbe, die gerade unseren zwei Dichtern gemeinsam sind (z. B. Hor. Epist. 2, 1, 156 Graecia capta ferum victorem cepit, et artes Intulit agresti Latio Ov. Fast. 3, 101 Nondum tradiderat victas victoribus artes Graecia – Hor. Sat. 1, 10, 33 Post mediam noctem . cum somnia vera Ov. Her. 18, 196 Somnia quo cerni tempore vera solent[1]) — Hor. Epist 1, 1, 45 ff. Ov. R. A. 229 ff. u. s w.) Aber es kann hier nicht in unserem Zwecke liegen auf alle Einzelheiten, die am Ende manchmal doch nur zufällig sein könnten, einzugehen und unserer eigentlichen Aufgabe – dem Nachweis der Beziehungen der horazischen Dichtungen zu denen der übrigen Augusteer und insbesondere ihres Einflusses auf Ovid vom allgemeineren Standpunkte – glauben wir durch die angeführten, grösstentheils doch wol ziemlich sicheren Belegstellen gerecht geworden zu sein.

Wir gehen nun wieder zum zweiten besonderen Theile über und notiren hier mit ausschliesslicher Rücksicht auf das Formelle zuerst einige der wichtigsten anklingenden Verse und Verstheile, die im allgemeinen Abschnitte noch nicht besprochen wurden. Dass diesbezügliche recht auffallende Belegstellen aus den Oden verhältnissmässig seltener sein werden, lässt sich bei der Verschiedenheit der Metra und der dadurch verursachten Wortstellung wol leicht vorhersehen; dennoch aber gibt es auch da Manches, was immerhin in-

---

[1] Letzteres mit Anspielung auf den Volksglauben schon bei den Griechen vgl. Hom. Od. 4, 841. Plat. Crito p. 44. Moschus 2, 2.

teressant genug und der Erwähnung wert ist. Ausser Carm. 1, 1, 36 (1. H. S. 32 Anm. 2) vgl.: Hor. Carm. 1, 1, 4 metaque fervidis Evitata rotis Ov. A. A. 3, 396 Metaque ferventi circueunda rota — Hor. Carm. 1, 1, 6 Terrarum dominos evehit ad deos Ov. ex P. 1, 9, 36 Terrarum dominos quam colis ipse deos[1] — Hor. Carm. 1, 2, 9 Piscium et summa genus haesit ulmo Ov. Met. 1, 296 hic summa piscem deprendit in ulmo[2] — Hor. Carm. 4, 2, 33 Concines maiore . plectro Caesarem Ov. Met. 10, 150 Cecini plectro graviore Gigantas ; vgl. Hor. Carm. 2, 1, 40 — Hor. Carm. 1, 18, 13 Saeva tene cum Berecyntio Cornu tympana Ov. Met. 11, 16 et infracto Berecyntia tibia cornu Tympanaque (vgl. 1. H. S. 24) — Hor. Carm. 3, 20, 14 Sparsum odoratis umerum capillis Ov. Fast. 2, 309 Ibat odoratis humeros perfusa capillis — Hor. Carm 3, 7, 29 Prima nocte domum claude Ov. Am. 2, 19, 38 Incipe iam prima claudere nocte domum — Hor. Carm. 3, 4, 28 Nec Sicula Palinurus unda Vgl. 2. H. S. 73 — Ov. Am. 3, 3, 35 Juppiter igne s u o s lucos iaculatur et arces möchte ich wegen der Aehnlichkeit des Gedankens und Ausdruckes (letzterer ist in der Weise sonst nirgends zu belegen) und

---

1) Die auffallend ähnliche Verbindung bei Ovid muss für die viel umstrittene Erklärung der horazischen Stelle massgebend sein.

2) Auch dieser Vers mit der ganzen betreffenden Strophe wird von Peerlkamp, Meineke, Linker und zuletzt von Lucian Müller eben wegen der Aehnlichkeit mit Ovid als Interpolation bezeichnet. Nach unserer Ansicht gilt hier wieder das oben zu Carm. 3, 11, 37 Gesagte und zudem sei noch bemerkt, dass eine derartige Verwerfung ganzer Stellen ohne handschriftliche Beglaubigung und nur auf Grund ähnlicher Anklänge wol nirgends bedenklicher sein kann, als gerade da, wo Ovid mit in's Spiel kommt, bei dem die Thatsache der fast unzählbaren Reminiscenzen aus allen Dichtern nun so unzweifelhaft constatirt ist. Man müsste dann diesen umgekehrten Weg consequenter Weise nicht nur bei Horaz, sondern auch bei anderen Dichtern einschlagen und z. B. gerade bei Tibull, wo die Beziehungen zu Ovid oft ganz dieselben sind, wie an unserer Stelle, ganze Massen tilgen.

dann wegen des seltsamen Zusammenhanges fast für eine
bewusste Anspielung halten auf Hor. Carm. 1, 2, 2 Pater
. rubente Dextera s a c r a s iaculatus arces – Hor. Epod. 8,
3 et rugis vetus Frontem senectus exaret Ov. ex P. 1, 4,
2 Iamque meos vultus ruga senilis arat vgl. A. A. 2, 118.
— Letzteres auch bei Verg. Aen 7, 417 und darum wol
jedesfalls mehr zufällig als allgemeinerer dichterischer Sprachgebrauch (vgl. „die durchfurchte Stirne" bei Kosegarten
und Schiller), wie auch manches Andere (z. B. Hor. Carm.
4, 1, 39 Te per gramina Martii Campi Ov. Trist. 5, 1, 32
Mollia quot Martis gramina campus habet — Hor. Carm.
1, 2, 46 Laetus intersis populo Quirini Ov. Fast. 1, 69
Dexter ades . . populoque Quirini) [1] aus anderen Gründen,
wesshalb wir Aehnliches hier als zu weit führend übergehen. [2]

Noch weit interessanter aber als alles dies, besonders
für die erweiterte Aufgabe unseres Werkes, ist hier die
Bemerkung, dass selbst in den Oden, da wo in einem
Metrum nur irgendwo der daktylische Rhythmus anklingt,
sehr häufig auch gleich wieder die aus Ovid und den übrigen
behandelten Dichtern uns schon so wol bekannten beliebten
Versausgänge begegnen. So Carm 1, 5, 7 aequora ventis
als Schluss des Pherecrateus. Vgl. 2. H S. 29 — 1, 7,
15 nubila caelo im Hexameterschluss, 2. H. S. 27 ff. —
3, 11, 16 Janitor aulae als Adonius. [3] Ov. Fast. 1, 139
caelestis ianitor aulae — 3, 27, 44 Carpere flores; Ov.

---

1) Im ersteren Beispiele scheint die Aehnlichkeit wol auf einen
fast volksthümlichen Ausdruck zurückzugehen, im zweiten haben wir
die Versifizirung der Formel populus Romanus Quiritium.

2) Vielleicht verdienen hier, wenigstens in einer Anmerkung, die
trotz der Variation des Gedankens formell doch wol anklingenden
Stellen Erwähnung: Hor. Carm. 1, 3, 21 Nequiquam deus abscidit .
Oceano . Terras Ov. Met. 1, 22 et terris abscidit undas.

3) Im Folgenden ist die Verwendung als Adonius bei Hor. einfach
durch den grossen Anfangsbuchstaben kenntlich gemacht.

Met. 10, 85 et primos carpere flores und 2. H. S. 46 —
4, 2, 20 Munere donat; 2. H. S. 94 — 1, **2**, 48 Ocior
aura; Ov. Met. 1, 5⁽2 — 1, 7, 2 bimarisve Corinthi
(Tetrameterschluss); Ov. Fast. 4, 501 bimaremque Corin-
thon — 4, 7, 1 gramina campis als Hexameterschluss;
Lucr. 2, 661 tondentes gramina campo, Ov. Fast. 6, 237
in gramine Campi — 4, 11, 24 Compede vinctum; 1. H. S.
79 — Epod. 16, 47 montibus altis als Hexameterschluss;
Lucr. 4, 1013. Ov Met. 1, 133 u. ö. — Carm. 3, 22, 4
Diva triformis; Ov. Met. 7, 177 — 3, 27, 12 Solis ab ortu;
Ov. Trist. 5, 8, 25 ex P. 3, 1, 127 — 4, 13, 3 Vis formosa videri (Pherekrateus); Ov. Met. 9, 462 cupit formosa
videri und 4, 319 — 3, 27, 72 Cornua taurus Ov. Met. 2,
80 cornua Tauri — 4, 6, 20 Matris in alvo Ov. Met. 1,
420 ceu matris in alvo — Carm. Saec. 60 Copia cornu
Ov. Met. 9, 88 Copia cornu est — Carm. 2, 16, 36 Murice
tinctae, s. unten S. 26. — Carm. Saec. 76 Dicere laudes; Ov.
A. A. 2, 739 mihi dicite laudes u. s. w. Wir werden uns
dies für das Schlusswort gut zu merken haben.

Findet sich Solches schon in den Oden, so kann man
wol denken, dass in den Satiren und Episteln, wo der
Hexameter alleiniges Metrum ist, wieder jene gewohnten
Anklänge in Versen, Verstheilen und Ausgängen verhältnissmässig in noch grösserer Ausdehnung auftreten werden,
obwol auch hier nicht vergessen werden darf, dass der
freiere horazische Hexameter sich denn doch iu gar manchen
Punkten von dem der übrigen Augusteer unterscheidet. [1]
Doch greifen wir nicht vor und betrachten einfach das wichtigste diesbezügliche Materiale in der knappesten Form:
Hor. Epist. 1, 1, 97:

   .   .   mea cum pugnat sententia secum

---

1) Vgl. L. Müller de re metr. p. 1. p. 184 u. ö. und den Auszug
in seiner Ausgabe des Horaz p. LV ff. Ausserdem Kirchner Einl. p.
30—73 Meineke praef. p. 41 und älteres diesbezügliches bei Bähr Röm.
Lit. S. 231 Anm. 10,

Ov. Met. 15, 27:

> .   .   pugnatque diu sententia secum

Hor. Sat. 2, 2, 12:

> .   .   studio fallente laborem

Ov. Met. 6, 60:

> .   .   .   studio fallente laborem

Hor. Epist. 1, 10, 37:

> Sed postquam victor violens discessit ab hoste [1])

Ov. Met. 15, 569:

> .   ut victor domito remeabat ab hoste

Vgl. Trist. 2, 177.

Hor. Epist. 1, 1, 103:

> .   .   .   rerum tutela mearum

Ov. Trist. 5, 14, 15:

> .   .   ut rerum sollers tutela mearum

Hor. Sat. 1, 6, 11:

> .   .   .   amplis et honoribus auctos

Ov. Trist. 2, 45:

> Divitiis etiam multos et honoribus auctos

Hor. Sat. 1, 2, 80:

> .   .   .   inter niveos viridesque lapillos

Ov. Met. 15, 41:

> .   .   .   niveis atrisque lapillis

---

1) Ich muss hier ausnahmsweise von der Leseart L. Müllers abweichen, da mir das victor der Codices gegenüber der dort aufgenommenen Conjectur Haupt's victo ridens gerade durch die folgende gewiss anklingende ovidische Stelle gedeckt zu sein scheint, obwol ich andererseits auch wieder gewiss nicht mit Bentley so weit gehen möchte wegen dieses Verses Ovid's das handschriftliche violens zu änderp.

Hor. Sat. 1, 5, 9:

    .   .   Iam nox inducere terris
Umbras

Ov. Met. 2, 307:

    Unde solet latis nubes inducere terris

Hor. Epist. 2, 2, 181:

    .   vestes Gaetulo murice tinctas

Ov. Fast. 2, 319:

    Dat tenuis tunicas, Gaetulo murice tinctas [1]

Hor. Epist. 1, 16, 3:

    .   .   .   an amicta vitibus ulmo

Ov. Met. 10, 100:

    .   .   et amictae vitibus ulmi [2]

Hor. Sat. 2, 1, 58:

    .   seu mors atris circumvolat alis

Ov. Met. 14, 507:

    .   et remos plausis circumvolat alis [3]

Hor. Sat. 2, 1, 43:

    .   .   .   positum robigine telum

Ov. ex P. 1, 1, 71:

    .   .   .   positum rubigine ferrum [4]

Vgl. Hor. Sat. 1, 6, 55 u. Ov. Her. 12, 31.

Ausserdem noch viele Versausgänge, wie z B.:
praebeat aures Hor. Sat. 1, 1, 22 Ov. A. A. 2, 347 ex
    P. 2, 9, 25
praebeat usum Hor. Sat. 1, 1, 73 vgl. Ov. Met. 13, 782

---

1) Vgl. die ähnlichen Stellen im 1. H. S. 29.

2) 1. H. S. 23; 2. H. S. 80.

3) Vgl. 1. H. S. 28.

4) S. 2. H. S. 81.

inutile lignum Hor. Sat. 1, 8, 1 Ov. Am. 1, 12, 13
finire dolores Hor. Sat. 2, 3, 263 Ov. ex P. 1, 6, 41
colle Quirini Hor. Epist. 2, 2, 68 Ov. Fast. 4, 375 Met.
    14, 836
patriosque Penates Hor. Sat. 2, 5, 4 vgl. Ov. Her. 3, 67
curaque levarit Hor. Sat. 2, 5, 99 Vgl. 2. H. S. 5
lenire dolorem Hor. Epist. 1, 1, 34 Ov. Met. 13, 317
commodet aurem Hor. Epist. 1, 1, 40 Ov. Trist 5, 12, 53
compede vinctus Hor. Epist. 1, 3, 3 Vgl. 1. H. S. 79,
    oben S. 24
corpore toto Hor. Epist. 1, 8, 7. Ein besonders bei Lucrez
    und Ovid sehr beliebter Hexameterschluss. Vgl. Lucr.
    3, 109; 276; 329; 351. 4, 1014; 1096; 1103. 5, 273.
    6, 1006. Ov. Trist. 2, 535. Met. 2, 775. 4, 369.
    13, 958. Verg. 6, 494.
rumore secundo Hor. Epist 1, 10, 9 Vgl. 2. H. S. 4
mutemque colores Hor. Epist. 1, 16, 38 Vgl. 2. H. S. 38
ventique secundi Hor. Epist. 2, 1, 102 Ov. Her. 15, 23
penetralia Vestae Hor. Epist. 2, 2, 114 Ov. Fast. 3, 417
sedula nutrix Hor. Epist. 2, 3, 116 Ov. Met. 10, 438
gramine campi Hor. Epist. 2, 3, 162 Vgl. oben S. 24
crimine turpi Hor. Epist. 2, 3, 262 Lucr. 3, 49 Vgl. Ov.
    Met. 13, 308
veniret ad aures Hor. Epist. 2, 3, 255 Vgl. 2. H. S. 78
Copia cornu Hor. Epist. 1, 12, 29 s. oben S. 24 u. s. w.[1])

  Ganz besonders beachtenswert und bezeichnend sind
hier solche auslautende Gleichklänge, die dadurch entstehen,
dass Horaz eine bekannte Stelle eines Vorgängers oder
eine recht geläufige epische Phrase parodirt, während ihr
Ovid dann entweder den ursprünglichen Ernst wieder zu-
rückgibt oder wol auch noch dem Horaz in der ironischen
Färbung nachfolgt. Ein Paar Beispiele sollen das er-
läutern.

---

1) Ueber den Versschluss in Epist. 1, 7, 85 vgl 2. H. S. 61 Anm.

Bei Verg. Aen. 2, 670 ruft Aeneas, als er zum letzten Verzweiflungskampfe hinausziehen will:

. Numquam omnes hodie moriemur inulti

In Hor. Sat. 2, 8, 34 Vibidius beim Gastmahle des Nasidienus mit komischem Pathos:

Nos nisi damnose bibimus, moriemur inulti

Ovid legt die Worte Met. 9, 131 dem sterbenden Nessus in den Mund:

. . . neque enim moriemur inulti

Die übrigen Stellen hierüber s. 2. H. S. 96.

Der feierliche ennianische Versausgang in

Annal. 538:

Optima cum pulchris animis Romana iuventus

findet sich bei Horaz Sat. 2, 2, 52 in der Verbindung:

„Kommt die Verordnung jetzt, süss schmecken gebratene Taucher“

Parebit pravi docilis Romana iuventus

Ovid verflicht die Stelle in die Ars 1, 459, wo die Parodie ebenfalls gewiss nicht ganz wegzuläugnen ist, wenn er den Liebenden zu ihren Zwecken auch das Studium der Beredtsamkeit empfiehlt und dabei ausruft:

Disce bonas artes, moneo, Romana iuventus

Vgl. 2. H. S. 7.

Ueber den von Horaz Sat. 1, 4, 61 citirten Vers des Ennius und den gleichlautenden Versausgang bei Ovid s. 2. H. S. 6.

Hier noch ein paar Worte über eine Stelle, die freilich nur zum Theile hiehergehört, aber am Ende doch am passendsten an diesem Orte besprochen wird. In Hor. Sat. 1, 1, 68

Tantalus a labris sitiens fugientia captat [1])

Flumina

wird wol auch fast allgemein das Citat oder wenigstens

---

1) Der Versausgang auch noch Sat. 1, 2, 108.

die Nachbildung irgend eines den Römern gut bekannten
Verses eines anderen Dichters vermuthet. (Vgl. z. B. Orelli
z. St. Versus heroicus, fortasse ex poeta aliquo desump-
tus vel leviter immutatus.)

Für diese Vermuthung dürften abgesehen von den
anderen naheliegenden Gründen vielleicht auch ein paar
diesbezügliche Stellen aus Ovid nicht ganz uninteressant
sein, die nach meinen bisherigen Erfahrungen auf ähnlichem
Gebiete wol sicher nicht direkt mit dem citirten horazischen
Verse in Verbindung zu setzen sind, dabei aber um so
gewisser auf eine von beiden Dichtern in ihrer Art benützte
Urstelle hinzudeuten scheinen. Ich meine Ov. Met. 10, 41
nec Tantalus undam captavit refugam und

Am. 2, 2, 43:

.   .   .   .   et poma fugacia captat
     Tantalus

Die Aehnlichkeit der Phrasen ist hier eine so auffallende, wie sie meines Wissens trotz des vielbehandelten
Thema's aus keinem anderen uns erhaltenen Dichter jener
Zeit nachzuweisen sein dürfte. Vgl. noch theilweise und
besonders wegen des Zusammenhanges Ov. Her. 17, 181.

Von dieser kurzen Abschweifung zurückkehrend, notire
ich nun einige auch bei unsern Dichtern anklingende Versanfänge:

Si quaeret quid agam Hor. Epist. 1, 8, 3 Ov. Am. 1, 11, 13
Si bene me novi Hor. Sat. 1, 9, 22 si modo me novi Ov.
    Met. 14, 356
Quo mihi fortunam Hor. Epist. 1, 5, 12 Ov. Am. 2, 19, 7
Nunc prece, nunc pretio Hor. Epist. 2, 2, 173 Nec prece,
    nec pretio Ov. Fast. 2, 806
Iamque dies aderat Hor. Sat. 1, 5, 20 Namque dies aderit
    Ov. Met. 3, 519
Postera lux oritur Hor. Sat. 1, 5, 39 Prospera lux oritur
    Ov. Fast. 1, 71

Nonne vides Hor. Sat. 2, 5, 42; 1, 4, 109 u. ö. s. 2. H.
S. 46

Nox erat, ein bei Ovid so häufiger Hexameteranfang
(Am. 3, 5, 1 Fast. 1, 421. 3, 639. 6, 673 ex P. 3. 3, 5)
als solcher auch bei Horaz in Epod. 15, 1.

Aus dem bisher in diesem Abschnitte Besprochenen ist
wol leicht ersichtlich, dass sich diese formellen grossentheils
wieder durch das Metrum motivirten Aehnlichkeiten durchaus nicht alle einzig und allein auf das Verhältniss Ovid's
zu Horaz beschränken, sondern oft mehreren, ja manchmal
fast allen behandelten Dichtern gemeinsam sind, was fest
im Auge zu behalten ist. Und darum reihe ich einiges für
diesen allgemeineren Zweck Bedeutsame gleich hier noch an.

Die Adjective auf bilis im 5. Fusse des Hexameter,
die bei Lucrez noch in verhältnissmässig kleiner Anzahl
sich finden, bei Vergil aber schon ganz bedeutend zunehmen
(2. H. S. 112) und bei Ovid dann massenhaft auftreten
(1. H. S. 14), begegnen auch bei Horaz in folgenden
Stellen: ignobile Sat. 1, 6, 9. credibile Sat 1, 9, 52.
mobile Sat. 2, 7, 82. inmersabilis Epist. 1, 2, 22. volu-
bilis Epist. 1, 2, 43. amabile Epist. 1, 3, 24. mirabilis
Epist. 1, 6, 23. inexcusabilis Epist. 1, 18, 58. inrevoca-
-bile Epist. 1, 18, 71. imitabile Epist. 1, 19, 17. placa-
bilis Epist. 1, 20, 25. mutabile Epist. 2, 1, 101. mirabile
Epist. 2, 2, 91. inritabile Epist. 2, 2, 102. amabilis Epist.
2, 2, 132. mobilis Epist. 2, 2, 172. exorabilis Epist. 2, 2,
179. inexorabilis Epist. 2, 3, 121. flebilis Epist. 2, 3, 123.
nobile Epist. 2, 3, 137. insanabile Epist. 2, 3, 300. tolerabile Epist. 2, 3, 368. [1])

Ich darf hier wol kaum noch besonders auf die Er-

---

1) Bemerkenswert ist hier noch, dass die Bildung numerabilis,
obwol nicht an der genannten Versstelle, zuerst bei Horaz (Epist. 2,
3, 206) auftritt und von ihm auf Ovid (Met. 5, 588) übergegangen zu
sein scheint.

scheinung aufmerksam machen, dass die betreffenden Beispiele in den Satiren fast noch ganz verschwinden, während
in den Episteln, wo der Versbau bekanntlich geregelter
wird und der Hexameter sich mehr und mehr dem streng
gebauten der übrigen Augusteer nähert,[1] ihre Zahl sich
zusehends steigert.

Ebenso gibt es für den Gebrauch der Substantiva auf
men an der erwähnten Versstelle (vgl. 1. H. S. 16 ff. 2.
H. S. 113) auch bei Horaz so manche Belege, die wir
aber nicht alle aufführen und uns auf die Bemerkung beschränken wollen, dass hier in dieser Beziehung carmen in
einem dreisilbigen Casus entschieden das vorherrschende ist
(z. B. Sat. 1, 10, 75; 66. 2, 1, 63; 82. 2, 5, 74. 2, 6,
22. Epist. 1, 19, 27; 31 u. s. w.), neben welchem sich anfangs ausser nomen grösstentheils nur vereinzelt noch
limen, semen, crimen, lumen, flumen und certamen finden,
während andere einigermassen auffallende derartige Wortformen, wie sie bei Ovid so häufig begegnen, erst in den
späteren Episteln auftreten. (So molimine Epist. 2, 2, 93.
foramine Epist. 2, 3, 203. acumina Epist. 2, 1, 161.)

Ein Imperativ als Versschluss verhältnissmässig nicht
selten (vgl. 1. H. S. 13), dabei aber memento (Sat. 2, 4,
12; 89. 2, 5, 52 Epist. 1, 8, 16) und das auch dem Ovid
so geläufige, bei den anderen Dichtern seltenere esto (Sat.
2, 3, 65. 2, 5, 29. 2, 6, 22 Epist. 1, 17, 37) mit gewisser
Vorliebe gebraucht.

Verbindungen wie sine fine Sat. 2, 7, 107, sine crimine
Epist. 1, 7, 56 (vgl. 1. H. S. 18; 2. H. S. 113) [2]), imitata

---

1) Vgl. ausser den oben S. 24 für den horaz. Hexameter überhaupt
citirten Schriften, aus denen Manches auch hieher gehört, W. S. Teuffel
Röm. Lit. S. 426 Anm. Die Thatsache auch schon betont von G. Her-
mann Elem. doctr. metr. p. 353.

2) Ausser diesen Verbindungen von sine gibt es auch bei Horaz
noch manche andere mit verschiedenen Substantiven an verschiedenen
Versstellen (auch für ein adjectiv. Attribut), wie denn die Erscheinung

im 5. Versfusse Sat. 2, 3, 186 Epist. 2, 1, 207 (vgl. 1. H. S. 12), ungula ebendort; Sat. 1, 1, 114 rapit ungula currus (vgl. 2. H. S. 5) u. s. w.

Schliesslich noch einige der bedeutenderen gemeinsamen Wortzusammenstellungen und Phrasen. Das Oxymoron concordia discors Hor. Epist. 1, 12, 19 Ov. Met. 1, 433 — lacrimosus fumus Hor. Sat. 1, 5, 80 Ov. Met. 10, 6 — tenax propositi Hor. Carm. 3, 3, 1 Ov. Met. 10, 405 — carmen perpetuum Hor. Carm. 1, 7, 6 Ov. Met. 1, 4 [1]) — animae prodigus Hor. Carm. 1, 12, 37 Ov. Am. 3, 9, 64 — Marsa nenia Hor. Epod. 17, 29 Ov. A. A. 2, 102 Fast. 6, 142 — udum Tibur Hor. Carm. 3, 29, 6 Ov. Fast. 4, 71 — nigri od. atri ignes (vom Scheiterhaufen) Hor. Carm. 4, 12, 26 Ov. Fast. 2, 561 — ignis coruscus (vom Blitze) Hor. Carm. 1, 34, 6 Ov. Fast. 6, 635 — tarda senectus Hor. Sat. 2, 2, 88 Ov. Trist. 4, 8, 23 [2]) — somnus obrepit Hor. Epist. 2, 3, 360 Ov. Her. 18, 46 — aure bibere Hor. Carm. 2, 13, 32 Ov. Trist. 3, 5, 14 [3]) — contrahere vela (im bildl. Sinne) Hor. Carm. 2, 10, 23 Ov. Trist. 3, 4, 32 — invitare somnos Hor. Epod. 2, 28 Ov. Met. 11, 604 (bei Verg suadere,

---

überhaupt eine ziemlich allgemeine ist und in dieser Beziehung ihrer Entstehung nach ganz kurz und trefflich von Dillenburger zu Epist. 1, 7, 56 charakterisirt wurde; aber beachtenswert ist es hier, dass gerade einige, die bei Ovid grosse Dimensionen annehmen und fast regelmässig nur an einer bestimmten Versstelle auftreten, bei den Vorgängern noch grösstentheils nur vereinzelt sich finden (für Vergil erinnere ich mich für sine fine in jenem bestimmten Versfusse nur an Aen. 2, 771), was uns wieder zeigt, wie Ovid selbst ursprüngliche Mängel der Sprache zu bequemen, freilich auch fast mechanischen Mitteln der Versification zu machen weiss.

1) In bestimmter feststehender Bedeutung s. die neueren Commentare.

2) Auch bei Tibull und Vergil s. 1. H. S. 47. 2. H. S. 66.

3) Doch nicht ganz zu verwechseln mit dem gewöhnlicheren auribus haurire (2. H. S. 96), was manchmal ausschliesslich mit der obigen horaz. Stelle verglichen wird.

vgl. 2. H. S. 81) — retorta tergo brachia Hor. Carm. 3, 5, 22 manibus post terga retortis Ov. Am. 1, 2, 31 (wo die Phrase an Horaz, die Wortstellung im Versschlusse aber an Vergil erinnert; vgl. die Stellen im 2. H. S. 64) — evolvere fastos Hor. Sat. 1, 3, 112 Ov. Fast. 1, 657 — die Anrede dulcissime rerum Hor. Sat. 1. 9, 4 wie bei Ovid öfter pulcherrime rerum Met. 8, 49 Her. 4, 125 A. A. 1, 213 — comitem abnegat mit zu ergänzendem se Hor. Carm. 1, 35, 22, wie Ov. A. A. 1, 127 comitemque negabat – der freiere Gebrauch des genitivus qualitatis in Hor. Carm. 1, 36, 13 multi Damalis meri Ov. Met 14, 252 nimiique Elpenora vini u. ä.

Gehen wir nun auf Grund aller dieser Belege an die Feststellung des Endergebnisses. Wir werden diese Schlussbetrachtung auch hier wieder naturgemäss in zwei Abschnitte zerlegen müssen, von denen sich der erste ausschliesslich auf die ursprüngliche, im Titel betonte Aufgabe dieses Buches, auf die Darlegung des Verhältnisses Ovid's zu dem hier behandelten Vorgänger beziehen, der zweite aber das zur Ergänzung nothwendige allgemeinere Gebiet, auf das wir im Verlaufe dieser Untersuchungen gerathen mussten, nämlich das wechselseitige Verhältniss aller dieser Dichter und die ganze Färbung der römischen Poesie berücksichtigen wird.

Dass die horazischen Dichtungen auf die des Ovid in manchen Punkten entschiedenen und unmittelbaren Einfluss ausgeübt, dürfte durch eine nicht unbeträchtliche Zahl der zu diesem Zwecke besprochenen Stellen wol selbst noch für den Fall zur Genüge bewiesen sein, dass nicht alles diesbezügliche, obwol es mit grösster Vorsicht und nur mit Rücksicht auf das Allerwichtigste ausgewählt wurde, Jedem gleich beweiskräftig erschiene. Diese Einwirkung scheint sich vor Allem in den wechselseitigen Beziehungen grösserer Partieen zu zeigen, wo die Gedankenreihe oft ganz dieselbe und der Ausdruck selbst bei verschiedenem Metrum manchmal so auffallend ähnlich ist, dass die betreffenden Verse

Ovid's nur den Eindruck einer leichten, zum grossen Theil
eben durch das Versmass veranlassten immutatio machen
können. Die Verschiedenheit des Metrum und selbst die
des horazischen Hexameter von dem Ovid's ist hier nie
ganz aus dem Auge zu lassen, und wenn manche dieser
Anklänge auf den ersten Blick weniger bestechen, als die
bei den anderen Dichtern entdeckten und darum nicht selten
fast ganz unbeachtet blieben, so ist dieser Faktor wesentlich
in Rechnung zu ziehen, da es trotz aller Aehnlichkeit der
Gedanken und Phrasen bei dem Mangel an vollständigem
rhythmischen Gleichklang und bei dem Umstande, dass Ovid
Derartiges gar so unerwartet einzuflechten und zu bemän-
teln weiss, nur zu leicht ist, ähnliche Reminiscenzen bei
nicht ganz eingehender Lectüre zu übersehen; desswegen
aber sind solche Stellen nicht weniger sicher, ja manchmal
noch fast interessanter. In letzterer Beziehung dürfte besonders hervorzuheben sein, dass Ovid bisweilen gerade an
ein und dasselbe Gedicht des Horaz bei ganz verschiedenen
Gelegenheiten anklingt und dadurch den Gedanken an gewisse Lieblingsdichtungen erweckt.

Zweitens dann ist es die Fassung mancher Wendungen,
Bilder und Gleichnisse bei Ovid, die hie und da einer Reminiscenz aus Horaz so ziemlich gleich sieht, zumal da sich
einiges derartige bei keinem anderen der uns erhaltenen
damaligen Dichter nachweisen lässt. Doch ist natürlich
diese Frage bei der grossen Menge des uns verloren Ge-
gangenen schon viel problematischer und ich will darauf
der Vorsicht halber kein zu grosses Gewicht legen.

Verhältnissmässig hoch ist aber wieder der Einfluss zu
stellen, den Horaz in manchen Punkten durch seinen feinen,
an griechischen Mustern, aber mit einer gewissen Selbstständigkeit herangebildeten Geschmack auf seinen Nachfolger öfters wol ganz zweifellos ausgeübt hat. [1])

---

1) Mit diesem allgemeinen Urtheile kann und soll aber natürlich

Ich erinnere hier zuerst an den feinen, bisweilen wirklich fast an das attische Salz streifenden Witz, an den launigen Scherz und gemüthlichen Humor – Dinge, die, so selten sie sonst bei römischen Dichtern in richtigen Gränzen und ohne Derbheit auftreten, gerade die zwei hier besprochenen an einigen Stellen ganz unläugbar auszeichnen.[1] Noch mehr aber als dies Alles ist die damit eng verwandte, oft ganz ähnliche geistvolle Benützung des schon von anderen Geleisteten zu betonen, welche den früheren Dichtern in dieser Weise, man kann wol sagen, fast ganz fremd war. Während nämlich dort die Reminiscenzen und wechselseitigen Anklänge, die, wie wir gesehen, in der römischen Poesie unstreitbar schon frühe ihre Rolle spielen, meist schon auf den ersten Blick sich verrathen und oft ganz plump auf das Vorbild hinweisen, treffen wir zuerst bei Horaz und nach ihm gleich bei dem gelehrigen Ovid jene feinere Methode, die das Gelernte oder wirklich direkt Entlehnte bald bei den verschiedensten Gelegenheiten ganz unerwartet einzuflechten und dadurch launig zu verstecken weiss, bald wieder im geraden Gegensatze erst recht absichtlich, aber in einem ganz anderen, manchmal sehr pikanten Zusammenhange hervorkehrt und interessant zu machen sucht, wodurch dann nicht selten jene Art von Parodie und Travestie entsteht, die den Leser bei diesen Dichtern oft so plötzlich überrascht. Eben dieser Kunst hat es Ovid zum grössten Theile zu verdanken, wenn derartige Anklänge, obwol sie bei ihm als dem jüngsten dieser Dichterreihe und wol auch

---

nicht behauptet werden, dass die beiden Dichter desswegen von jedem Geschmacksfehler im Einzelnen von vorneherein freizusprechen seien; die diesbezüglichen Fehler Ovid's sind bekannt genug und wurden auch von uns öfter berührt, für Horaz vgl. besonders W. S. Teuffel Röm. Lit. S. 420 und 424 und „über Horatius" S. 19.

1) Vgl. Bernhardy Röm. Lit. S. 558 und 519. M. Haupt Einl. z. d. Ausg. d. Metamorph. S. 9.

aus anderen Gründen am allerhäufigsten wiederkehren, dennoch in seinen Werken so wenig stören, dass er trotz alledem als einer der originellsten Dichter gepriesen wird.

Ausser diesen gewiss sehr bemerkenswerten ausgedehnteren Aehnlichkeiten gibt es aber auch auf rein formellem Gebiete so manche Verse und Verstheile, deren Verhältniss zu horazischen Stellen sicher nicht durchweg und ausschliesslich auf Rechnung der allgemeinen, später noch einmal anzudeutenden Gründe zu setzen, sondern oft einem direkten Einflusse zuzuschreiben sein dürfte.

An einigen Orten entdecken wir in dieser Beziehung bei Ovid doch ganz entschiedene Anklänge an Horaz, ein Paar unläugbar auffallende Versausgänge sind nur aus diesen zwei Dichtern belegbar und eben dasselbe gilt auch von mehreren gewiss nicht alltäglichen Phrasen und Wortverbindungen. Somit scheint die Thatsache sattsam constatirt, wenn auch natürlich aus naheliegenden Ursachen die Wiederholungen hier nicht in solchen Massen sich aufdrängten, wie bei Tibull und Vergil.

Dabei aber kann und soll nicht geläugnet werden, dass auch in diesem Hefte nicht alles Angeführte einzig und allein von diesem Standpunkte beurtheilt werden darf, sondern dass vielmehr gar Manches unseren Dichtern mit mehreren anderen in überraschender Weise gemein ist und eben desshalb eine Erweiterung unserer Betrachtung auf das gegenseitige Verhältniss aller besprochenen Dichter und die dadurch hervorgerufene allgemeine Färbung der römischen Poesie erfordert. Es muss sich hier zunächst um die Frage handeln, ob das theilweise schon im ersten, ganz besonders aber am Schlusse des zweiten Heftes festgestellte diesbezügliche Endresultat auch durch unsere neuen Untersuchungen bei Horaz im Grossen und Ganzen bestätiget wird oder nicht. Wir können diese Frage in ihren Grundzügen wol nicht anders als mit Ja beantworten.

Obwol Horaz sich Dichtungsarten widmete, die den

übrigen der von uns besprochenen Dichter zum grössten
Theile ferner lagen, indem er die Satire zur künstlerischen
Vollendung brachte, das Melos nach einigen Stilübungen
und Nachdichtungen griechischer Vorbilder schliesslich mit
einer gewissen Selbstständigkeit behandelte und der poetischen Epistel ein ganz eigenes Gepräge gab, so ist
andererseits doch nicht zu läugnen, dass er trotz alledem
dort, wo die Stoffe an ein auch anderwärts von den Römern
in irgend einer Form behandeltes Gebiet streifen, häufig in
einer nach unseren Anschauungen befremdenden Weise mit
den Vorgängern und Nachfolgern zusammenstimmt So
treffen wir in seinen erotischen Oden zum grössten Theile
nur jene bekannten Situationen und Motive, um die wir
sich die diesbezügliche Spielart der römischen Elegie wie
im Kreise drehen sahen, was noch um so mehr. überraschen
muss, da sich unser Dichter von dem Einflusse der Alexan-
driner im Ganzen fernzuhalten und auf die ächten klassischen
Muster der Griechen zurückzugehen suchte.[1] Die Erscheinung erklärt sich wol am einfachsten durch das Bestreben einerseits, concrete Züge aus der Gegenwart einzu-
mischen und durch den Mangel an Sinn für die freie
Schönheit individueller Poesie andererseits, was am Ende
vereint eben vielfach nur wieder zu einer formell nach be-
liebigen griechischen Mustern gebildeten Darstellung des
römischen Libertinenverhältnisses führen und eben dadurch
die erotische Lyrik des Horaz der Elegie in manchen
Punkten bedeutend nahe rücken musste. Kurz es fehlt
dem Dichter häufig an Unmittelbarkeit und selbst wenn er
, hie und da einen individuellen Anlass benützt, so lässt ihn
der Lyriker des Mannesalters nicht genug hervortreten und
verfällt darum in die Gemeinplätze der Elegie.[2] Abgesehen

---

1) Vgl. W. S. Teuffel Röm. Lit. S. 420 Anm. 2. J. F. Campe,
literar. Tendenzen zu Rom im Zeitalter des Hor. Jahn'sche Jahrbücher
1871. S. 553 und 554.

2) Was wir hier auf Grund unserer Forschungen über das Ver-

davon sind aber sicher auch einige dem Horaz mit den
übrigen Erotikern gemeinsame Wendungen und mehr noch
manche entschieden ähnlich behandelte, fast stehend gewordene Stoffe auf anderweitigen Gebieten öfter einem
mehr als nur formalen Einflusse der Griechen auf
die Rön·er zuzuschreiben, was besonders dort der Fall
sein mochte, wo die Vorbilder der Elegiker, die Alexan-
driner mit den älteren griechischen Mustern, an die sich
Horaz anschloss, übereinstimmten. Manches derartige, was
gerade recht auffallend häufig und bei Allen in fast mono-
toner Fassung wiederkehrt, lässt sich trotz der geringen
Zahl der uns erhaltenen Fragmente griechischer Lyrik doch
direkt aus derselben nachweisen. So z. B., um nur Einiges,
was mir gerade zufällig im Gedächtnisse ist, anzuführen, die
Entschuldigung des Erotikers, dass er epische Stoffe nicht
besingen könne, von den Augusteern bekanntlich mit Vorliebe bei ihren Ablehnungsgedichten an Augustus und
Mäcenas benützt [1]) — der Ausdruck für das Selbstgefühl des
Dichters [2]) — die Erinnerung an das Alter und Aufforderung
zum Lebensgenuss [3]) u. s. w.

Doch genug davon. Schliesslich seien hier noch die
nun auch aus Horaz belegten, fast von allen behandelten
Dichtern in die verschiedensten Dichtungsarten eingefloch-

---

hältniss der erotischen Lyrik des Horaz zur Elegie entdeckten, dürfte
mit den bisherigen allgemeinen Urtheilen über Horaz als Lyriker nicht
im Widerspruche stehen, beziehungsweise dieselben ergänzen. Vgl.
Bernhardy Röm. Lit. S. 564 und 575. W. S. Teuffel S. 420.

1) Vgl. z B. Anacreontea 23 [1] ed Bergk. Ibid. 26 A [16]. (Die
Abfassungszeit dieser Gedichte ist für unseren Zweck nach dem oben
Gesagten natürlich gleichgültig, wie auch der Umstand, dass Horaz die-
selben an sich und im Einzelnen wenig benützt.)

2) Theognis 237—252.

3) Z. B. Mimnermus 1, 5 ff. Anacreontea 7 [15] 9 ff. Theognis
567; 983 u. ö. — Bei den Römern auch schon bei Varro Menipp. 87.
Büch.

tenen Gemeinplätze vom goldenen Zeitalter, vom sacrum magicum, von der Beschönigung der Gebrechen u. ä. kurz erwähnt.

Fast noch mehr aber als alles dies muss uns die Thatsache interessiren, dass auch bei Horaz trotz der theilweisen Verschiedenheit der Metra und der vorherrschenden freieren Behandlung des Hexameter gleichklingende Verstheile und besonders die wolbekannten, fast stereotypen Versausgänge in verhältnissmässig überraschender Anzahl begegnen. Selbst in den Oden trafen wir letztere beim Erklingen des daktylischen Rhythmus nicht selten und im Hexameter treten sie besonders dort auf, wo dieser geflissentlich zu einem bestimmten Zwecke dem streng epischen nachgebildet wird, wie öfter in den Satiren oder durchweg grundsätzlich geregelter fortfliesst, wie besonders in den späteren Episteln. Da kehren dann zugleich auch die meisten jener bequemen, besonders dem Ovid so geläufigen Mittel der Versification mehr oder weniger wieder.

Nehmen wir zu alledem noch zwei Thatsachen, deren nähere Betrachtung dem Bereiche unseres Buches ferner lag, zumal da sie schon von Anderen in trefflicher Weise geliefert worden, nämlich 1. dass auch bei Horaz die Selbstwiederholungen in bedeutender Anzahl auftreten [1]) und 2. dass sich auch gar manche unzweifelhafte Beziehungen zwischen ihm und Vergil vorfinden,[2]) so werden wir wol nicht umhin können das, was wir am Schlusse der vorhergehenden Hefte über die verhältnissmässige Beschränktheit der römischen Poesie gegenüber der griechischen in

----

1) Vgl. W. S. Teuffel, über Horaz S. 18 f., wo z. B. nur die einfachen Zahlencitate der dem Verf. zufällig aufgefallenen Selbstwiederholungen aus den Oden eine halbe Quartseite füllen.

2) S. die schon oben citirte Abhandlung H. Düntzer's in den Jahn'schen Jahrbüchern 1869. — Ueber die Vertrautheit des Horaz mit Lucrez s. W. S. Teuffel Röm. Lit. S. 328. Vgl. ausserdem Hor. Epod. 15, 17 mit Tib. 1, 5, 69 u. a.

der Wahl der Stoffe, Wendungen u. dgl. und über den dem griechischen Rhythmus ursprünglich fremden Charakter der lateinischen Sprache gesagt haben, auch in Folge dieser Untersuchungen im Ganzen neuerdings zu bestätigen.

Natürlich aber soll dadurch nicht geläugnet werden, dass manchmal nicht auch noch besondere und eigenthümliche Verhältnisse zur Hervorbringung aller dieser uns so auffallenden Erscheinungen theilweise mitwirkten.

Für Ovid wurde das diesbezügliche schon öfter berührt. Und wenn die Selbstwiederholungen bei Horaz in den Oden ganz besonders vorkommen, so wird neben der Schwierigkeit der Masse auch des Dichters minder natürliche Begabung für diese Dichtgattung in Betracht kommen. Für das wechselseitige Verhältniss aller Dichter wird hie und da auch der Umstand in Rechnung zu ziehen sein, dass den Dichtern damals aus naheliegenden Gründen ihre eigenen und die Werke Anderer wol gewiss nicht immer vor Augen lagen und dass sie daher, wenn sie auf einen irgendwie schon dagewesenen Gedanken wieder geriethen, viel leichter auch auf dieselben Ausdrücke dafür verfielen, zumal da das Gedächtniss im Alterthume bekanntlich in einem um so höheren Grade ausgebildet war und so gar leicht oft unwillkürliche Reminiscenzen aus anderen Dichtern an die Hand geben konnte, wie wir dies beim gedächtnissstarken Ovid ebenfalls schon bemerkt. Aber im Ganzen werden wir diese und ähnliche Umstände eben doch nur als nebenbei mitwirkende und gewiss nicht als Hauptfactoren zu betrachten haben, da sie die aufgefundenen Erscheinungen in ihren ausgedehnten Dimensionen und in vielen wesentlichen Eigenthümlichkeiten für sich allein nie genug motiviren könnten. Nach diesen Ergänzungen können wir nun unsere Untersuchungen wol ohne Bedenken schliessen.

Stellenweiser.

(Die Dichter sind in der Reihenfolge, wie sie von uns besprochen wurden, angeführt, ihre einzelnen Werke in der in den Ausgaben gewöhnlichen Ordnung mit den bekannten Abkürzungen.)

I. Ovid.

	Hft.	Seite		Hft.	Seite
Am. I, 1,	1	118	Am. I, 6	1	91
1, 1	3	13	6, 1	1	30
1, 20	1	102	6, 5	1	99
1, 29	2	78	6, 7 ff.	1	100
2, 10	1	70	6, 27	1	43
2, 17	1	71	6, 42	1	41
2, 31	3	33	6, 49	2	78
3, 9	1	88	6, 49	1	92
4, 11	1	40	7, 11	1	34
4, 17	1	94	7, 23	1	96
4, 29	1	13	7, 42	1	103
4, 32	1	94	7, 50	1	43; 96
4, 42	1	20	8	3	14
4, 46	1	95	8, 5	1	74
4, 69	2	99	8, 7	1	11
5, 1	1	32	8, 9	2	28
5, 2	1	89	8, 49	1	47
5, 3 ff.	1	115	8, 59	1	15
5, 17	1	16	8, 73	1	97

			Hft.	Seite					Hft.	Seite
Am. I,	8,	85	1	82		Am. II,	4,	41	1	101
	8,	97	1	98			4,	42	1	10
	8,	113	1	87			4,	44	1	102
	9,		1	90			5,	11	1	43
	9,	33	1	26			5,	25	1	104
	9,	45	2	108			5,	34	1	102
	10,	11	1	87			5,	35	1	114
	10,	59 ff.	1	85			5,	37	2	10
	11,	9	1	44			5,	38	1	76
	11,	13	3	29			5,	40	1	114
	11,	25	1	11			5,	45	1	34
	12,	3	1	130			5,	46	1	96
	12,	13	3	27			6,	4	1	96
	13,	2	1	25			6,	10	1	20
	13,	5	1	104			6,	25	2	4
	13,	8	1	69			6,	31	2	82
	13,	12	1	63			6,	39	1	45
	14,		1	114			6,	43	1	41
	14,	14	1	20			7,	21	2	46
	14	28	1	43			8,	9 ff.	3	12
	15,		1	119			8,	19	1	40
	15,	4	1	89			8,	27	1	97
	15,	15	1	113			9,	6	1	28
	15,	19	2	1			9,	39	1	89
	15,	23	2	12			9,	41	2	91
	15,	25	2	48			10,		1	116
	15,	27	1	55			10,	11	1	18
	15,	35	1	108			10,	15	1	89
	15,	39	1	86			11,	1 ff.	1	117
	15,	42	3	14			11,	1	2	28
II,	1,	11 ff.	1	119			11,	4	1	127
	1,	13	{2	62			11,	27	2	86
			{3	13			11,	33	1	41
	1,	22	1	92			11,	55	1	70
	1,	23	1	74			12,		1	116
	2,	19	1	13			12,	1	2	79
	2,	43	3	29			12,	21	2	4
	3,	1	1	28			13,	15	1	58
	3,	2	2	45			13,	19	3	16
	4,	10	1	102			14,	23	1	70
	4,	15	1	12			14,	40	1	48
	4,	27	1	106			14,	41	1	27

	Hft.	Seite			Hft.	Seite
A.A.III, 174	1	69	R. A.	6	2	46
179	2	89		36	2	18
242	1	16		37	1	18
247	1	129		68	1	79
249	1	19		169 ff.	3	17
250	1	19		173	1	63; 64; 68
258	1	19		181	1	69
267	1	17		203	1	25
308	1	10		244	1	19
330	1	29		253	1	74
333	1	109		258	1	106
334	1	55		259	2	26
337	2	48		281	2	111
375	2	97		286	1	41
378	1	53		302	1	87
386	1	108		350	1	19
387	2	96		395	2	49
396	1	10		505	1	13
	3	22		552	1	107
409	2	1		573	2	36
427	2	95		579	1	13
503	2	40		593	2	87
511	2	106		607	1	13
535	1	86		671	1	13
536	1	55		680	1	10
541	1	88		689	1	13
	2	61		763	1	55
547	1	85				
557	2	98				
567	1	95	Met. I,	3	2	34
568	1	96		4	3	32
569	1	96		5	2	13
	3	12		9	2	35
597	2	69		20	1	19
653	1	129		22	3	23
710	3	20		26	1	19
722	1	107		67	2	46
779	2	8		86	1	32
780	1	10		94	1	64
789	2	17		97	1	65
				99	1	65
				101	1	66

<table>
<tr><td></td><td></td><td>Hft.</td><td>Seite</td><td></td><td></td><td>Hft.</td><td>Seite</td></tr>
<tr><td>Met. I,</td><td>101</td><td>2</td><td>20</td><td>Met. I,</td><td>477</td><td>1</td><td>19</td></tr>
<tr><td></td><td>103</td><td>2</td><td>20</td><td></td><td>479</td><td>2</td><td>45</td></tr>
<tr><td></td><td>109</td><td>3</td><td>13</td><td></td><td rowspan="2">484</td><td>1</td><td>102</td></tr>
<tr><td></td><td>110</td><td>1</td><td>65</td><td></td><td>2</td><td>81</td></tr>
<tr><td></td><td rowspan="2">112</td><td>1</td><td>64</td><td></td><td>498</td><td>2</td><td>5</td></tr>
<tr><td></td><td>3</td><td>13</td><td></td><td>502</td><td>3</td><td>24</td></tr>
<tr><td></td><td>127 ff.</td><td>1</td><td>52</td><td></td><td>506</td><td>1</td><td>128</td></tr>
<tr><td></td><td>130</td><td>2</td><td>61</td><td></td><td>523</td><td>1</td><td>72</td></tr>
<tr><td></td><td>132</td><td>2</td><td>100</td><td></td><td>533</td><td>2</td><td>11</td></tr>
<tr><td></td><td>133</td><td>3</td><td>24</td><td></td><td>551</td><td>2</td><td>32</td></tr>
<tr><td></td><td>147</td><td>2</td><td>61</td><td></td><td>585</td><td>2</td><td>39</td></tr>
<tr><td></td><td>150</td><td>1</td><td>22</td><td></td><td>599</td><td>2</td><td>34</td></tr>
<tr><td></td><td>154</td><td>2</td><td>20; 62</td><td></td><td>602</td><td>2</td><td>42</td></tr>
<tr><td></td><td>162</td><td>1</td><td>108</td><td></td><td>637</td><td>2</td><td>80</td></tr>
<tr><td></td><td>167</td><td>2</td><td>100</td><td></td><td>647</td><td>2</td><td>85</td></tr>
<tr><td></td><td>168</td><td>2</td><td>27</td><td></td><td>661</td><td>2</td><td>68</td></tr>
<tr><td></td><td>179</td><td>1</td><td>27; 52</td><td></td><td>662</td><td>2</td><td>29</td></tr>
<tr><td></td><td>194</td><td>2</td><td>84</td><td></td><td>736</td><td>1</td><td>34</td></tr>
<tr><td></td><td>208</td><td>2</td><td>33</td><td></td><td>760</td><td>2</td><td>31</td></tr>
<tr><td></td><td>214</td><td>1</td><td>32</td><td></td><td>767</td><td>2</td><td>8</td></tr>
<tr><td></td><td>219</td><td>1</td><td>25</td><td>II,</td><td>1</td><td>2</td><td>82</td></tr>
<tr><td></td><td>241</td><td>1</td><td>29</td><td></td><td>2</td><td>1</td><td>12</td></tr>
<tr><td></td><td>256</td><td>2</td><td>13</td><td></td><td>27</td><td>1</td><td>22</td></tr>
<tr><td></td><td>264</td><td>1</td><td>28</td><td></td><td>30</td><td>2</td><td>99</td></tr>
<tr><td></td><td>269</td><td>2</td><td>77</td><td></td><td>45</td><td>1</td><td>13</td></tr>
<tr><td></td><td>280</td><td>2</td><td>43</td><td></td><td>49</td><td>1</td><td>27</td></tr>
<tr><td></td><td>285</td><td>2</td><td>44</td><td></td><td>80</td><td>3</td><td>24</td></tr>
<tr><td></td><td>296</td><td>3</td><td>22</td><td></td><td>84</td><td>2</td><td>4</td></tr>
<tr><td></td><td rowspan="2">307</td><td>2</td><td>75</td><td></td><td>85</td><td>1</td><td>34</td></tr>
<tr><td></td><td>3</td><td>26</td><td></td><td>87</td><td>2</td><td>94</td></tr>
<tr><td></td><td>325</td><td>1</td><td>25</td><td></td><td>115</td><td>1</td><td>25</td></tr>
<tr><td></td><td>341</td><td>2</td><td>28</td><td></td><td>144</td><td>2</td><td>63</td></tr>
<tr><td></td><td>350</td><td>2</td><td>72</td><td></td><td>149</td><td>2</td><td>35</td></tr>
<tr><td></td><td rowspan="2">361</td><td>1</td><td>129</td><td></td><td>158</td><td>2</td><td>99</td></tr>
<tr><td></td><td>2</td><td>102</td><td></td><td>172</td><td>2</td><td>85</td></tr>
<tr><td></td><td>388</td><td>2</td><td>45</td><td></td><td>178</td><td>2</td><td>63</td></tr>
<tr><td></td><td>400</td><td>1</td><td>29</td><td></td><td rowspan="2">204;</td><td>1</td><td>19</td></tr>
<tr><td></td><td>414</td><td>2</td><td>62</td><td></td><td>2</td><td>37</td></tr>
<tr><td></td><td>419</td><td>2</td><td>35</td><td></td><td>205 ff.</td><td>2</td><td>21</td></tr>
<tr><td></td><td>420</td><td>3</td><td>24</td><td></td><td>252</td><td>2</td><td>15</td></tr>
<tr><td></td><td>433</td><td>3</td><td>32</td><td></td><td>254</td><td>1</td><td>79</td></tr>
<tr><td></td><td>435</td><td>2</td><td>45</td><td></td><td>265</td><td>2</td><td>101</td></tr>
</table>

	Hft.	Seite		Hft.	Seite
Met. V, 354	2	36	Met. VI, 428	2	99
364	2	59	447	2	88
416	2	70	448	2	77
436	2	40	486	2	63
461	2	96	503	1	13
473	2	79	504	2	27
477	2	47	516	2	63
487	2	78	542	2	113
498	2	28	543	1	130
500	2	5	548	2	100
521	1	22	560	2	39
587	1	19	566	1	17
594	1	17	582	1	14
605	1	128	587	2	87
606	3	20	589	2	22
646	1	30	597	2	6
658	2	82	628	2	103
VI, 22	1	53	695	2	15
26	2	59	697	2	35
60	3	25	VII, 32	1	43
90	1	14	37	1	83
106	1	29	45	1	28
138	1	13	47	2	103
158	1	11	61	1	32
164	1	23	69	2	71
166	1	14	87	1	51
169	2	64	91	2	103
170	1	108	93	1	107
174	2	62	104	{ 1	34
218	2	5		2	4
227	2	6	112	2	104
240	2	93	113	2	47
243	1	11	141	1	22
247	2	47	156	2	98
273	2	65	177	3	24
297	2	87	171	2	104
310	{ 1	33	180 ff.	3	14
	2	87	182	2	67
311	2	30	184	2	33
342	2	43	188	2	47
368	2	80	199	1	74
395	2	44	226	2	95

	Hft.	Seite			Hft.	Seite
Met. VII, 227	2	38		Met. VIII, 28	2	75
246	2	87		41	2	87
263	1	31		43	2	64
275	1	19		44	2	112
277	2	68		49	3	33
306	1	18		92	2	93
321	2	43		108 ff.	1	51
325	2	47		120	1	42
334	2	40			2	88
347	1	26		134	1	41
413	1	11			2	78
491	1	11		211	2	27
496	1	14		220 ff.	1	21
498	2	68		235	2	7
518	2	6		242	1	26
523	2	19		284	2	5
528	2	34		295	2	68
547	2	19		329	1	23
579	2	47		339	2	15
580	2	98		349	2	104
581	2	19		357	1	11
604	2	39		366	2	46
606	2	19		373	1	54
618	2	7		401	2	40
629	1	19		417	2	74
630	2	33		418	2	104
631	2	65		420	2	4
663	2	6		421	2	88
667	2	80		453	1	79
694	2	78		502	1	107
699	2	100		518	1	19
705	1	15		528	2	65
749	2	74		532	2	70
826	1	32		551	2	44
829	1	11		568	2	85
830	1	19		617	2	104
841	1	30		641	2	69
	2	47		703	2	80
842	2	26		711	1	33
852	1	83		736	1	12
863	2	6		739	2	113
VIII, 11	1	25		740	2	85

		Hft.	Seite			Hft.	Seite
Met. VIII,	743	2	75	Met. IX,	795	2	4
	783	1	14	X,	1	2	89
	787	1	23		3	2	3
	797	2	30		6	3	32
IX,	3	1	12		14	1	33
	8	2	78		15	2	41
	27	2	69		32	1	46
	31	1	108		34	2	44
	43	2	5		35	2	41
	61	2	97		41 ff.	3	18; 29
	88	3	24		66	2	88
	89	1	26		85	3	24
	131	{2 / 3}	96 / 28		100	{1 / 3}	23 / 26
	132	1	17		106	1	12
	159	1	23		110	2	60
	160	2	104		112	2	105
	173	2	3		125	2	82
	175	2	80		126	{1 / 2}	32 / 47
	211	2	88				
	219	2	45		145	1	105
	238	1	12		148	2	70
	266	1	48		150	3	22
	271	2	20		178	2	45
	340	1	12		203	2	97
	354	1	34		353	2	46
	358	2	32		365	1	13
	370	2	104		368	2	46
	398	2	25		382	2	78
	412	2	46		402	2	42
	441	2	88		405	3	32
	462	3	24		419	2	72
	469	2	47		421	1	27
	481	1	12		438	3	27
	496	1	130		452	{1 / 2}	84 / 66
	613	1	43				
	643	1	31		464	2	36
	656	2	42		476	2	45
	690	2	88		507	2	3
	767	1	84		536	1	26
	783	1	12		538	2	77
	784	1	81		543 ff.	1	13; 73

		Hft.	Seite
ex P. I,	2, 36	1	99
	2, 57	2	25
	2, 118	1	31
	4, 2	1	28
		3	23
	5, 26	1	68
	5, 35 ff.	3	17
	5, 60	1	20
	6, 31	1	79
	6, 41	3	27
	6, 51	1	112
	8, 12	1	10
	8, 29	2	37
	8, 53	2	25
	8, 54	1	63
	9, 36	3	22
	10, 23	1	18
II,	1, 1	1	29
	1, 26	1	69
	1, 46	2	109
	1, 58	1	30
	2, 11	1	85
	2, 52	1	31
	2, 81	1	15
	2, 115	2	73
	3, 27	2	29
	4, 24	1	98
	4, 25	1	112
	4, 29	2	33
	5, 27	1	29
	5, 33	2	78
	5, 57	1	32
	7, 25	1	39
	7, 39	2	14
	7, 49	1	19
	7, 65	1	130
	8, 9	1	130
	8, 50	1	106
	8, 63	1	19
	8, 65	2	8
	9, 3	2	77
	9, 25	3	26

		Hft	Seite
ex P. II,	10, 39	1	130
III,	1, 11	1	22
	1, 23	1	23
	1, 51	2	35
	1, 127	3	24
	1, 163	2	92
	2, 8	1	128
	2, 49	1	86
	3, 5	1	115
		2	82
		3	30
	3, 40	1	19
	3, 51	1	95
	3, 58	1	94
	3, 67	1	80
	3, 95	1	112
	3, 97	2	32
	4, 18	1	130
	6, 22	1	19
	6, 25	2	92
	6, 27	2	76
	6, 29	2	28
	7, 15	1	71
	8, 13	1	23
	8, 15	1	23
	9, 53	1	19
IV,	4, 11	2	73
	4, 32	1	23
	5, 41	1	111
	6, 35	1	129
	6, 45	1	111
	7, 31	2	91
	7, 46	1	98
	8, 7	2	40
	8, 17	2	34
	8, 37 ff.	3	16
	8, 45 ff.	1	86
	9, 73	2	98
	9, 82	1	89
	9, 92	1	102
	9, 111	1	23
	10, 3	1	44

	Hft.	Seite		Hft.	Seite
Fast. II, 341	2	61	Fast. III, 441	2	62
343	1	17	469	2	99
367	2	36	475	1	51
379	1	16	479	1	55
418	2	9	494	1	129
447	1	25	518	1	25
487	2	6	549	1	22
493	2	28	558	1	69
509	1	27	577	2	99
	2	89	585	2	101
553	1	31	621	2	83
561	3	32		1	84
564	1	19	639	2	110
565	1	33		3	30
623	1	13	640	1	15
635	2	81	661	2	78
641	1	68	669	1	10
652	1	68	708	2	110
704	1	25	780	1	122
782	1	100	861	2	79
806	3	29	IV, 1	1	24
819	1	27	5	2	9
820	1	34	11	1	26
837	2	99	15	2	78
853	2	44	37	1	27
864	1	106	91 ff.	2	24
III, 19	1	129	99	2	41
101	3	21	128	1	24
113	2	41	147	1	16
177	1	21	157	2	46
192	1	88	181	1	24
215	2	109	183	1	24
225	1	26	184	1	24
238	1	24		2	22
268	1	81	203	1	29
269	1	11	215	2	43
288	2	110	223	1	15
298	1	34	237	1	52
359	2	110	239	2	3
363	2	90	244	1	81
368	1	29	246	1	20
417	3	27	315	1	32

		Hft.	Seite			Hft.	Seite
Hal.	2	2	16	Hal.	77	2	32
	3	2	95		78	2	39
	30	1	58		81	2	30
	33	2	38		106	2	8
	41	2	47		119	2	95
	65	1	19				

II. Catull.

			Hft.	Seite				Hft.	Seite
Cat.	3,	13	1	45	Cat.	64,	152	1	50
	3,	18	1	129		64,	153	1	50
	7,	3	1	37		64,	154	1	42
	8,	11	1	49		64,	171	1	50
	16,	3	1	36		64,	177	1	50
	30,	9	1	40		64,	180	1	50
	35,	8	1	49		64,	184	1	50
	43,	2	1	129		64,	193	1	54
	50,	19	1	129		64,	204	1	52
	60,	1	1	42		64,	224	2	65
	61,	202	1	37		64,	251	1	51
	62,	42	1	53		64,	261	2	21
	63,	5	1	52		64,	262	2	22
	63,	10	1	52		64,	263	2	22
	64,	26	1	50		64,	264	2	22
	64,	50	1	53		64, 306 ff.		1	79
	64,	52	1	50		64,	307	1	54
	64,	55	1	50		64,	314	1	53
	64,	56	1	50		64.	398	1	52
	64,	57	1	51		65b,	6	1	53
	64,	60	1	50		65,	17	1	39
	64,	86	1	54		66,	23	1	53
	64,	91	1	51		68b,	56	1	53
	64,	93	1	53		70,	3	1	40
	64,	142	1	40		80,	2	1	54
	64,	143	1	51		109,	6	1	54

III. Tibull.

			Hft.	Seite					Hft.	Seite
Tib. I,	1,	1 ff.	1	88	Tib. I,	3,	3	1	55; 59
	1,	3	1	89		3,	4	1	79
	1,	7	1	72		3,	5	1	59
	1,	10	1	68		3,	7	1	59
	1,	11	1	68		3,	17	1	84
	1,	17	1	67		3,	20	1	84
	1,	36	1	67		3,	23	1	55
	1,	43 ff.	1	89		3,	26	1	81
	1,	44	1	89		3,	28	1	81
	1,	47	1	69		3,	36	1	106
	1,	55	1	49		3,	37	1	64
	1,	60	1	56		3,	41	1	64
	1,	61 ff.	1	47		3,	45	1	64; 65
	1,	63	1	44		3,	47	1	65
	1,	67	1	60		3,	53	1	59
	1,	69	1	46		3,	54	1	59
	1,	71	1	47		3,	57	1	56
	1,	75	1	90		3,	60	1	69
	2,	5	1	93		3,	67	1	77
	2,	6 ff.	1	91; 92		3,	69	1	77
	2,	12	1	83		3,	70	1	77
	2,	16	1	100		3,	74	1	77
	2,	20	1	94		3,	75	1	77
	2,	21	1	94		3,	77	1	78
	2,	22	1	100		3,	91	1	106
	2	25	1	100		3,	93	1	70
	2,	29	1	90		4,	10	1	102
	2,	33	1	108		4,	11	1	40
	2,	34	1	100		4,	15 ff.	1	60; 70
	2,	37	1	100		4,	16	1	60
	2,	39	1	108		4,	17	1	61
	2,	43	1	73		4,	19	1	61
	2,	65	1	43; 89		4,	21	1	40
	2,	73	1	104		4,	35	1	47
	2,	75	1	89		4,	37	1	48
	2,	76	1	91		4,	40	1	61
	2,	87	1	13		4,	41	1	60
	2,	97	1	99		4,	49	1	73

			Hft.	Seite					Hft.	Seite
Tib.	J,	4,	54	1	107	Tib.	I,	7,	1	1	79
		4,	61 ff.	1	85; 86			7,	8	1	106
		4,	63	1	79			7,	23	1	78
		4,	65	1	41			7,	29	1	62
		4,	67	1	87			7,	30	1	63
		4,	70	1	81			7,	31	1	63
		4,	83	1	99			7,	34	1	63
		5,	7	1	83			7,	53	1	81
		5,	11	1	58			7,	45	1	12
		5,	15	1	125			7,	63	1	80
		5,	17	1	97			8,	7	1	71
		5,	35	1	40			8,	9	1	103
		5,	45	1	78			8,	12	1	103
		5,	47	1	87			8,	19	1	74
		5,	48	1	87			8,	23	1	76
		5,	50 ff.	1	87			8,	26	1	104
		5,	55	1	31			8,	27	1	13
		5,	62	1	97			8,	38	1	103
		5,	67	1	92			8,	39	1	89
		5,	69	1	13			8,	42	1	47
		5,	74	1	56			8,	45	1	48
		5,	76	1	106			8,	47	1	47
		6,	3	1	99			8,	65	1	92
		6,	7	1	56; 97			8,	76	1	92
		6,	8 ff.	1	56			9,	5	1	82
		6,	10	1	95			9,	11	1	87
		6,	12	1	92			9,	13	1	98
		6,	15	1	56; 93			9,	21	1	90
		6,	17 ff.	1	13; 94			9,	26	1	106
		6,	18	1	94			9,	43	1	107
		6,	22	1	11			9,	57	1	98
		6,	30	1	85			10,	2	1	43
		6,	31	1	56; 93			10,	7 ff.	1	88
		6,	33	1	93			10,	12	1	107
		6,	36	1	97			10,	20	1	82
		6,	43	1	84			10,	22	1	67
		6,	67	1	95			10,	24	1	68
		6,	71	1	96			10,	26	1	68
		6,	73	1	95			10,	31	1	89
		6,	74	1	96			10,	33	1	108
		6,	77	1	48			10,	46	1	63
		6,	82	1	48			10,	49	1	67

	Hft.	Seite
Tib. I, 10, 55	1	96
10, 56	1	96
10, 59 ff,	1	95
·10, 61	1	96
10, 63	1	96
II, 1, 5	1	66
1, 10	1	106
1, 19	1	68
1, 27	1	108
1, 37	1	62
1, 38	1	63
1, 53	1	69
1, 78	1	100
1, 87	1	69
2, 1	1	82
2, 19	1	47
3, 2	1	43
3, 11	1	71
3, 13	1	72
3, 16	1	69
3, 31	1	99
3, 36 ff.	1	88
3, 38	1	88
3, 39	1	117
3, 42	1	88
3, 49	1	87
3, 63	1	68
3, 80	1	90
4, 8	1	99
4, 11	1	91
4, 16 ff.	1	118
4, 27	1	130
4, 33 ff,	1	87
4, 42	1	107
4. 51	1	84
4, 54	1	87
5, 3	1	105
5, 25	1	122
5, 34	1	106
5, 56	1	121
5, 73	1	76
5, 89	1	67

	Hft.	Seite
Tib. II, 5, 90	1	67
5, 101	1	95
5, 113	1	85
6, 11	1	108
6, 12	1	92
6, 15	1	80
6, 22	1	68
6, 25	1	79
6, 32	1	60
6, 38	1	84
6, 40	1	15
6, 42	1	108
6, 44	1	87
6, 51	1	97
[1]) III [Lygd.], 1, 9 ff.	1	105
1, 20	1	98
1, 23	1	98
2, 2	1	43
3, 3 ff.	1	88
3, 13	1	86
3, 15	1	12
3, 19	1	107
4, 1	1	83
4, 10	3	16
4, 23	1	12
4, 29	1	115
4, 43	1	85
4, 51	1	104
4, 66	1	90
4, 67	1	72
4, 85	1	43
4, 95	1	40
5, 15	1	47
5, 17	1	104
5, 19	1	70
6, 15	1	107
6, 27	1	41
6, 39	1	78
6, 47	1	129
6, 49	1	40

1) Ich darf wol kaum bemerken, dass ich diese Art zu citiren auch hier nur der Einfachheit und Kürze wegen beibehalten habe.

			Hft.	Seite				Hft.	Seite
Tib. IV,	1,	125	1	107	Tib. IV,	3,	7	1	108
	1,	161	1	67		3,	11 ff.	1	73
	1,	208	1	69		3,	24	1	104
	2,	3	1	13		4,	7	1	41
	2,	9	1	101		4,	8	1	108
	2,	10	1	102		4,	21	1	58
	2,	20	1	120		5,	9	1	13
	2,	22	1	125		6,	1	1	82
	3,	6	1	130		13,	3	1	103

IV. Properz.

			Hft.	Seite				Hft.	Seite
Prop. I,	1,	1	1	129	Prop. I,	19		1	47
	1,	19	1	75	II,	1,	4	1	101
	1,	27	1	91		1,	16	1	102
	1	33	1	91		1,	19	1	119
	2		1	114		1,	66	1	77
	2,	1	1	103		1,	71 ff.	1	47
	3,	19	1	129		3,	10	1	114
	3,	31	1	115		4,	3	1	71
	6,	5	1	49		5,	21	1	95; 96
	6,	10	1	104		7,	19	1	103
	6,	12	1	129		9,	45	1	98
	7		1	118	III,	3,	17	1	99
	7,	21 ff.	1	85		4,	2	1	80
	8,	18	1	117		4,	13	1	13
	8,	30	1	117		5		1	47
	8.	33	1	89		5,	1	1	129
	9,	31	1	44		5,	23	1	13
	11,	23	1	112		6		1	116
	12		1	119		7,	7	1	129
	14,	15 ff.	1	89		7,	23	1	46
	15,	29	1	110		7,	31	1	110
	16,	17 ff.	1	91		7,	53	1	47
	16,	29	1	44		8,	15	1	87
	17,	13	1	117; 129		8,	47	1	83
	17,	19	1	118		9,	5	1	77
	18,	22	1	113		9,	6	1	78

			Hft.	Seite					Hft.	Seite
Prop V,	3,	10	1	120	Prop. V,	6,	32	1	125
	3,	29	1	91		7,	1	1	130
	3,	69	1	83		7,	2	1	127
	4,	21	1	124		7.	88	1	130
	4,	23	1	84		8,	75	1	127
	4,	39	1	124		9,	12	1	125
	4,	91	1	124		9,	67	1	127
	5		1	87		11,	23	{ 1	77
	5,	2	1	87				{ 3	18
	5,	9	1	75					

V. Ennius.

		Hft.	Seite			Hft.	Seite
Annal.	1	2	11	Annal.	313	2	3
	5	2	11		339	2	5
	21	2	11		340	2	6
	23	2	10		344	2	10
	25	2	11		355	2	10
	37	2	6		357	2	7
	45	2	11		364	2	11
	51	2	3		394	2	4
	66	2	6		399	2	3
	74	2	11		419	2	5
	94	2	7		445	2	9
	95	2	6		459	2	7
	101	2	3		462	2	7
	142	2	7		463	2	5
	205	2	11		507	2	11
	220	2	11		527	2	7
	231	2	5		538	{ 2	7
	260	2	4			{ 3	28
	264	2	6		548	2	4
	271	2	6		559	2	5
	281	2	5		566	2	9
	297	2	10		588	2	4
	299	2	6				

VI. Lucrez.

			Hft.	Seite					Hft.	Seite
Lucr	V,	1397	2	38	Lucr.	VI,	609	2	34
	VI,	26	2	44			624	2	29
		28	2	30			645	2	25
		75	2	47			662	2	35
		94 ff.	2	16			681	2	41
		98	2	45			692	2	36
		104	2	42			752	2	45
		178	2	23			789	2	35
		179	2	24			795	2	46
		214	2	28			806	2	46
		236	2	47			900	2	46
		247	2	27			944	2	3
		268	2	37			1006	3	27
		306	2	23			1039	2	46
		326	2	46			1075	2	43
		356	2	39			1091	2	35
		386	2	35			1127	2	39
		406	2	35			1136 ff.	2	18
		440	2	28			1179	2	47
		464	2	30			1195	2	8
		515	2	23			1211	2	33
		592	2	46 ; 35			1234	2	44

VII. Vergil.

			Hft.	Seite					Hft.	Seite
Ecl.	1,	14	2	105	Ecl.	5,	37	2	115
	1,	23	2	71		6,	3	3	13
	1,	59	1	109		6,	38	2	77
	2,	22	2	56		6,	51	2	95
	2,	36	2	56		6,	52	2	95
	2,	52	2	56		6,	54	2	95
	2,	53	2	56		6,	74	1	124
	2,	65	2	42		8,	10	1	113
	4,	21	1	65		8,	64 ff.	3	14
	4,	28	1	65		8,	69	1	76
	4,	30	1	64		9,	49	2	111
	4,	32	1	65		10,	33	2	111

			Hft.	Seite					Hft.	Seite
Aen.	I,	254	2	9	Aen.	II,	113	2	77
		259	2	98			114	2	90
		310	2	88			119	2	78
		318	2	85			123	2	113
		335	2	85			132	2	99
		339	2	112			133	2	79
		343	2	86			153	2	80
		352	2	26			154	2	112
		371	2	42			158	2	89
		376	2	84			174	2	112
		377	2	83			196	2	103
		397	2	75			202	2	94
		402	2	8			209	2	96
		408	2	88			226	2	97
		418	2	99			274	2	66
		451	2	94			277	2	106
		465	2	42			288	2	42
		468	2	105			302	2	101
		469	2	64			303	2	107
		481	2	79			324	2	112
		485	2	42			333	2	110
		501	2	80			336	2	113
		521	2	47			337	2	99
		530	2	10			354	2	94
		555	2	102			369	2	91
		607	2	71			378	2	61
		639	2	100			394	2	65
		652	2	112			403	2	50
		655	2	68			416	2	87
		663	2	59			428	2	100
		748	2	106			490	2	26
	II,	4	2	112			493	2	78
		5	2	109			498	2	30
		8	2	81			504	2	98
		14	2	97			515	2	50
		29	2	108			532	2	74
		34	2	97			583	2	112
		57	2	64			619	2	93
		68	2	64			633	2	58
		74	2	31			635	2	81
		81	2	77			638	2	88
		104	2	101			658	2	104

		Hft.	Seite				Hft.	Seite
Aen. IV,	119	2	4	Aen. IV,	659	2	96
	131	2	109		668	2	97
	137	2	103		683	2	82
	139	2	98		689	2	26
	165	2	54	V,	5	2	93
	166	2	99		13	2	77
	172	2	71		15	2	83
	175	2	84		50	2	106
	182	2	112		65	2	4
	188	2	99		72	2	79
	191	2	31		77	2	87
	194	2	98		98	2	104
	208	2	77		102	2	94
	209	2	15		228	2	97
	252	2	75		246	2	79
	278	2	89		266	2	68
	280	2	65		291	2	30
	298	2	104		295	2	98
	302	2	87		304	2	92
	325	2	99		334	2	93
	326	2	54		361	2	94
	359	2	96		374	2	72
	362	2	69		381	2	95
	365	1	42		470	2	73
	372	2	69		520	2	45
	439	2	112		536	2	68
	441	2	75		539	2	79
	448	2	25		557	1	104
	457	2	92		572	2	93
	462	2	66		591	2	112
	481	2	62		620	2	59
	489	1	76		657	2	75
	508	2	83		662	2	43
	518	2	67		743	2	69
	536	2	84		755	2	99
	550	2	113		768	3	112
	569	2	107 ; 112		780	2	105
	621	2	74		781	2	112
	637	2	79		810	2	76
	647	2	103	VI,	1	2	43
	650	2	85		2	2	107
	657	2	109		6	2	94

		Hft.	Seite			Hft.	Seite
Aen. VI,	27	2	112	Aen. VI,	867	2	72
	46	2	67		890	2	52
	55	2	42	VII, 17		2	43
	56	2	93		19	2	86
	62	2	6		29	2	53
	69	2	92		32	2	15
	85	2	25		33	2	109
	136	2	52		38	2	84
	152	2	7		49	2	106
	173	2	95		53	2	90
	187	2	95		65	2	84
	197	2	44		130	2	8
	216	2	111		170	2	82
	217	2	91		171	2	107
	285	2	82		182	2	87
	335	2	84		187	2	111
	342	2	90		194	2	80
	348	2	90		205	2	110
	408	2	112		237	1	23
	425	2	112		278	2	105
	428	2	99		292	2	47 ; 54
	438	2	112		318	2	76
	448	2	62		323	2	56
	461	2	96		331	2	57
	494	3	27		343	2	57
	506	2	3		346	2	57
	520	2	82		351	2	57
	528	2	106		389	2	58
	563	1	77		390	2	22
	575	2	99		396	2	22
	590	2	112		400	2	58
	592	2	20		403	2	22
	596	1	78		416	2	59
	625	2	70		417	3	23
	665	2	79		445	2	103
	692	2	84		446	2	72
	735	2	29		450	2	57
	744	2	96		482	2	60
	800	2	98		483	2	60
	820	2	4		528	2	69
	846	2	3		541	2	58
	856	2	80		577	2	100

		Hft.	Seite				Hft.	Seite
Aen. VII,	604	2	112	Aen VIII,	627		2	83
	617	2	87		633		2	8
	640	2	91		634		2	9
	641	2	70		694		2	47
	718	{ 2	71		698		2	88
		{ 1	39		704		1	125
	765	2	55	IX,	13		2	107
	769	2	55		14		2	75
	770	2	20		164		2	94
	777	2	55		211		2	98
VIII,	9	2	53		236		2	81
	23	2	73		246		2	104
	27	2	80		255		2	88
	67	6	101		312		2	71
	68	2	45		314		2	31
	70	2	105		325		2	96
	90	2	4		395		2	78; 108
	116	2	68		402		2	75
	136	2	62		417		2	76
	164	2	88		420		2	104
	178	2	110		422		2	2
	193	1	126		588		2	24
	196	1	126		589		2	72
	198	1	126		610		2	66
	203	1	125		658	{ 1	27
	210	1	125			{ 2	89
	227	1	126		699		2	45
	239	1	126		762		2	64
	252	1	126		767		2	64
	271	1	127	X,	2		2	100
	309	2	76		23		2	30
	313	2	99		215		2	63
	327	2	61		266		2	4
	347	1	122		294		2	83
	353	2	102		314		2	46
	410	2	69		324		2	25
	440	2	92		361		2	5
	470	2	58		543		2	31
	474	2	90		563		2	86
	482	2	91		590		2	101
	596	2	5		617		2	3
	621	2	91		652		1	39

VIII. Horaz.

		Hft.	Seite				Hft.	Seite
Carm. I,	7, 6	3	32	Carm. III, 22,	4	3	24
	7, 15	3	23	23,	1 ff.	3	16
	10, 1 ff.	3	15	25,	8	3	20
	12, 37	3	32	27,	12	3	24
	12, 49	3	19	27,	44	3	23
	13, 12	3	12	27,	72	3	24
	17, 27	3	12	29,	6	3	32
	18, 13	3	22	30,	1 ff.	3	14
	25, 1 ff.	3	12	IV, 1,	39	3	23
	26, 1	1	39	2,	20	3	24
	28, 15	1	46	2,	33	3	22
	29, 10	1	110	3,	16	3	10
	33, 7	3	15	3,	21	3	10
	34, 6	3	32	3,	23	3	10
	35, 22	3	33	3,	24	3	10
	36, 13	3	33	6,	20	3	24
	37, 17	3	20	7,	1	3	24
II,	1, 40	3	22	9,	1 ff.	3	15
	2, 13	3	20	11,	24	3	24
	3, 25	1	46	12,	26	3	32
	4, 1 ff.	3	12	13,	3	3	24
	5, 9	3	20	14,	33	3	19
	8,. 1 ff.	3	12	15,	1	3	13
	10, 23	2	32	Carm. Saec.	60	3	24
	13, 32	3	32		76	3	24
	16, 36	3	24	Epod. 2		3	17
III,	3, 1	3	32	2,	28	3	32
	4, 28	3	22	5		3	14
	4, 52 ff.	3	13	5,	45	1	76
	5, 1	3	19	5,	51	3	14
	5, 22	3	33	5,	79	3	15
	7, 29	3	22	8,	3	3	23
	10, 3	3	12	11,	8	1	99
	11, 16	3	23	15,	1	3	30
	11, 21 ff.	3	18	15,	7 ff.	3	15
	11, 37 ff,	3	17	Sat. I, 1,	22	3	26
	13, 1	3	20	1,	68	3	28
	15, 10	3	20	1,	73	3	26
	16, 1 ff.	3	18	1,	110	3	20
	20, 14	3	22	1,	114	3	32
	21, 13 ff.	3	16	2,	80	3	25
	22, 2	3	16	2,	108	3	28

— 83 —

			Hft.	Seite				Hft.	Seite
Epist. II,	2,	132	3	30	Epist. II,	3,	137	3	30
	2,	172	3	30		3,	162	3	27
	2,	173	3	29		3,	203	3	31
	2,	176	3	20		3,	206	3	30
	2,	179	3	30		3,	255	3	27
	2,	181	3	26		3,	262	3	27
	3,	116	3	27		3,	300	3	30
	3,	121	3	30		3,	360	3	32
	3,	123	3	30		3,	368	3	30

Inhaltsübersicht.

6 *

Druckverbesserungen und nachträgliche Bemerkungen zum III. Hefte.

S. 7, Z. 5 v. u. schreibe fortblühen (statt fortbestehen).

Zu S. 20, Z. 12 v. o. schalte die Bemerkung ein: Diese zwei Verse über Proteus sind in mehrfacher Beziehung recht interessant. Wie sie nämlich einerseits durch die allgemeine Fassung in einem gewissen Zusammenhange stehen mit Verg. Georg. 4, 407; 442 und mit der betreffenden Urstelle Hom. Od. 4, 417; 456, so zeugen sie andererseits fast noch entschiedener von directer Verwandtschaft unter sich durch die Verwerthung als Gleichniss und durch die Aehnlichkeit im Einzelnen trotz der knappen Form.

Zu S. 32, Z. 2 v. o. die Anmerkung: Diese Stellung von ungula im 5. Fusse, die, wie wir gesehen, seit dem Vorgange des Ennius schon bei den von uns behandelten Dichtern manchmal einen ziemlichen Gleichklang verursachte, wirkt dann in ähnlicher Weise auch bei den späteren Dichtern fort; Ribbeck nennt zwar zu Verg. Aen. 8, 596 unter den imitatores nur anth. L. I 120, mir aber sind schon mehrere andere derartige Stellen vorgekommen, von denen ich nur eine recht auffallende citiren will: Stat. Silv. 5, 3, 55 (Queck) aut putri sonitum daret ungula campo, wo übrigens wol zweifellos bewusst auf Ennius und Verg. zurückgewiesen wird. Aber abgesehen davon gibt es bei späteren Dichtern auch gar nicht selten Anklänge an frühere, die nicht so fast absichtlich, als vielmehr wieder durch das Verhältniss der latein. Sprache zum Hexameter und die dadurch veranlasste Wortstellung entstanden zu sein scheinen. Ich hoffe diese Thatsache nächstens in einer separaten Abhandlung näher zu belegen, da sie als weiterer Beweis für manche unserer Behauptungen zum Theile fast noch wichtiger ist, als die nun schon für mehrere Dichter der folgenden Zeit eingehender nachgewiesene bewusste Nachahmung, die, nachdem wir sie schon so frühe getroffen, bei den Späteren noch um so leichter erklärlich ist (vgl. 2. H. S. 120). —

Schliesslich sei noch bemerkt, dass ich mich bei den Citaten auch in der Schreibweise durchweg an die in der Vorrede bezeichneten Ausgaben gehalten habe, daher bei Horaz nach L. Müller tuumst, tuist u. ä.

S. 48, im Stellenweiser fällt bei Met. I, 307 der Hinweis auf 3, 26 fort und ist dafür später S. 49 bei Met. II einzuschalten: 307 . 3, 26. — Seite 71 ist Lucr. 4, 63 zu tilgen.